Biologie für Gymnasien

10. Jahrgangsstufe

Bayern

bearbeitet von

Viktor Bonora
Alf Dieterle
Günter Görz
Hannelore Gotzler
Wolfgang Libera

Ernst Klett Schulbuchverlag
Stuttgart Düsseldorf Berlin Leipzig

Gedruckt auf Serena matt,
hergestellt von den Cartiere del Garda
aus chlorfrei gebleichtem Zellstoff,
säurefrei und ohne optische Aufheller.

1. Auflage
1 5 4 3 2 1 | 1997 96 95 94 93

Alle Drucke dieser Auflage können im Unterricht nebeneinander benutzt werden, sie sind untereinander unverändert. Die letzte Zahl bezeichnet das Jahr dieses Druckes.
© Ernst Klett Schulbuchverlag GmbH, Stuttgart 1993.
Alle Rechte vorbehalten.

Redaktion: Ulrike Fehrmann

Repro: Rolf Maurer, Tübingen
Satz und Druck:
KLETT DRUCK H. S. GmbH, Korb

ISBN 3-12-042800-0

bearbeitet von
Viktor Bonora; Herder-Gymnasium Forchheim
Dr. Alf Dieterle; Johannes-Butzbach-Gymnasium Miltenberg am Main
Dr. Günter Görz; Gymnasium Lauf a. d. Pegnitz
Dr. Hannelore Gotzler; Gymnasium Untergriesbach
Dr. Wolfgang Libera; Adolf-Weber-Gymnasium München

unter Mitarbeit von
Roman Claus, Wesel
Dr. Hans-Jürgen Dobler, Tübingen
Roland Frank, Stuttgart
Gert Haala, Wesel
Volker Lauer, Backnang
Dr. Jürgen Schweizer, Stuttgart
Frithjof Stephan, Stuttgart
Helmut Strecker, Schwäbisch Hall
Günther Wichert, Dinslaken

Pädagogische Fachberatung
Prof. Dr. Friedrich Bay; Pädagogische Hochschule Schwäbisch Gmünd
Prof. Dr. Helmut Schneider; Pädagogische Hochschule Schwäbisch Gmünd

Medizinische Fachberatung
Dipl.-Biol. Erich Klemme; Gesundheitsamt Siegburg

Gestaltung des Bildteils
Prof. Jürgen Wirth; Fachhochschule Darmstadt (FB Gestaltung)

Einbandgestaltung
Hitz und Mahn; Stuttgart, unter Verwendung eines Fotos von Focus (CNRI)

Bildnachweis
Siehe Seite 95

Regionale Fachberatung
Anton Demler; Gymnasium Icking
Prof. Dr. Siegfried Klautke; Universität Bayreuth
Ulrich Sommermann; Gymnasium Münchberg
Friedrich Steigerwald; Karl-Ernst-Gymnasium Amorbach
Gerhard Ströhla; Gymnasium Münchberg

Was steht in diesem Buch?

Sicher hast du dein neues Biologiebuch schon einmal durchgeblättert, weil du gespannt darauf bist, was dich in diesem Schuljahr im Fach Biologie erwartet.

In den vergangenen Schuljahren hast du viele Tier- und Pflanzenarten in ihrem Bau und ihren Lebenserscheinungen kennengelernt. Auch allgemeine biologische Themen wie Aufbau und Funktion der Zelle, Organisationsstufen von Lebewesen, stammesgeschichtliche Entwicklung oder Fortpflanzung und Vererbung wurden im Biologieunterricht behandelt.

In der 10. Klasse wird sich der Unterricht in diesem Fach im wesentlichen mit Themen befassen, die dir einen Überblick über die Biologie des Menschen geben. In der *Humanbiologie* werden Bau, Funktion und Zusammenarbeit der Organe im menschlichen Organismus besprochen — außerdem erhälst du Hinweise, wie du bestimmten Krankheiten vorbeugen kannst.

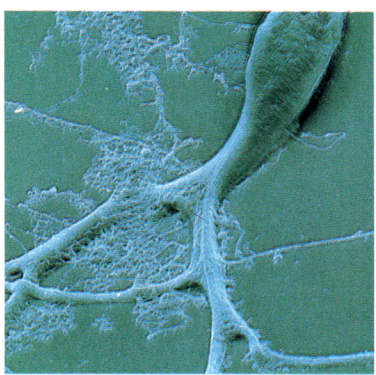

Das Zusammenspiel von *Sinnesorganen, Nerven* und *Hormonsystem* ist unerläßlich für die zentralen Lebensvorgänge der Informationsaufnahme und Informationsverarbeitung. Mehr darüber erfährst du im ersten Kapitel dieses Buches. Du wirst feststellen können, daß Organe und Organsysteme im menschlichen Körper nur sinnvoll zusammenarbeiten können, wenn eine rasche und kontinuierliche Informationsverarbeitung sichergestellt ist. Aber gerade dies wird durch den Gebrauch von *Suchtmitteln* in Frage gestellt. Das Aufzeigen der körperlichen, aber auch der seelischen und sozialen Gefährdung durch solche Suchtmittel ist ein weiteres Anliegen dieses Buches.

Das Kapitel *Stoffwechsel und Bewegung* ist dir sicherlich schon aus deinem bisherigen Biologieunterricht vertraut.

Diese Kenntnisse werden jetzt erweitert und vertieft. Vor allem das Zusammenwirken der beteiligten Organsysteme und ihre gegenseitige Beeinflussung wird jetzt viel intensiver besprochen. Dabei sollst du durchaus kritisch darüber nachdenken, ob deine Gesundheit nicht durch unseren Wohlstand und durch unser Konsumverhalten gefährdet ist.

Nach diesen Bemerkungen zum Inhalt nun noch einige Hinweise zum Aufbau des Buches.

Normalerweise findest du auf einer Seite oder Doppelseite einen **Informationstext**, der alles Wesentliche zu einem Thema enthält. Zusätzlich sind **Aufgaben** vorhanden, die dazu anregen sollen, das Gelesene zu vertiefen und anzuwenden, bzw. weitere Beobachtungen oder Versuche zu machen.

Darüber hinaus gibt es einige Seiten, die durch ihre besondere Gestaltung auffallen. Auf einigen werden umfangreiche Vorschläge gemacht, wie du dich einmal praktisch mit einem bestimmten Thema beschäftigen kannst. Sie sind mit **Praktikum** überschrieben.

Als **Lexikon** sind solche Seiten bezeichnet, die über den normalen Unterrichtsstoff hinaus interessante Zusatzinformationen zu einem abgegrenzten Thema geben.

Die nebenstehenden **farbigen Symbole** schließlich kennzeichnen einen bestimmten Themenkreis. Du findest sie auf der ersten Seite des jeweiligen Kapitels. Diese Seiten sollen dich in das Thema einführen. Zusätzlich wird hier der Kapitelinhalt angegeben.

3

Inhaltsverzeichnis

Was steht in diesem Buch? 3

Sinne, Nerven und Hormone

Sucht und Drogen

1 Unsere Sinne — Fenster zur Umwelt 8
Sinneswelten sind artspezifisch 8
Reize und Sinnesorgane müssen zusammenpassen 9

2 Das Nervensystem 10
Arbeitsweise des Nervensystems 10
Die Nervenzelle — Bau und Funktion 11
Teile des Nervensystems arbeiten selbständig 12
Das Rückenmark 13
Das Gehirn 14
Arbeitsteilung im Gehirn 15

3 Sinnesorgane 16
Das Auge — unser wichtigstes Sinnesorgan 16
Bau und Funktion der Netzhaut 17
Scharfes Sehen nah und fern 18
Viele Sehfehler sind korrigierbar 19
Bewegte Bilder 20
Räumliches Sehen 20
Sehen mit Auge und Gehirn 21
Das Farbensehen 22
Praktikum: Sehen 23
Das Ohr 24
Leistungen des Gehörs 25
Lage- und Drehsinn 26
Praktikum: Gehör, Lage- und Drehsinn 27
Riechen und Schmecken 28
Die Haut — unser größtes Organ 29

4 Hormone 30
Botenstoffe im Körper 30
Regelung — eine Größe wird angepaßt 31
Bau und Funktion der Schilddrüse 32
Störungen der Schilddrüsenfunktion 33
Der Blutzucker muß stimmen! 34
Störungen bei der Blutzuckerregulation 35
Die Nebennieren 36
Streß — der Körper paßt sich an 37

1 Gefährdung durch Suchtmittel 40
Rauchen — ein giftiger Genuß 40
Alkohol — eine erlaubte Droge 42
Medikamentenmißbrauch 44
Die Flucht in eine Traumwelt 44
Lexikon: Drogen 46
Die Flucht vor Problemen . . .
. . . und der harte Weg zurück 48

Stoffwechsel und Bewegung beim Menschen

1 Ernährung und Verdauung 52
Zusammensetzung der Nahrung 52
Die Bedeutung der Nährstoffe im Stoffwechsel 53
Vitamine und Mineralstoffe 54
Verdauung in Mund und Magen 56
Verdauungsvorgänge im Dünndarm 58
Verdauungsvorgänge im Dickdarm 60
Praktikum: Verdauung 62
Ernährung und Gesundheit 63

2 Transport und Ausscheidung 64
Bau und Funktion der Lunge 64
Das Blutgefäßsystem 66
Das Herz 67
Herzinfarkt — muß nicht sein! 68
Zusammensetzung und Aufgaben des Blutes 70
Stoffaustausch im Gewebe 71
Der Wundverschluß 72
Organtransplantation 73
Blutgruppen 74
Der Rhesus-Faktor 75
Blutübertragung 75
Die Niere — Millionen kleinster Filter 76
Die Harnbildung 77

3 Biologische Abwehr 78
Der Körper wehrt sich 78
Die Immunreaktion 79
Aktive und passive Immunisierung 80
Heilung von Bakterieninfektionen 82
Allergien 82
Immunschwächeerkrankungen 83

4 Bewegung und Stabilität 84
Die Muskulatur 84
Die Arbeitsweise der Muskeln 85
Der Knochenaufbau 86
Die Gelenke 87
Muskeltraining und Gesundheit 88
Schäden am Bewegungssystem 89
Leistungen verschiedener Organsysteme im Dienst der Bewegung 90

Register 92
Bildnachweis 95

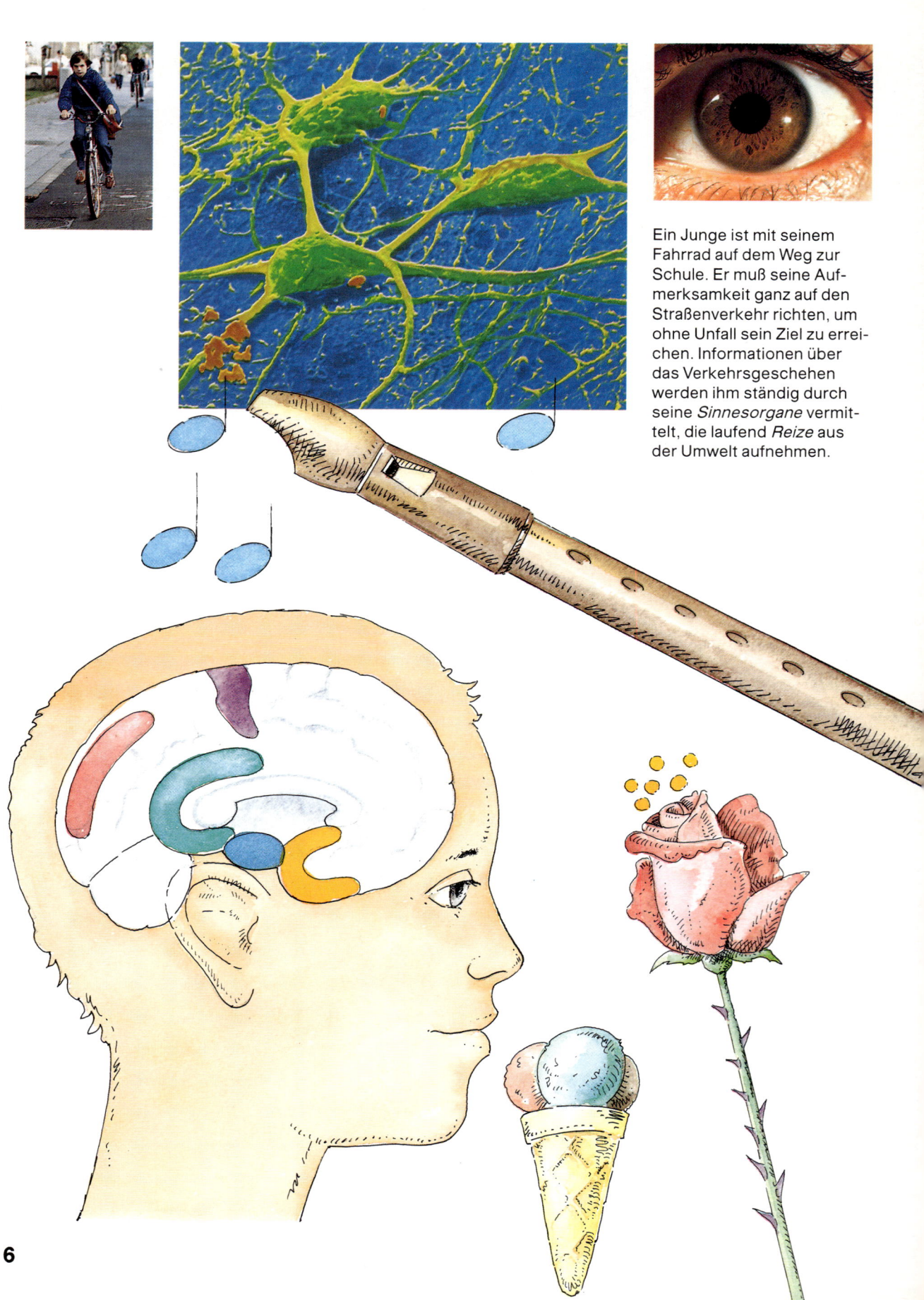

Ein Junge ist mit seinem Fahrrad auf dem Weg zur Schule. Er muß seine Aufmerksamkeit ganz auf den Straßenverkehr richten, um ohne Unfall sein Ziel zu erreichen. Informationen über das Verkehrsgeschehen werden ihm ständig durch seine *Sinnesorgane* vermittelt, die laufend *Reize* aus der Umwelt aufnehmen.

Sinne, Nerven und Hormone

1 Unsere Sinne — Fenster zur Umwelt 8
Sinneswelten sind artspezifisch 8
Reize und Sinnesorgane müssen zusammenpassen 9

2 Das Nervensystem 10
Arbeitsweise des Nervensystems 10
Die Nervenzelle — Bau und Funktion 11
Teile des Nervensystems arbeiten selbständig 12
Das Rückenmark 13
Das Gehirn 14
Arbeitsteilung im Gehirn 15

3 Sinnesorgane 16
Das Auge — unser wichtigstes Sinnesorgan 16
Bau und Funktion der Netzhaut 17
Scharfes Sehen nah und fern 18
Viele Sehfehler sind korrigierbar 19
Bewegte Bilder 20
Räumliches Sehen 20
Sehen mit Auge und Gehirn 21
Das Farbensehen 22
Praktikum: Sehen 23
Das Ohr 24
Leistungen des Gehörs 25
Lage- und Drehsinn 26
Praktikum: Gehör, Lage- und Drehsinn 27
Riechen und Schmecken 28
Die Haut — unser größtes Organ 29

4 Hormone 30
Botenstoffe im Körper 30
Regelung — eine Größe wird angepaßt 31
Bau und Funktion der Schilddrüse 32
Störungen der Schilddrüsenfunktion 33
Der Blutzucker muß stimmen! 34
Störungen bei der Blutzuckerregulation 35
Die Nebennieren 36
Streß — der Körper paßt sich an 37

Die Fähigkeit, Reize aufzunehmen, sie zu verarbeiten und zu beantworten, ist eine der kennzeichnenden Eigenschaften eines Lebewesens. Auch wir Menschen orientieren uns, indem wir sehen, hören, riechen, schmecken und tasten. Die Sinnesorgane schicken die Informationen dann über *Nervenzellen* zur Zentrale, dem *Gehirn*. Hier treffen alle Informationen zur Auswertung und Weiterverarbeitung zusammen. Dafür wird neben dem Nervensystem auch das Hormonsystem eingesetzt. *Hormone*, die von Drüsen in den Blutkreislauf abgegeben werden, sind an der Regulation von vielen Körpervorgängen beteiligt. Die meisten dieser Vorgänge bleiben uns unbewußt. Sie laufen im Körper automatisch ab.

1 Unsere Sinne — Fenster zur Umwelt

1 Galago

Sinneswelten sind artspezifisch

Alle Lebewesen sind den Einflüssen und Veränderungen ihrer Umwelt ausgesetzt. Damit sie leben und überleben können, müssen sie günstige, positive Einflüsse nutzen und ungünstige, negative Gegebenheiten meiden. Pflanzen sind meist recht langsam, und nur Langzeitbeobachtungen zeigen Bewegungen. Viele Tiergruppen und der Mensch können rascher auf ihre Umwelt reagieren, denn sie haben *Sinnesorgane* zum Aufnehmen und *Nervensysteme* zum Verarbeiten von Nachrichten.

Zuerst ist es wichtig, die Einflüsse und Veränderungen in der Umgebung zu erkennen. Es erscheint zwar logisch, daß ein Tier, dessen Sinne alle optimal sind, die besten Überlebenschancen hat — doch das ist ein Trugschluß. Es kommt nämlich nicht so sehr darauf an, alles zu erkennen; es genügt, wenn die jeweils wichtigen und folgereichen Faktoren registriert werden. Dazu dienen spezialisierte Sinnesorgane, die immer nur einen Bereich der Umwelt abdecken. Die Größe und Ausbildung dieser Organe bestimmt ihre Güte. Tatsache ist, daß nicht alle Sinnesorgane sehr gut sein können, denn sie benötigen Platz und die dazu passenden Gehirnstrukturen zur Verarbeitung ihrer Meldungen. Deshalb werden entweder nur wenige Sinne hervorragend oder mehrere mittelmäßig sein können.

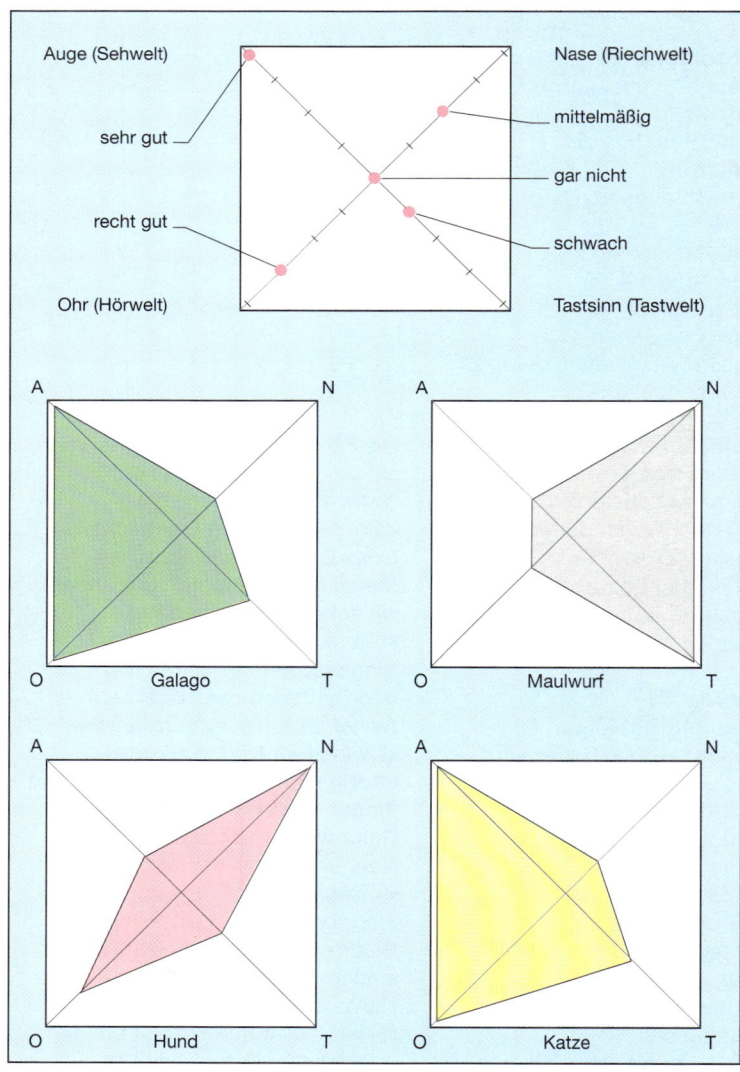

2 Sinneswelten verschiedener Tierarten

Aufgaben

① Vergleiche das Aussehen des Galago mit seiner Sinneswelt. Kannst du Angaben zu Lebensweise und Lebensraum dieser Art machen? Ein Tierlexikon wird dir weitere Auskunft geben.

② Was fällt beim Vergleich der Sinneswelten von Galago und Katze auf? Kann man daraus auf die Lebensweise bzw. auf den gleichen Lebensraum schließen?

③ Stelle die Sinneswelten verschiedener Tiere grafisch dar, z. B. von Fledermaus, Singdrossel, Honigbiene, Mäusebussard, Igel oder anderen einheimischen Tieren.

④ Zeichne eine Grafik, die für einen Menschen zutrifft. Was kann man daraus schließen, wenn sich das Sinnesfeld mehr in der Mitte befindet? Beurteile, ob Vorteile oder Nachteile überwiegen.

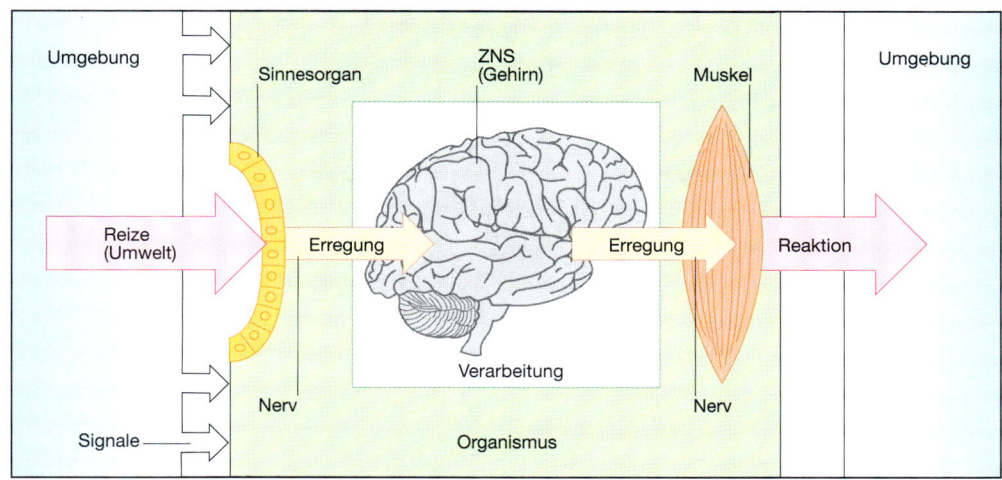

1 Reize sind wahrnehmbare Signale der Umwelt — Reaktionen die Antwort darauf

Reize und Sinnesorgane müssen zusammenpassen

Mit seinen Sinnesorganen kann ein Lebewesen nur einen Teil seiner *Umwelt* aufnehmen. Sie öffnen sozusagen nur ein Fenster: Viele Signale bleiben draußen, und nur die Reize dringen ein. Dabei hat, wie gesagt, jede Art ein anderes Fenster geöffnet, und selbst bei den Lebewesen einer Art kann es Unterschiede geben. Ein Sinnesorgan ist jeweils nur für eine Reizart passend ausgelegt, dieser Reiz ist *adäquat*. Andere Reize erfordern andere Sinnesorgane. Um Reize aufzunehmen und in elektrische Impulse umzuwandeln — also für Nerven und Gehirn verwertbar zu machen — bedarf es bestimmter Sinneszellen, sog. *Rezeptoren*.

Der Mensch ist das einzige Lebewesen, das die Signale aus seiner Umgebung, die für ihn keine Reize sind, erkennbar machen kann. Er hat dafür Meßinstrumente, Anzeigegeräte und chemische Reaktionen entwickelt, die diese Signale „übersetzen", also als Reize erkennbar machen. Er hat auf diese Weise seine Umwelt vergrößert. Außerdem konnte er die mittelmäßige Qualität seiner Sinnesorgane durch Meßgeräte, die genauere Werte liefern, verbessern. Weiterhin steigern verschiedene Hilfsmittel die Sinnesleistungen, z. B. sind Mikroskop und Lupe, Fernglas und Teleskop richtige „Sinnesprothesen" für das Auge.

Aufgaben

① Vergleiche die Spektralbereiche des Farbensehens von Mensch, Honigbiene und einem farbenblinden Tier, z. B. dem Hund.

② Vergleiche die Tonhöhenbereiche beim Hören von jungen und älteren Menschen, von Hund und Fledermaus.

③ Nenne Signale aus der Umgebung, die keine Reize sind. Welche Möglichkeiten gibt es jeweils, diese Signale festzustellen.

④ Welche Umwelteinflüsse kannte man vor einem Jahrhundert noch nicht, weil die Meßgeräte fehlten? Kann es Einflüsse geben, die wir heute noch nicht kennen?

⑤ Sinnesprothesen für das Auge lassen Winziges und Fernes erkennen. Weshalb ist das Auge nicht von Natur aus damit ausgestattet?

Reizart	Sinne	Sinnesorgane	adäquate Reize
optisch	Licht-, Sehsinn	Auge	Licht (elektromagnetische Wellen)
mechanisch	Tastsinn	Haut	mechanischer Druck, Verschiebung
thermisch	Temperatursinn	Haut	Erwärmung, Abkühlung
chemisch	Geruchsinn	Nase	Moleküle in Gasen
chemisch	Geschmackssinn	Zunge	Moleküle u. Ionen in Lösung
akustisch	Hörsinn	Innenohr	Schallwellen (Luftdruck)
mechanisch	Lage-, Gleichgewichtssinn	Labyrinth	Schwerkraft
mechanisch	Drehsinn	Labyrinth	Beschleunigung

2 Sinnesorgane und adäquate Reize

2 Das Nervensystem

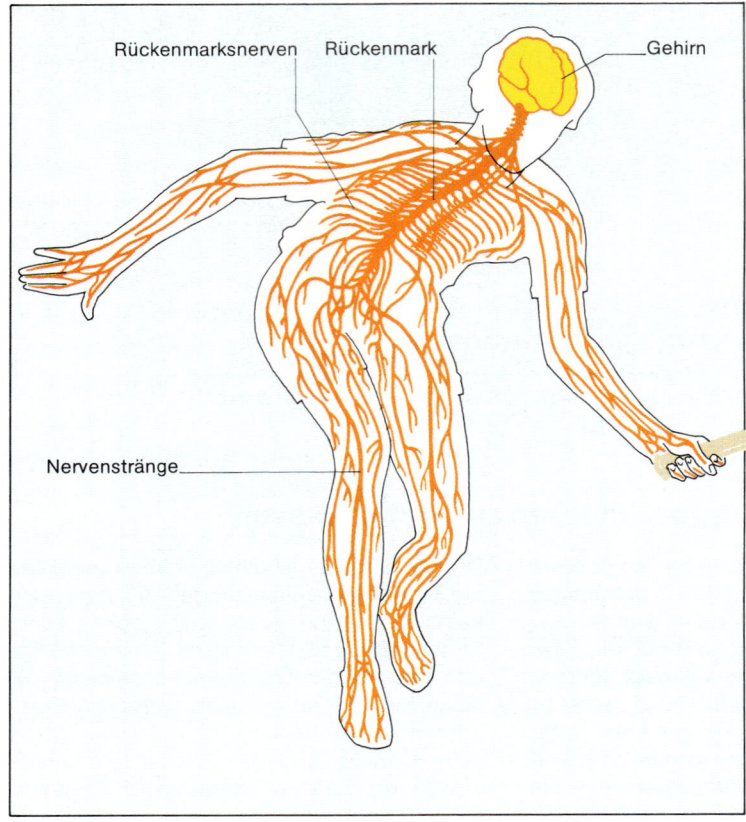

1 Nervensystem des Menschen

Arbeitsweise des Nervensystems

Der Tennisspieler sieht den herannahenden Ball. Er läuft auf ihn zu, holt mit dem Arm weit aus und schlägt den Ball zurück. Der ganze Vorgang dauert nur Sekunden.

Diese schnellen, zielgerichteten Bewegungen werden durch *Nerven* ermöglicht. Alle Nerven sind im Körper zum *Nervensystem* vernetzt. Besonders viele Nerven liegen, dicht gepackt, im *Gehirn* und im *Rückenmark*. Beide zusammen bilden das *Zentrale Nervensystem* (ZNS). Die Nervenstränge sind mit Kabelbündeln vergleichbar, die viele Einzelkabel enthalten. Die Nerven sind stark verzweigt, so daß alle Körperregionen erreicht werden. Ihr Durchmesser ist nach jeder Verzweigung kleiner. Das kleinste Element ist die *Nervenfaser*.

Über die Sinnesorgane erhält das ZNS fortwährend Informationen aus der Umwelt.

Diese Informationen werden durch *sensorische Nerven* in Form elektrischer Signale zum Gehirn geleitet und dort ausgewertet. So erkennt der Tennisspieler den Ball, seine Bewegungsrichtung und Geschwindigkeit. Nun schickt das Gehirn eine Fülle neuer Signale durch *motorische Nerven* zur Muskulatur. Bestimmte Muskeln ziehen sich zusammen — der Körper wird zum Ball bewegt.

Jede Muskelaktivität verändert die Position des Spielers zum Ball. Von den Sinnesorganen erhält das Gehirn laufend *Rückmeldungen* darüber, wie vorangegangene Bewegungen die Körperstellung zum Ball verändert haben. Es vergleicht ständig die augenblickliche Position mit der erforderlichen und ermittelt daraus, welche Muskeln sich als nächste zusammenziehen müssen.

Das Gehirn aktiviert nacheinander verschiedene Muskelgruppen so lange, bis schließlich die gewünschte Stellung des Spielers zum Ball erreicht ist. Man sagt: Die Muskelaktivität wird *geregelt*. Das wesentliche Kennzeichen der Regelung ist die Wirkungskontrolle. Sie wird durch Rückmeldungen möglich. Alle beteiligten Vorgänge sind in einem *Regelkreis* miteinander verknüpft.

Würde der Tennisspieler beim ersten Anblick des ankommenden Balls die Augen schließen und so versuchen, den Ball zu treffen, würde er ihn mit Sicherheit verfehlen. Hier bliebe die Rückmeldung aus. Nun würde sich eine Muskelaktivierung nicht mehr nach dem Ergebnis einer vorangegangenen richten. Einen derartigen Vorgang nennt man *Steuerung* (s. auch S. 31).

Selten treten im Organismus gesteuerte Vorgänge auf. Die meisten Bewegungen und die Tätigkeit der inneren Organe sind geregelte Vorgänge. So hat das Gehirn ständig die Kontrolle über die Organe.

Das Nervensystem ist nicht nur bei sportlicher Betätigung aktiv. Unablässig muß es Informationen empfangen, auswerten und weiterleiten. Selbst beim Schlafen beeinflußt es die Tätigkeit der inneren Organe und regelt beispielsweise Blutkreislauf, Atmung und Verdauung.

Aufgabe

① Beschreibe den Unterschied zwischen Steuerung und Regelung.

Die Nervenzelle — Bau und Funktion

Das Nervensystem enthält etwa 25 Milliarden Nervenzellen. Bei vielen Nervenzellen findet man folgende Grundstrukturen: An einem *Zellkörper* mit Zellkern entspringen viele feinfädige Fortsätze, die sich buschartig verzweigen. Sie heißen *Dendriten* und stehen mit anderen Nerven- oder Sinneszellen in Verbindung. Dendriten nehmen Informationen auf und leiten sie zum Zellkörper weiter.

Daneben gibt es einen einzelnen, langen Fortsatz, der als *Nervenfaser* bezeichnet wird und Informationen zu Nervenzellen, Muskelfasern oder Drüsen weiterleitet. Die Nervenfaser hat eine Länge bis zu 1 m. Im Querschnitt wird erkennbar, daß in ihr ein langer dünner Fortsatz der Nervenzelle, das *Axon*, verläuft. Der Axondurchmesser beträgt etwa 0,01 bis 0,002 mm.

Hüllzellen bilden die *Schwannsche Scheide* um das Axon. In regelmäßigen Abständen ist sie durch ringartige Einschnürungen unterbrochen. Diese *Schnürringe* sind immer dort, wo zwei Hüllzellen aneinandergrenzen. Die Nervenfaser ist an ihrem Ende verzweigt und zeigt kleine Verdickungen, die *Endknöpfchen*. Sie bilden Verbindungsstellen, sogenannte *Synapsen*, zu anderen Nervenzellen oder Muskelfasern. Die Synapsen an Muskelfasern werden als *motorische Endplatten* bezeichnet. Zwischen einem Endknöpfchen und einer nachfolgenden Zelle besteht immer ein schmaler *synaptischer Spalt*.

Wird eine motorische Nervenzelle an den Dendriten erregt, so entstehen am Axonursprung *elektrische Impulse*. Dabei handelt es sich um Spannungsschwankungen von etwa 0,1 Volt Stärke und 2 ms Dauer. Diese Impulse springen längs des Axons von Schnürring zu Schnürring bis zu den Endknöpfchen. Die Geschwindigkeit kann bis zu 120 m/s betragen. Die an den Endknöpfchen ankommenden Impulse bewirken dort die Freisetzung eines Übertragerstoffes, eines sog. *Transmitters,* der in kleinen Bläschen gespeichert ist. Diese geben jetzt ihren Inhalt in den synaptischen Spalt ab. Der Transmitter diffundiert durch den Spalt und verbindet sich mit den Rezeptoren an der Zellmembran der Muskelfaser: Die Faser zieht sich zusammen.

Synapsen, die Nervenzellen miteinander koppeln, befinden sich in ungeheurer Anzahl im ZNS. Bis zu 10 000 Synapsen kann es an einer Nervenzelle geben. Die Endknöpfchen sitzen, getrennt durch den synaptischen Spalt, an den Dendriten der anderen. Hier eintreffender Übertragerstoff erregt die Nervenzelle. Erreicht die Erregung eine Mindeststärke, so entstehen am Axonhügel elektrische Impulse.

Nur Endknöpfchen der Nervenzellen sind in der Lage, Übertragerstoffe abzugeben. Die Informationsübertragung an Synapsen kann deshalb nur in einer Richtung verlaufen. Synapsen arbeiten also wie Ventile. Sie bewirken damit eine gerichtete Weiterleitung von Informationen in einer Nervenzelle — von den Dendriten zu den Endknöpfchen — und damit auch im gesamten Nervensystem.

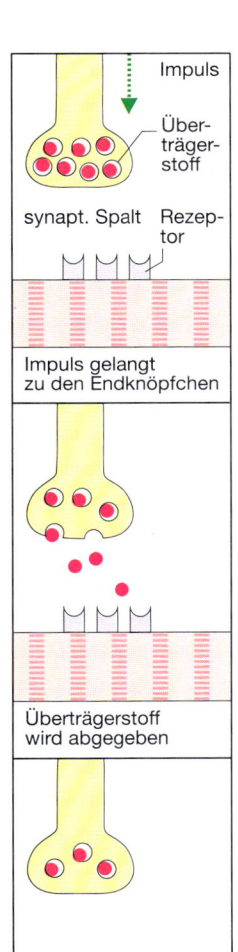

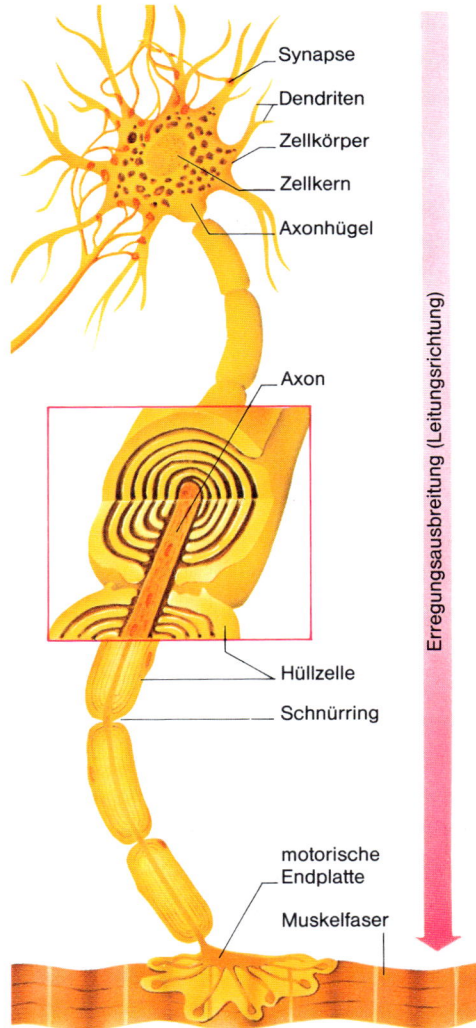

1 Schema einer Nervenzelle

Sinne, Nerven und Hormone

Teile des Nervensystems arbeiten selbständig

Ein Jogger beginnt seinen Dauerlauf. Bereits nach kurzer Zeit treten Veränderungen im Körper auf: Der Herzschlag wird schneller, die Atmung beschleunigt und vertieft, die Haut sondert Schweiß ab. Der Körper wird an die stärkere Belastung angepaßt. Dies veranlaßt das *Vegetative Nervensystem*. Es ist kaum willentlich beeinflußbar und paßt unablässig die Tätigkeit der inneren Organe an die momentanen Belastungen an. Selbst im Schlaf ist es aktiv.

Das Vegetative Nervensystem besteht aus zwei Teilsystemen: dem *Sympathicus* und dem *Parasympathicus*.

Der Sympathicus besteht aus zwei Nervensträngen, die links und rechts parallel zur Wirbelsäule verlaufen und Verbindung zum Rückenmark haben. Auf der Höhe eines jeden Wirbels ist jeder Strang knotenartig verdickt. Von diesen *Ganglien* ziehen Nerven zu allen Organen.

Der Parasympathicus besteht aus einem Gehirnnervenpaar und einigen Rückenmarksnerven. Die Verzweigungen dieser Nervenstränge erreichen ebenfalls alle inneren Organe, so daß jedes Organ vom Sympathicus und vom Parasympathicus versorgt wird.

Die beiden Teilsysteme des Vegetativen Nervensystems wirken als Gegenspieler oder *Antagonisten*:
Der Sympathicus aktiviert alle Organe, deren Tätigkeit die körperliche Leistungsfähigkeit steigert, und hemmt zugleich die anderen Organe. Er ist auf augenblickliche Höchstleistung eingestellt. Seine Aufgabe als *Alarmsystem* des Körpers wird besonders in Schrecksituationen deutlich: Durch plötzlich vermehrte Abgabe von Übertragerstoffen aus seinen Nervenzellen werden Herzschlag und Atmung beschleunigt und gleichzeitig die Aktivität der Verdauungsorgane gehemmt. Der Körper ist z. B. vollständig auf die Auseinandersetzung mit einem Widersacher oder aber auf Flucht eingestellt. War man zuvor hungrig, durstig oder müde, so ist davon in der Alarmsituation nichts mehr bemerkbar. Erst nachdem die Situation ausgestanden ist, stellen sich langsam die alten Verhältnisse wieder ein.

Nun ist der Parasympathicus wieder aktiver. Er wirkt aktivierend auf die Organe, die der Erholung, der Energieeinsparung und dem Körperaufbau dienen und hemmt gleichzeitig alle Organe, die die körperliche Leistungsfähigkeit steigern. So hemmt der Parasympathicus den Herzschlag und regt die Verdauungsorgane an.

Die gemeinsame, jeweils abgestufte Einwirkung von Sympathicus und Parasympathicus auf alle Organe des Körpers sorgt für eine der jeweiligen Situation angemessene Zusammenarbeit.

⊕ = Anregung, Erweiterung
⊖ = Hemmung, Verengung

1 Regelungen des Vegetativen Nervensystems

Aufgabe

① Weshalb kann eine andauernde körperliche Belastung zu Verdauungsstörungen führen?

Sinne, Nerven und Hormone

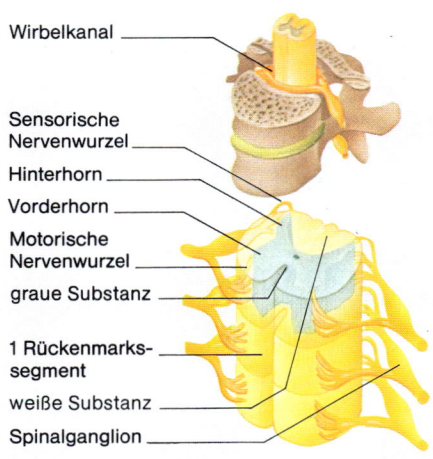

1 Lage und Bau des Rückenmarks

Das Rückenmark

Die Informationsübertragung zwischen Gehirn und Körper erfolgt durch die Gehirnnerven und das *Rückenmark*. Dieses bildet zusammen mit dem Gehirn das *Zentrale Nervensystem* (ZNS).

Das Rückenmark ist 40–50 cm lang, etwa fingerdick und liegt im *Wirbelkanal* der Wirbelsäule. Im Querschnitt erkennt man mit bloßem Auge zwei gut voneinander unterscheidbare Bereiche. Innen befindet sich die *graue Substanz*. Sie besteht überwiegend aus Zellkörpern von Nervenzellen sowie zu- und ableitenden Nervenfasern. Außen ist die *weiße Substanz*, die vorwiegend aus Nervenfasern besteht.

Vom Rückenmark zweigen 31 Paar *Rückenmarksnerven* ab. Es sind Bündel von Nervenfasern. Sie verlassen die Wirbelsäule jeweils zwischen zwei Wirbeln und erreichen mit ihren Verästelungen alle Bereiche des Körpers. Jeder Rückenmarksnerv hat eine *vordere* und eine *hintere Wurzel*. Die vordere Wurzel enthält motorische Nervenfasern. Ihre Axone leiten Erregungen zur Muskulatur. Die sensorischen Nervenzellen der hinteren Wurzel leiten Informationen vom Körper ins Rückenmark. Ihre Zellkörper liegen in Nervenknoten, den *Spinalganglien*.

Wird das Rückenmark verletzt, so können Bereiche unterhalb der Verletzungsstelle keine Signale mehr zum Gehirn senden oder vom Gehirn empfangen. Die Folgen sind Lähmung der Muskulatur und Gefühllosigkeit aller Körperbereiche, die von Rückenmarksnerven unterhalb der Verletzungsstelle versorgt werden *(Querschnittslähmung)*.

Daß das Rückenmark auch selbständig arbeitet, verdeutlicht ein Versuch: Ein Schüler sitzt auf einem Tisch und läßt ein Bein locker herabhängen. Ein leichter Schlag auf die Kniesehne unterhalb der Kniescheibe bewirkt, daß der Unterschenkel vorschnellt. Diese Reaktion heißt *Kniesehnenreflex*.

Der Schlag auf die Kniesehne bewirkt eine plötzliche Dehnung des Streckmuskels im Oberschenkel. Dieser Reiz wird von Sinnesorganen im Muskel, den *Muskelspindeln*, aufgenommen. Sie senden über sensorische Nervenzellen Erregungen ins Rückenmark. In der grauen Substanz werden die Erregungen auf motorische Nervenzellen des Streckmuskels übertragen. Daher zieht er sich zusammen und wirkt so der Dehnung entgegen. Der Weg der Erregungen vom Muskel ins Rückenmark und zurück heißt *Reflexbogen*.

Genauso wird der Oberschenkelmuskel gedehnt, wenn man beim Laufen mit einem Fuß hängenbleibt. Der Kniesehnenreflex verhindert meistens einen Sturz („Stolperreflex").

Ein *Reflex* ist eine *gesteuerte Handlung*. Sie verläuft stets gleich auf einen bestimmten Reiz hin und wird nicht durch den Willen beeinflußt. Weil das Rückenmark und nicht das Gehirn die Umschaltstelle für die Erregungen ist, ist der Leitungsweg und deshalb auch die Reaktionszeit kürzer. Reflexe sind uns zum Teil bewußt *(Husten)* oder laufen unbewußt ab *(Lidschlußreflex)*. In jedem Fall schützen sie den Körper.

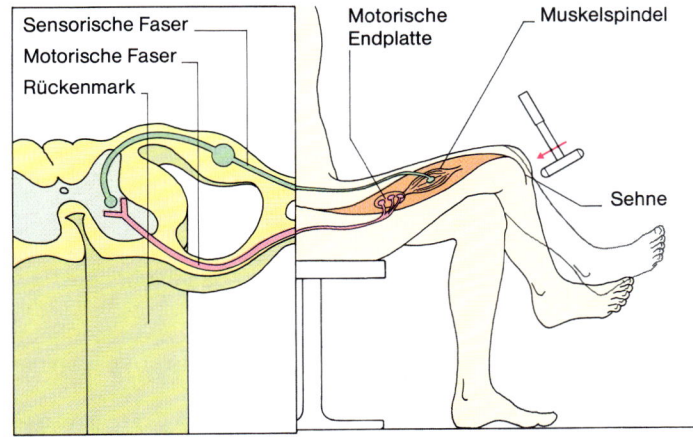

2 Kniesehnenreflex

Sinne, Nerven und Hormone

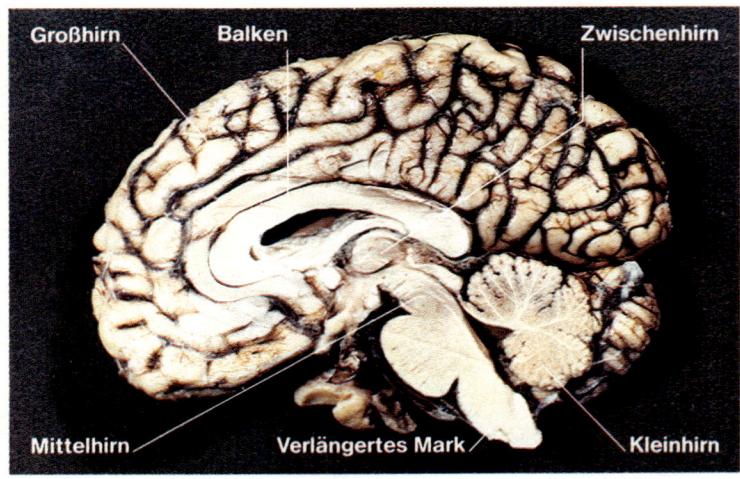

1 Längsschnitt durch das Gehirn

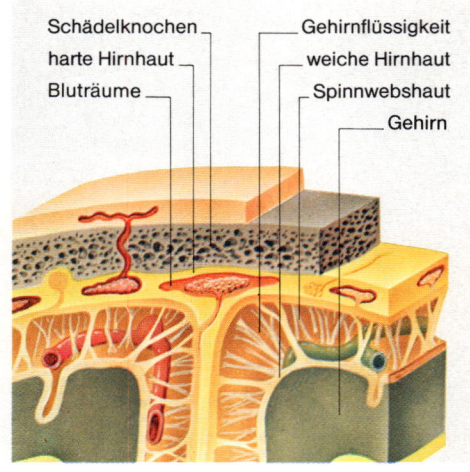

2 Stoßgedämpfte Lagerung des Gehirns

Das Gehirn

Entwicklung des menschlichen Gehirns schematisch, von oben

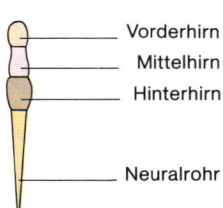

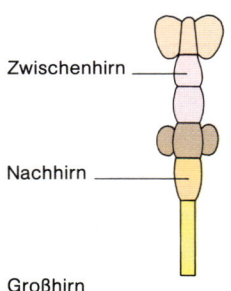

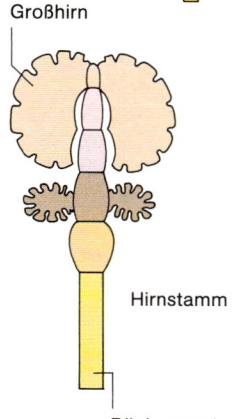

Die Gliederung des menschlichen Gehirns ist an einem Embryo im zweiten Schwangerschaftsmonat besser erkennbar als am Gehirn des Erwachsenen. Die Gehirnanlage besteht zunächst aus drei Hirnbläschen. Die Bläschen des Mittel- und Hinterhirns teilen sich dann nochmals, so daß schließlich fünf Bläschen entstehen. Aus jedem entwickelt sich einer der fünf Gehirnabschnitte.

Das vorderste Bläschen stülpt bei der Weiterentwicklung zwei Seitenbläschen aus, die sich stark vergrößern, Falten bilden und zum *Großhirn* werden. Die Zellkörper der Nervenzellen sind hier auf eine dünne *Rindenschicht* an der Oberfläche verteilt. Im darunterliegenden *Mark* verlaufen überwiegend Nervenfasern. Durch die Faltung entsteht die notwendige große Oberfläche, um die etwa 10 Milliarden Nervenzellen in der Rindenschicht unterzubringen. Aus den anderen Bläschen entwickeln sich *Zwischenhirn, Mittelhirn, Kleinhirn* und *Nachhirn*.

Kurz nach der Geburt nimmt die Anzahl der Nervenzellen im Gehirn nicht mehr zu. Dennoch ist die Gehirnentwicklung noch nicht abgeschlossen. Die Verbindung der Nervenzellen untereinander ist noch unvollständig. Im Verlauf der Kindheit werden viele neue Synapsen gebildet und die Nervenzellen stärker vernetzt. An einer Nervenzelle können bis zu 10 000 Synapsen auftreten. Erst wenn dieser Vorgang abgeschlossen ist, hat das Gehirn seine volle Kapazität erreicht.

Das durchschnittliche Gewicht des Gehirns beträgt beim Erwachsenen etwa 1400 g. Es enthält etwa 15 Milliarden Nervenzellen. Die beiden Großhirnhälften, die über einen dicken Nervenstrang, den *Balken*, miteinander verbunden sind, nehmen etwa 80 % des Gehirnvolumens ein und überdecken die anderen Gehirnabschnitte.

Das empfindliche Gehirn ist von Schädelknochen und drei Hautschichten umgeben. Direkt an die Schädelknochen grenzt die *harte Hirnhaut*. An ihr ist mit elastischen Fasern die schwammartige *Spinnwebshaut* verankert. Sie enthält *Gehirnflüssigkeit*, in der das Gehirn schwimmt. Die *weiche Hirnhaut* verbindet Spinnwebshaut und Gehirn. Durch die knöcherne Umhüllung und die schwimmende Lagerung ist das Gehirn gegen Stöße und Schläge mehrfach geschützt.

Die Hirnhäute schützen das Gehirn vor Krankheitserregern. Dennoch können bestimmte Bakterien und Viren in sie eindringen und die von Fieber, Erbrechen und Genickstarre begleitete *Hirnhautentzündung* verursachen. Die Ausscheidungsprodukte der Bakterien sind dann eine Gefahr für die Nervenzellen des Gehirns.

Aufgaben

① Aus welchen Abschnitten besteht das Gehirn?
② Beschreibe und erkläre die Schutzeinrichtungen für das Gehirn gegen mechanische Einwirkungen.
③ Das Gehirn ist einem Computer gleicher Größe in vielem überlegen. Nenne dafür Beispiele und Gründe.

Arbeitsteilung im Gehirn

Der französische Arzt Paul Broca (1824–1880) untersuchte das Gehirn eines Verstorbenen, der während seines Lebens das Sprechvermögen verloren hatte. Er stellte fest, daß das Gehirn im Bereich der linken Schläfe auffällig erweicht war und nahm deshalb an, daß hier das *Sprachzentrum* liegt. Broca hatte recht.

Heute kennt man viele Aufgaben des *Großhirns*, und die Forschungsergebnisse zeigen: Es ist das Zentrum unserer Wahrnehmungen, unseres Bewußtseins, Denkens, Fühlens und Handelns. Im Großhirn herrscht Arbeitsteilung zwischen verschiedenen Bezirken, den *Rindenfeldern*, von denen drei Typen unterschieden werden:

1. *Sensorische Felder*: Sie verarbeiten Erregungen, die von den Nerven der Sinnesorgane kommen.
2. *Motorische Felder*: Sie aktivieren Muskeln und regeln willkürliche Bewegungen.
3. *Gedanken-* und *Antriebsfelder*: Sie liegen im vorderen Teil des Gehirns und sind wahrscheinlich die Zentren des Denkens und Erinnerns.

Die sensorischen und motorischen Felder für die rechte Körperseite sind in der linken Großhirnhälfte und umgekehrt. Es gibt aber auch Zentren, die nur in einer Gehirnhälfte vorkommen, wie zum Beispiel das Sprachzentrum in der linken Hälfte.

Das *Zwischenhirn* ist an der Entstehung von Gefühlen wie Freude, Angst, Wut und Enttäuschung beteiligt. Es filtert den Informationsfluß von den Sinnesorganen zum Großhirn. Unwichtiges wird nicht weitergemeldet. Damit schützt es das Gehirn vor Überlastung. Das Zwischenhirn regelt auch die Körpertemperatur, den Wasserhaushalt und weitere lebenswichtige Körperfunktionen. Es ist — über den *Hypothalamus* — die Verbindungsstelle zwischen dem Nervensystem und dem Hormonsystem.

Das *Mittelhirn* ist eine Umschaltstelle. Erregungen sensorischer Nerven werden zum Großhirn geschickt oder auf motorische Nerven umgeleitet. So regelt es unter anderem die Bewegungen, die Hell-Dunkel-Anpassungen und die Scharfstellung der Augen.

Der zweitgrößte Gehirnabschnitt ist das *Kleinhirn*. Seine Aufgabe besteht einerseits darin, Bewegungen zu koordinieren und den Körper im Gleichgewicht zu halten. Bewegt man zum Ergreifen eines Gegenstandes Ober- und Unterarm gleichzeitig, stimmt das Kleinhirn beide Teilbewegungen aufeinander ab; der Gegenstand wird zielsicher ergriffen. Ohne die Tätigkeit des Kleinhirns würde der Arm ruckartige Bewegungen ausführen, die meist über das Ziel hinausgingen.

Andererseits hat das Kleinhirn die Aufgabe, automatisierte Bewegungsabläufe zu speichern. Lernt man beispielsweise Tanzen, muß man die einzelnen Schritte sehr bewußt nacheinander ausführen. Hier regelt das Großhirn direkt die Muskulatur. Mit einiger Übung muß man sich nicht mehr auf jeden Schritt konzentrieren. Die Bewegungsfolgen

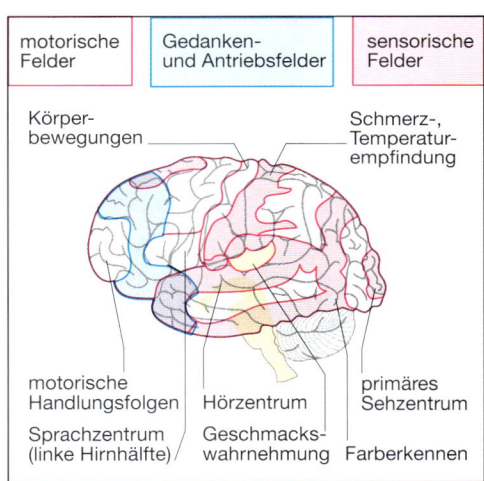

2 Felder des Großhirns

werden jetzt vom Kleinhirn geregelt, das während der Lernphase die zugehörigen Impulsfolgen gespeichert hat.

Die Übergangsstelle zum Rückenmark ist das *Nachhirn*. Wichtige Funktionen sind die Regulation des Blutdrucks, der Atemmuskulatur und Hustenreflexe. Über 12 Paar Gehirnnerven steht es in Verbindung mit Sinnesorganen, Muskulatur und Drüsen im Kopf.

Aufgabe

① Bei Patienten mit Großhirnverletzungen wurde beobachtet, daß sich Funktionsausfälle, z. B. die Lähmung eines Armes, nach einigen Monaten teilweise zurückgebildet haben. Wie ist das erklärbar?

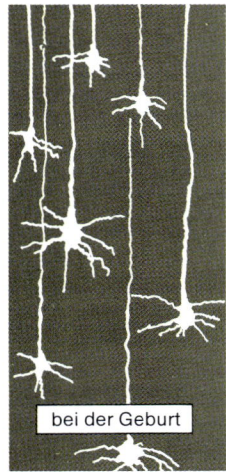
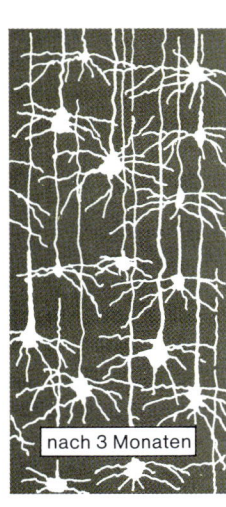
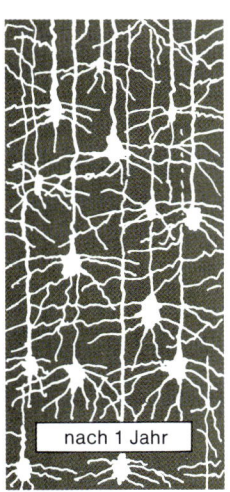

1 Entwicklung von Nervenverknüpfungen

Sinne, Nerven und Hormone

3 Sinnesorgane

Das Auge — unser wichtigstes Sinnesorgan

Versucht man, mit geschlossenen Augen ein Stofftier durch Abtasten zu bestimmen, dauert es relativ lange, bis man die Tierart erkennt. Beim Hinschauen genügt ein „Augen-Blick" zum Bestimmen. Mit den Augen erfolgt die Reizaufnahme und Informationsweitergabe also genauer und umfassender als mit unseren anderen Sinnesorganen.

Die Augen sind unsere wichtigsten Sinnesorgane und sehr empfindlich. Deshalb sind sie besonders gut geschützt. Umgeben von Nasenbein, Jochbein und Stirnbein liegen sie tief in den knöchernen Augenhöhlen des Schädels, eingebettet in ein Fettpolster.

Fliegt Staub oder Sand an die Wimpern, so wird das *Augenlid* geschlossen. Dies geschieht automatisch durch einen Reflex. Gelangt dennoch ein kleiner Fremdkörper ins Auge, so wird er durch die Tränenflüssigkeit ausgeschwemmt. Scharfe, heiße oder ätzende Teilchen können das Auge verletzen. Deshalb muß man bei Tätigkeiten, bei denen die Augen gefährdet sind, eine Schutzbrille tragen, so z. B. beim Radfahren und besonders bei den Versuchen in der Chemie.

Die Augenwand besteht aus mehreren übereinanderliegenden Häuten. Die äußerste Hautschicht ist die *Harte Augenhaut*. An ihr setzen sechs Muskeln an, durch die Drehungen des Auges in der Augenhöhle möglich sind. In dem Bereich, in dem Licht ins Auge eintritt, wird die Harte Augenhaut zur durchsichtigen *Hornhaut*. Sie muß immer durch Tränenflüssigkeit befeuchtet sein.

Die zweite Schicht heißt *Aderhaut*. Sie ist reich an Blutgefäßen und versorgt die ihr anliegenden Schichten mit Nährstoffen und Sauerstoff. Darauf folgt die *Pigmentschicht*, deren Zellen schwarzen Farbstoff (Pigment) enthalten.

Die innerste Schicht ist die *Netzhaut*. Sie enthält zwei Typen von Lichtsinneszellen: *Stäbchen*, die besonders lichtempfindlich sind, und *Zapfen*. An der Stelle, an der der Sehnerv das Auge verläßt, ist die Netzhaut unterbrochen. Hier befinden sich keine Lichtsinneszellen. Diese Stelle heißt daher *Blinder Fleck*. Der Hornhaut gegenüber ist eine etwas vertiefte Netzhautstelle. Wegen ihrer Färbung heißt sie *Gelber Fleck*.

Der Lichteintritt in das Auge erfolgt durch die Hornhaut und das schwarze Sehloch, die *Pupille*. Sie ist von der farbigen Regenbogenhaut, der *Iris*, umgeben. Die Iris ist ein *Ringmuskel*, der die Pupille vergrößert oder verkleinert und so die ins Auge einfallende Lichtmenge reflektorisch regelt. Hinter der Iris ist die elastische *Augenlinse* an Bändern aufgehängt. Die Linsenbänder *(Zonulafasern)* verlaufen speichenartig zum ringförmigen *Ziliarmuskel*. Das Augeninnere ist von dem gallertartigen *Glaskörper* erfüllt. Er erhält die runde Form des Auges.

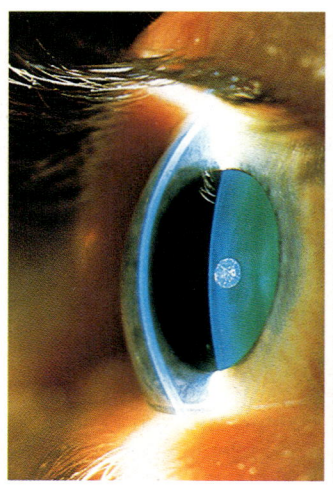

1 Das Auge

2 Schematischer Längsschnitt durch das menschliche Auge

Sinne, Nerven und Hormone

Bau und Funktion der Netzhaut

Im mikroskopischen Bild wird erkennbar, daß die Netzhaut aus drei Zellschichten besteht. Unmittelbar an den *Pigmentzellen* liegt eine Schicht mit *Lichtsinneszellen*. Die Abbildung zeigt, daß es zwei unterschiedlich gebaute Typen dieser Sehzellen gibt: längere, schlanke Stäbchen, zuständig für das Hell-Dunkel- und Dämmerungssehen, die auf sehr schwaches Licht ansprechen, sowie kürzere, gedrungene Zapfen, die weitaus helleres Licht benötigen und dem Farbensehen dienen.

In der Netzhaut eines jeden Auges sind etwa 125 Millionen Stäbchen und 6 Millionen Zapfen. Auf jedem Quadratmillimeter stehen ungefähr 140 000 Sehzellen. Im Zentrum der Netzhaut, dem Gelben Fleck, gibt es nur Zapfen. Es ist die Stelle des schärfsten Sehens. Hier stehen etwa 300 000 Zapfen sehr eng aneinander. Zu den Randbereichen der Netzhaut hin findet man immer weniger Zapfen. Die äußersten Bereiche enthalten nur noch Stäbchen.

Die Sehzellen enthalten lichtempfindliche Farbstoffe. Einer davon ist der *Sehpurpur*, für dessen Aufbau Vitamin A benötigt wird. Trifft Licht auf eine Sehzelle, wird sie erregt. Dabei laufen im Zellinnern folgende Vorgänge ab: Der belichtete Sehpurpur zerfällt in zwei Bestandteile. Dieser Farbstoffzerfall bewirkt, daß die Zelle ein elektrisches Signal abgibt. Das ist die *Erregung*. Zerfallener Sehpurpur wird anschließend wieder neu aufgebaut. Sehzellen, in die längere Zeit kein Licht dringt, enthalten viel Sehpurpur.

Signale erregter Sehzellen werden in die zweite Schicht der Netzhaut übertragen. Diese enthält besondere Nervenzellen — *Schaltzellen* —, von denen viele mit mehr als 100 Sehzellen in Kontakt sind. Sehr schwache Erregungen zusammengeschalteter Sehzellen summieren sich bei der Schaltzelle und können sie aktivieren. Dies steigert die Lichtempfindlichkeit. Nur im Gelben Fleck gibt es für jede Sehzelle eine Schaltzelle.

Jede Sehzelle entspricht hier einem Bildpunkt. Dadurch ist mit diesem Netzhautbezirk besonders scharfes Sehen möglich. Deshalb wird beim Fixieren eines Gegenstandes das Auge so ausgerichtet, daß sein Bild auf dem Gelben Fleck entsteht. Sind die Schaltzellen erregt, so übertragen sie Signale in die innerste Netzhautschicht. Diese besteht aus etwa einer Million Nervenzellen, deren lange Fortsätze sich zum *Sehnerv* vereinigen und Erregungen bis in das Gehirn leiten.

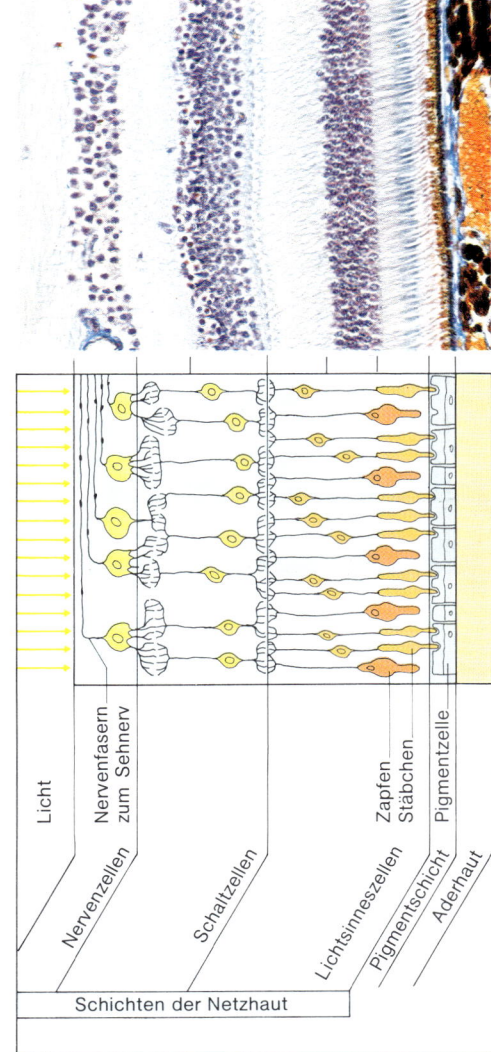

1 Bau der Netzhaut (Mikrofoto und Schema)

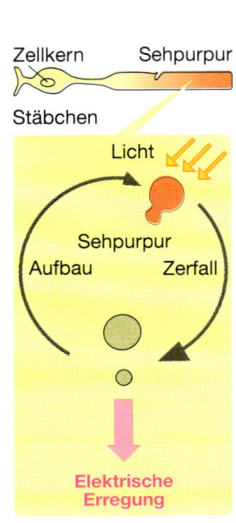

Aufgaben

① Beschreibe die Aufgaben der drei Zellschichten der Netzhaut.
② Die Sehzellen befinden sich nicht an der günstigsten Stelle, um möglichst scharf zu sehen. Betrachte den Netzhautquerschnitt, und erkläre diese Aussage.
③ Begründe anhand des Netzhautaufbaus, weshalb der Gelbe Fleck die Stelle des schärfsten Sehens ist.
④ Beschreibe, wie es zur Erregung einer Sehzelle kommt.
⑤ Die Sehzellen werden durch einen kurzen Lichtblitz stärker erregt, wenn man sich zuvor längere Zeit in dunkler Umgebung aufgehalten hat. Erkläre diese Beobachtung.

Sinne, Nerven und Hormone

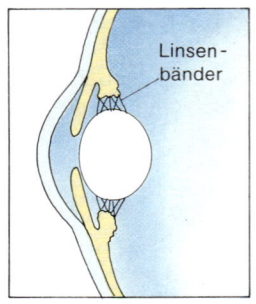
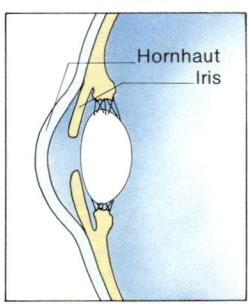

Scharfes Sehen nah und fern

Ein Vergleich von Fotoapparat und Auge zeigt einige Gemeinsamkeiten: dem Objektiv des Fotoapparates entsprechen die Hornhaut und die Augenlinse. Der Blende entspricht die Iris, dem lichtempfindlichen Film die Netzhaut. Beim Fotoapparat geschieht die Entfernungseinstellung durch Änderung des Abstands zwischen Objektiv und Film. Für herannahende Objekte muß dieser Abstand vergrößert werden. Bei der Entfernungseinstellung des Auges *(Akkommodation)* wird jedoch die Wölbung der elastischen Linse verändert.

Der ringförmige *Ziliarmuskel* zieht sich zusammen, sein Umfang verringert sich, und die elastische Aderhaut wird gespannt. Die *Linsenbänder,* die zuvor starken Zug auf die Linse ausgeübt hatten, ziehen nun nicht mehr so stark. Die elastische Linse kugelt sich etwas ab. Sie ist jetzt stärker gewölbt, und ihre Brechkraft ist daher größer.

Dieser Vorgang kann so lange fortgesetzt werden, bis die Linsenbänder keinen Zug mehr auf die Linse ausüben *(Naheinstellung).* Ein Jugendlicher sieht einen Gegenstand scharf, wenn der sich etwa 10 cm vor dem Auge befindet. Bei Naheinstellung werden Gegenstände in der Ferne nur unscharf wahrgenommen.

Zur *Ferneinstellung* erschlafft der Ziliarmuskel. Durch die elastische Aufhängung an der Aderhaut und den Augeninnendruck wird der Ziliarmuskel gedehnt, sein Umfang vergrößert, die Linsenbänder werden gespannt und die Augenlinse wird flachgezogen.

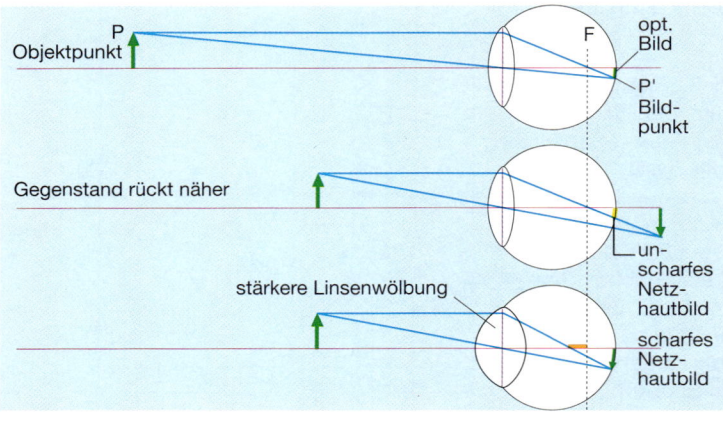

1 Nah- und Fernakkommodation

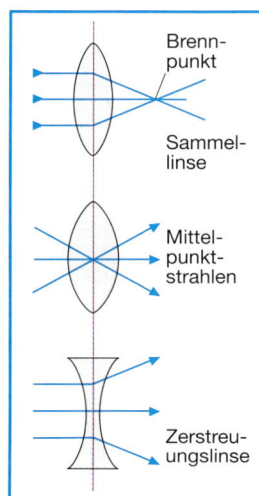

Kleine Linsenkunde

Sammellinsen sind in der Mitte dicker als am Rand. Lichtstrahlen durch den Linsenmittelpunkt werden nicht abgelenkt. Parallel zur optischen Achse eintreffende Lichtstrahlen werden beim Durchtritt durch die Linse so gebrochen, daß sie sich alle in einem Punkt, dem *Brennpunkt F,* schneiden. Die Entfernung zwischen Linsenmitte und Brennpunkt heißt *Brennweite f.* Bei einer stärker gekrümmten Linse werden die Lichtstrahlen stärker gebrochen. Dann ist die *Brechkraft D* größer, und der Brennpunkt liegt näher an der Linse. Augenärzte geben für Linsen die Brechkraft an. Sie ist der Kehrwert der Brennweite ($D = 1/f$) mit der Einheit $1/m = 1$ Dioptrie $= 1$ dpt. Die Brechkraft der Hornhaut beträgt 43 dpt, die Brechkraft der Linse 18–32 dpt.

Sammellinsen können *optische Bilder* erzeugen. Treten Lichtstrahlen, die von einem Objekt kommen, durch eine Sammellinse, bewirkt die Linse, daß sich alle von einem Punkt ausgehenden Lichtstrahlen hinter der Linse in einem Punkt schneiden. Für die Konstruktion eines Bildpunktes reicht es, wenn nur zwei Strahlen gezeichnet werden, z. B. Parallelstrahl und Mittelpunktstrahl. Zwei Linsen hintereinander wirken wie eine Linse mit erhöhter Brechkraft.

Zerstreuungslinsen sind am Rand dicker als in der Mitte. Parallel zueinander verlaufende Lichtstrahlen werden beim Durchtritt durch die Linse so gebrochen, daß sie hinter der Linse auseinanderstreben.

Sinne, Nerven und Hormone

Viele Sehfehler sind korrigierbar

Manche Menschen können ferne Gegenstände nur unscharf sehen, im Nahbereich erscheint alles scharf. Die betroffenen Personen leiden an *Kurzsichtigkeit*. Die Ursache liegt in einer veränderten Gestalt des Auges; der Augapfel ist zu lang. Dies führt bei der Betrachtung eines weit entfernten Gegenstandes mit ferneingestelltem Auge dazu, daß das optische Bild vor der Netzhaut entsteht. Die Brechkraft der Augenlinse ist auch bei weitester Abflachung noch zu groß. Um dies zu korrigieren, verschreibt der Augenarzt eine Brille. Die Brillengläser sind Zerstreuungslinsen. Sie bewirken, daß die in diesem Fall zu große Brechkraft der Augenlinse ausgeglichen wird.

Bei *Weitsichtigkeit* können ferne Gegenstände deutlich gesehen werden. Gegenstände in der Nähe erscheinen unscharf. Die Ursache ist hier ein zu kurzer Augapfel. Bei Annäherung eines Gegenstandes an dieses Auge muß sich die Augenlinse immer mehr wölben, damit er scharf auf die Netzhaut abgebildet wird. Ist die größte Wölbung erreicht, wenn der Gegenstand noch weiter als 20 cm entfernt ist, so führt eine weitere Annäherung zu einem unscharfen Netzhautbild. Abhilfe schaffen Brillen mit Sammellinsen. Sie gleichen die hier unzureichende Brechkraft der Augenlinse aus.

Mit fortschreitendem Alter nimmt die Elastizität der Augenlinse immer mehr ab, die Linsenwölbung bei Naheinstellung läßt immer mehr nach. Betroffene merken es zumeist daran, daß beim Lesen die Entfernung zwischen Text und Auge vergrößert werden muß, um deutlich sehen zu können. Die Tabelle zeigt, wie die kleinste Entfernung, ab der scharfes Sehen möglich ist, mit dem Alter zunimmt.

Bei dieser *Alterweitsichtigkeit* kann eine Brille mit Sammellinsen die fehlende Brechkraft der Augenlinse bei der Naheinstellung ausgleichen. Die Brille ist nur für das Sehen in der Nähe notwendig.

Es kann vorkommen, daß in der Augenlinse Trübungen entstehen. Ist ein großer Bereich der Linse betroffen, bezeichnet man dies als *Grauen Star*. Das Sehvermögen ist dadurch beeinträchtigt. Bei starken Trübungen wird die Augenlinse operativ entfernt und durch eine starre Kunststofflinse ersetzt.

Als *Grünen Star* bezeichnet man eine Augenerkrankung, die einen zu hohen Augeninnendruck verursacht. Die Druckerhöhung, die sich häufig langsam und unbemerkt einstellt, kann zu einer Schädigung von Netzhaut und Sehnerv führen. Ohne Behandlung besteht die Gefahr der Erblindung.

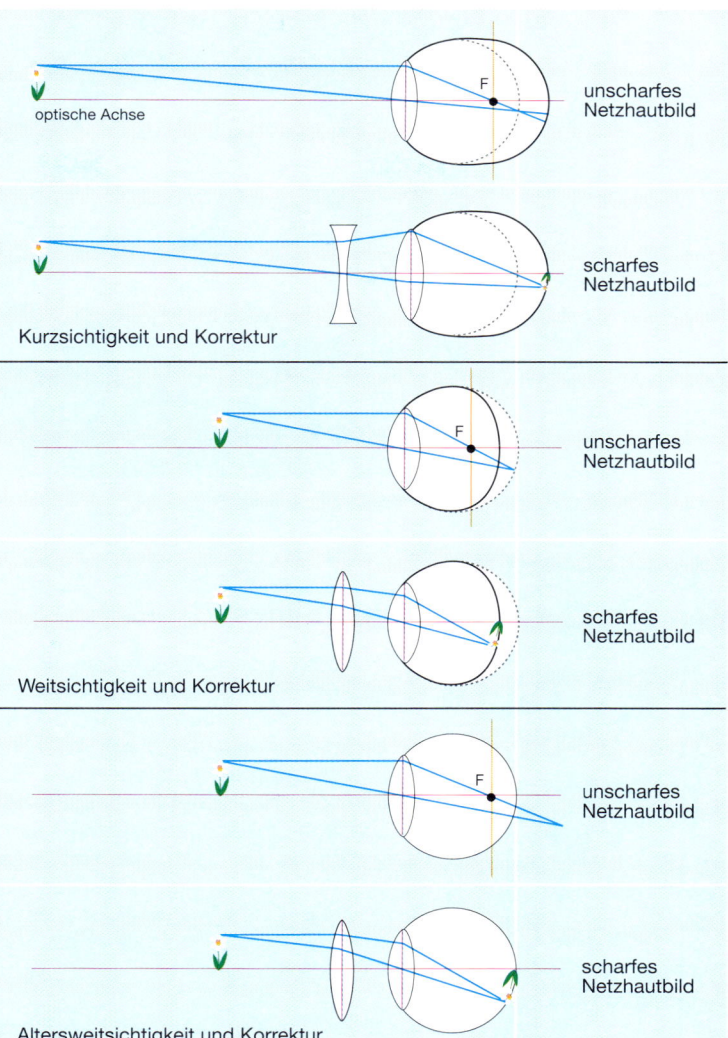

1 Abbildung und Augenfehler

Aufgaben

① Erkläre, weshalb ein Kurzsichtiger ferne Gegenstände unscharf sieht.
② Welche Ursache hat Weitsichtigkeit, welche die Altersweitsichtigkeit?
③ Weshalb kann Kurzsichtigkeit in höherem Alter nicht durch Altersweitsichtigkeit ausgeglichen werden?
④ Bei Patienten, die am Grauen Star operiert werden, wird die Augenlinse durch eine Kunststofflinse ersetzt. Weshalb ist dies kein vollwertiger Ersatz?

Altersabhängigkeit der Nahpunktentfernung

Alter (in Jahren)	Nahpunktentfernung (in cm)
10	7
20	10
30	12
40	17
50	44
60	100

Sinne, Nerven und Hormone

1 Stereoaufnahme einer Blüte

Bewegte Bilder

Betrachtet man einen Filmstreifen, so erkennt man darauf eine Folge von Einzelbildern. Bei der Filmvorführung werden die einzelnen Bilder nacheinander durch das Filmgerät projiziert. Dabei entsteht beim Betrachter der Eindruck einer kontinuierlichen Bewegung. Von Einzelbildern ist nichts mehr zu bemerken, es sei denn, die Vorführgeschwindigkeit wird verringert. Werden pro Sekunde weniger als etwa 18 Bilder gezeigt, erkennen wir am Flimmern, daß es sich um eine Einzelbildfolge handelt.

Daß wir einen Film als kontinuierlichen Bewegungsablauf sehen können, liegt an der „Trägheit" der Sehzellen. Werden sie von Licht getroffen, entsteht in ihnen eine *elektrische Erregung*. Diese Erregung verschwindet aber nicht plötzlich, wenn der Lichteinfall ausbleibt, sondern sie klingt innerhalb von $1/18$ Sekunde nach dem Ausbleiben des Lichtreizes ab. Erfolgt innerhalb dieser Abklingzeit ein neuer Lichtreiz, dann überlagern sich abklingende und neue Erregung.

Kommt es zu solchen Überlagerungen bei der Betrachtung aufeinanderfolgender Bilder eines Films, dann entsteht in unserem Gehirn der Eindruck einer kontinuierlichen Bewegung.

In der Stummfilmzeit war es technisch noch nicht möglich, mehr als 12 Bilder pro Sekunde zu zeigen. Daher wirken in diesen Filmen Bewegungen unnatürlich und eckig. Moderne Filmgeräte arbeiten mit 18 bis 24 Bildern pro Sekunde.

Räumliches Sehen

Das zweiäugige Sehen vergrößert im Vergleich zum einäugigen Sehen das Gesichtsfeld. Außerdem ermöglicht es uns, Gegenstände körperhaft wahrzunehmen, also einen räumlichen Eindruck von ihnen zu bekommen. Dies ist besonders im Nahbereich von großer Bedeutung. Beim Betrachten eines Gegenstandes in Reichweite läßt sich die Ursache für räumliches Sehen leicht zeigen. Schließt man abwechselnd ein Auge, sieht man den Gegenstand nacheinander aus zwei verschiedenen Blickrichtungen. Dies ist eine Folge des Augenabstandes. Das Gehirn verarbeitet die Informationen beider Augen und vermittelt einen plastischen Eindruck.

Je weiter ein Gegenstand vom Betrachter entfernt ist, desto weniger unterscheiden sich die Bilder in den beiden Augen voneinander, die Raumwirkung wird schwächer. Dies ist eine Grundlage für das Einschätzen von Entfernungen. Je weniger Raumwirkung, desto weiter ist das Objekt entfernt.

Für die Beurteilung von Entfernungen, die größer als etwa 20 m sind, spielt die Raumwirkung kaum eine Rolle. In diesem Fall beurteilen wir Streckenlängen daran, wie klein bekannte Gegenstände erscheinen. Beim Schätzen sehr großer Entfernungen, etwa im Gebirge oder am Meer, ist man oft hilflos.

Aufgabe

① Betrachte die Abbildungen oben einige Zeit ganz konzentriert. Was kannst du erkennen? Auf welchem Vorgang beruht dieser Effekt? (Hinweis → S. 95).

Sinne, Nerven und Hormone

1 Eine verflixte Kiste

2 Was erkennst du in diesem Bild?

Sehen mit Auge und Gehirn

Die „verflixte Kiste" macht bei der Betrachtung wirklich Kummer. Unsere Erfahrung steht im Widerspruch zu dem, was das Bild zeigt: solche Kisten gibt es nicht! Nun betrachten wir die Abbildung der Frau. Ist sie jung oder alt? Je nachdem, wie man das Bild betrachtet, ist eine alte oder eine junge Frau zu erkennen. Beide zugleich sieht man nicht. Dabei wird deutlich, daß wir in manchen Fällen nur wahrnehmen, was wir sehen wollen.

In der Randabbildung scheint die Frau im Hintergrund wesentlich größer zu sein als der Mann im Vordergrund. Nachmessen zeigt aber, daß beide Figuren gleich groß sind. Diese *optische Täuschung* entsteht durch die räumliche Tiefenwirkung der Abbildung. Die Netzhautbilder von Frau und Mann sind im Auge des Betrachters zwar gleich groß, in unserem Gehirn aber ist die Erfahrung gespeichert, daß in der Wirklichkeit in einem solchen Fall die weiter entfernte Person die größere ist.

Das zeigt deutlich: Sehen ist ein Vorgang, bei dem Auge und Gehirn zusammenarbeiten! In den Augen entstehen durch eintreffendes Licht elektrische Signale. Aus ihnen setzt unser Gehirn das Bild zusammen, das wir wahrnehmen. Bei der Auswertung dieses Bildes bedient sich das Gehirn unbewußt der Erfahrungen, die im Laufe des Lebens gemacht wurden. Sie sind im Gehirn gespeichert und werden bei der Sehwahrnehmung immer mitverarbeitet.

Die linke untere Abbildung verdeutlicht, daß Auge und Gehirn nicht fähig sind, Flächen unabhängig voneinander zu vergleichen, sondern daß Flächeninhalte in bezug zur Umgebung wahrgenommen werden. Beide Innenkreise haben nämlich denselben Durchmesser. Ebenso orientieren wir uns bei der Beurteilung von Winkeln an der Umgebung. Mit einem Geodreieck, das an das Quadrat in der rechten Abbildung angelegt wird, läßt sich das bestätigen.

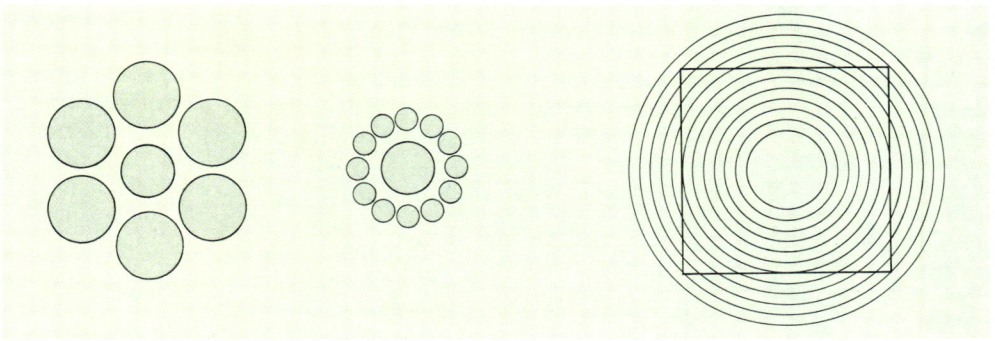

3 Optische Täuschungen

Sinne, Nerven und Hormone

Das Farbensehen

Fast keine Werbung ohne *Farben!* Erst durch den gezielten Einsatz von Farben wird ein Werbeplakat wirksam. Kräftiges Rot oder Gelb wecken unsere Aufmerksamkeit. Der Mensch ist in der Lage, tausende von Farbtönen zu unterscheiden. Dies ermöglichen die Zapfen der Netzhaut. Gibt es für jeden Farbton eine bestimmte Zapfensorte? Das ist bei der ungeheuren Anzahl von wahrnehmbaren Farbtönen kaum anzunehmen. Wie ist es aber dann möglich, diese Farbenvielfalt zu erkennen?

Seit dem 18. Jahrhundert weiß man, daß sich Licht von beliebigem Farbton aus den Grundfarben Rot, Grün und Blau zusammenmischen läßt. Man erhält die Grundfarben, indem man ein *Prisma* mit weißem Glühlampenlicht oder Sonnenlicht durchstrahlt und aus dem entstehenden *Farbspektrum* das rote, grüne und blaue Licht ausblendet. Werden alle drei Grundfarben gleichzeitig gesehen, so entsteht weißes Licht. Die weiteren Möglichkeiten zeigt Abbildung 1.

Eine weitere Vielfalt von unterscheidbaren Farbtönen entsteht, wenn die Sättigung der Farben verändert wird, d. h. wenn man den Weiß- oder Schwarzanteil ändert. Auch die Farbtöne beim Farbfernseher entstehen aus den drei Grundfarben mit unterschiedlichem Weiß- und Schwarzanteil.

Bereits 1852 stellte HERMANN VON HELMHOLTZ die Theorie auf, daß auch das Auge mit drei Grundfarben arbeitet und in der Netzhaut drei verschiedene Sorten lichtempfindlicher Zellen vorhanden sein müssen.
Inzwischen wurde nachgewiesen, daß es tatsächlich drei *Zapfensorten* gibt, für jede Grundfarbe eine. Die Zapfensorten unterscheiden sich nur im chemischen Aufbau des Sehfarbstoffes voneinander. Jede Zapfensorte wird besonders stark durch das Licht der zugehörigen Grundfarbe erregt. Licht einer anderen Farbe verursacht nur schwache oder keine Erregungen.

Reizt auf die Netzhaut treffendes Licht z. B. die rotempfindlichen und grünempfindlichen Zapfen jeweils ein wenig, so werden durch den Sehnerv entsprechende Signale zum Gehirn geleitet. Hier wird festgestellt, daß zugleich von den rotempfindlichen und von den grünempfindlichen Zapfen Informationen eintreffen. Dies läßt die Farbwahrnehmung gelb entstehen. Der Farbeindruck weiß entsteht, wenn von allen drei Zapfensorten gleichstarke Signale ankommen.

1 Farbmischung

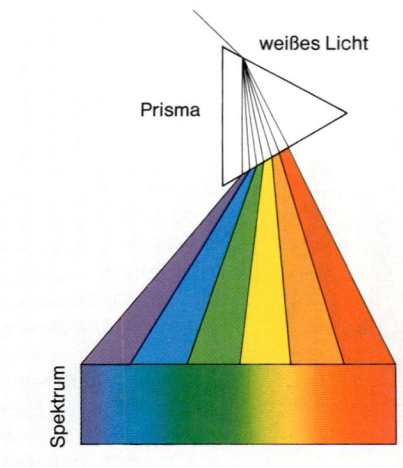

2 Zerlegung des Lichts in Spektralfarben

Manche Menschen leiden an einer erblichen Störung des Farbsehvermögens. Meist liegt die Ursache darin, daß ein Zapfentyp nicht richtig arbeitet. Sind die Zapfen für eine der Grundfarben Rot oder Grün funktionslos, können die Betroffenen die Farben Rot und Grün nicht voneinander unterscheiden. Man spricht von *Rot-Grün-Blindheit*. Dies kann durch Testbilder festgestellt werden. Ein Rot-Grün-Blinder würde die Zahl im Testbild dieser Seite nicht erkennen können. In seltenen Fällen kann die Farbwahrnehmung auch vollständig ausfallen *(Farbenblindheit)*.

Aufgabe

① Warum kann ein Rot-Grün-Blinder die Zahl im Testbild nicht wahrnehmen?

3 Farbtestbild

Sinne, Nerven und Hormone

Sehen

1. Der Blinde Fleck

Halte das Buch mit ausgestreckten Armen vor dich. Schließe das rechte Auge, und fixiere mit dem linken den schwarzen Punkt unten auf dieser Seite. Bewege langsam das Buch auf dein Auge zu. Achte dabei auf das schwarze Kreuz, ohne das Auge zu bewegen. Beschreibe und erkläre, was bei diesem Vorgang zu bemerken ist.

2. Bestimmung des Nahpunktes

a) Halte ein Lineal mit der Nullmarke rechts an die Nasenwurzel und schließe das linke Auge. Führe einen Bleistift dem Lineal entlang so weit auf das Auge zu, bis er unscharf erscheint. Ein Mitschüler liest die Entfernung zum Auge ab. Wiederhole diesen Versuch mit dem linken Auge. Notiere die beiden Werte im Heft und vergleiche. Welche Werte wären bei einem Kurzsichtigen zu erwarten?

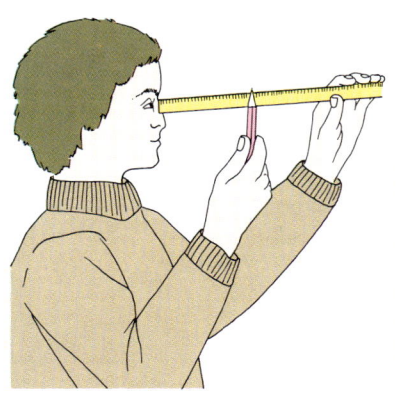

b) In ein Stück Papier wird mit einem spitzen Bleistift eine kleine runde Blendöffnung von 1—2 mm Durchmesser gestochen. Schließe ein Auge und betrachte mit dem anderen bei sehr guter Beleuchtung diesen Text. Nähere das Buch so weit, bis der Text bei der Naheinstellung des Auges nicht mehr scharf erscheint. Halte jetzt das Papier vor das Auge und betrachte den Text durch die Blendenöffnung. Was fällt dir auf? Ermittle die kleinste Entfernung zwischen Auge und Buchseite, bei der der Text noch scharf zu sehen ist. Vergleiche mit den Werten aus dem Versuch a).

c) Vergrößere die Blendenöffnung im Papier auf 3—4 mm und wiederhole das Experiment. Welcher Unterschied ist zum vorherigen Versuch feststellbar?

3. Negatives Nachbild

Betrachte das obenstehende Bild bei guter Beleuchtung. Fixiere dabei ca. 30 Sekunden lang intensiv den Punkt auf der Nase des Gesichtes. Wenn du anschließend den schwarzen Punkt im leeren Feld daneben fixierst, erscheint ein Bild, das zeigt, um welchen bekannten Bayern es sich handelt.

4. Beobachtung der Pupillenreaktion

Ein Raum wird möglichst gut verdunkelt. Wie lange brauchen wir, um uns wieder zurechtzufinden? Dann wird plötzlich Licht gemacht. Dabei betrachten wir unser Auge im Taschenspiegel oder ein Auge unseres Banknachbarn. Was erkennst du?

5. Sehen mit beiden Augen

Phänomen „Wild-West-Effekt":
Blicke mit einem Auge durch eine Papierröhre, mit dem anderen auf die danebengehaltene, ausgestreckte Hand.

Phänomen „Schwebende Wurst":
Setze die Spitzen der Zeigefinger aufeinander, halte sie mit gestreckten Armen waagrecht vor die Augen, und blicke in die Ferne. Beschreibe und erkläre diese Erscheinung.

6. Räumliches Sehen

Ein Mitschüler hält einen Bleistift senkrecht mit der Spitze nach oben in die Höhe deiner Augen. Schließe das linke Auge und versuche, mit einem zweiten Bleistift in der rechten Hand mit ausgestrecktem Arm auf die Bleistiftspitze zu tippen. Wie viele Versuche sind nötig? Wiederhole den Versuch, lasse dabei aber beide Augen geöffnet. Vergleiche und begründe.

7. Trägheit des Auges

Auf einen 10 cm langen und 5 cm breiten weißen Karton wird auf die Vorderseite eine Blume gezeichnet, auf die Rückseite ein Insekt. Mit einem Locher wird oben und unten ein Loch ausgestanzt. Ein etwa 10 cm langes Stück Schnur (nicht zu dünn) wird am oberen Loch befestigt, am unteren ein Gummiring. Verdrille den Gummiring durch 10maliges Drehen. Beim Ziehen am Gummiring rotiert die Pappscheibe, und der Betrachter schaut abwechselnd auf Vorder- und Rückseite. Was sieht er? Erkläre, wie es zu dieser Erscheinung kommt.

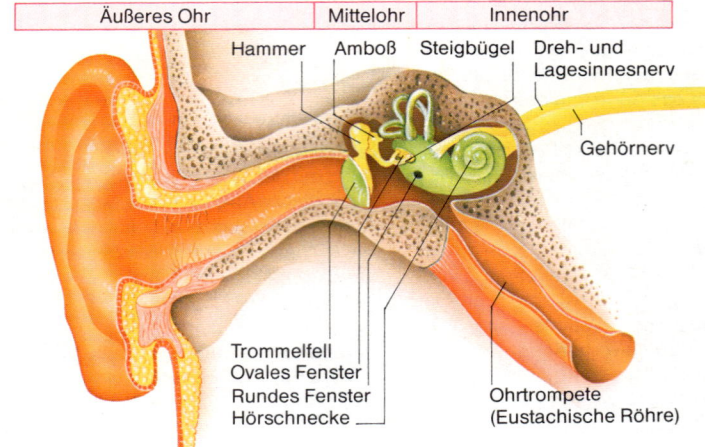

1 Aufbau des Ohres

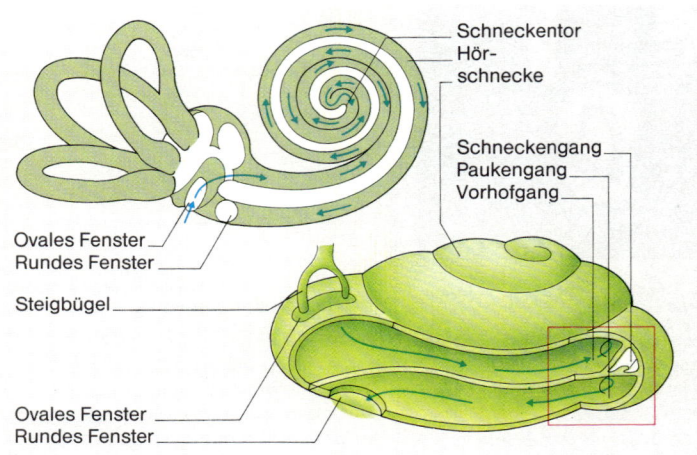

2 Druckwellenverlauf in der Schnecke

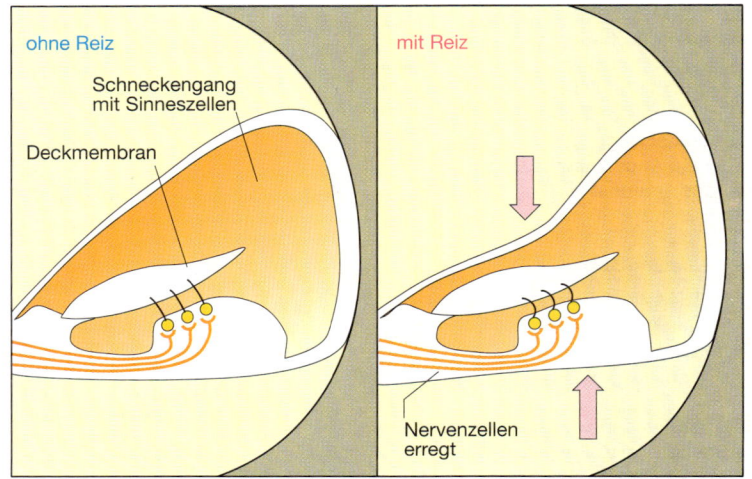

3 Querschnitt durch Schneckengang mit und ohne mechanische Reizung

Das Ohr

Beim Sprechen vibrieren die Stimmbänder und übertragen ihre Schwingungen auf die Luft. Dabei entstehen Luftdruckschwankungen, die sich als *Schallwellen* ausbreiten. Am Ohr werden sie von der *Ohrmuschel* gebündelt und in den ca. 3 cm langen *Gehörgang* geleitet. Dessen Ende wird vom *Trommelfell*, einem dünnen Häutchen, abgeschlossen. Dahinter liegt das *Mittelohr*, ein schmaler Raum, der über die *Ohrtrompete* mit dem Rachenraum in Verbindung steht. Die Schallwellen setzen das Trommelfell in Schwingung, die auf drei kleine Gehörknöchelchen (*Hammer, Amboß, Steigbügel*) übertragen wird. Diese verkleinern die Ausschläge der Schwingung, verstärken aber deren Kraft und wirken also wie Hebel. Die Knöchelchen leiten die Schwingungen zum Innenohr.

Im Innenohr liegt eine aus 2½ Windungen bestehende knöcherne *Hörschnecke*, die von einem Hautschlauch durchzogen ist. Seine membranartige Wand unterteilt das Innere der Schnecke in drei Längsgänge. Der mittlere Gang ist der *Schneckengang*. Er enthält etwa 16 000 Sinneszellen, deren Sinneshärchen von einer *Deckmembran* überdeckt werden. Über dem Schneckengang liegt der *Vorhofgang*, darunter der *Paukengang*. An einem Ende des Vorhofganges sitzt das *Ovale Fenster*; am anderen Ende, am *Schneckentor*, hat der Vorhofgang Verbindung mit dem Paukengang. Dieser schließt mit dem *Runden Fenster* zum Mittelohr ab. Alle drei Gänge sind mit einer wäßrigen Flüssigkeit, der *Ohrlymphe*, gefüllt.

Wirkt der Steigbügel mit kräftigen Stößen auf das Ovale Fenster ein, wird die Ohrlymphe in Schwingungen versetzt, und der Hautschlauch schwingt mit. Die Folge ist ein Verbiegen der Sinneshärchen. Dieser mechanische Reiz erregt die Sinneszellen. Über Nervenzellen, die mit den Sinneszellen in Verbindung stehen und deren ableitende Fasern sich zum *Hörnerv* zusammenlagern, laufen nun Erregungen zum Gehirn. Dort entsteht der Höreindruck.

Aufgaben

① Beschreibe die Schwingungsübertragung vom Trommelfell bis zu den Sinneszellen.
② Schreibe in richtiger Abfolge, welche Medien die Schwingungen übertragen: Flüssigkeit, Hebel, Luft, Membranen.
③ Durch Entzündung kann es zur Mittelohr-Schwerhörigkeit kommen. Erläutere, was damit gemeint sein kann.

Sinne, Nerven und Hormone

Leistungen des Gehörs

Eine Voraussetzung dafür, daß wir Musik hören, ist die Fähigkeit, verschiedene Tonhöhen gleichzeitig wahrnehmen zu können. Physikalisch unterscheiden sie sich durch ihre *Frequenz,* also die Anzahl der Schwingungen in der Sekunde. Wie erfolgt die Tonunterscheidung durch das Gehör?

Untersuchungen an der Hörschnecke haben gezeigt, daß ein Ton einer bestimmten Frequenz nicht alle Sinneszellen im Schneckengang gleichmäßig erregt. Der Hautschlauch in der Schnecke schwingt bei einer Frequenz nur in einem kleinen Bereich besonders heftig, an anderen Stellen kaum. Wird die Frequenz geändert, so liegt die Stelle größter Erregung an einer anderen Stelle der Schnecke. Töne hoher Frequenz werden im vorderen Teil in der Nähe des Ovalen Fensters aufgenommen. Für niedrigere Frequenzen verschiebt sich der erregte Bereich in Richtung Schneckentor.

Die tiefste hörbare Frequenz liegt bei 20 Hz. Die obere Hörgrenze ist stark altersabhängig. Bei Jugendlichen liegt sie bei 20 kHz, bei 45jährigen bei 15 kHz, und bei 65jährigen bei 5 kHz. Beim Sprechen liegt der benutzte Frequenzbereich zwischen 200 Hz und 5 kHz. In diesem Bereich ist das Ohr am empfindlichsten. Um bei tieferen oder höheren Frequenzen die gleiche Lautstärkeempfindung zu erhalten, muß die Schallstärke größer sein. Die Empfindlichkeit für Unterschiede in der Schallstärke nimmt mit zunehmender Schallstärke ab. So kann man klar unterscheiden, ob in einem Orchester 2 oder 3 Geigen spielen. Ob es aber 8 oder 9 sind, läßt sich nicht mehr feststellen.

Die Position einer Schallquelle können wir auch mit geschlossenen Augen ausmachen. Dieser räumliche Höreindruck wird durch das Hören mit beiden Ohren ermöglicht. Die Erregungen in beiden Ohren unterscheiden sich jedoch etwas voneinander. In dem Ohr, das der Schallquelle näher ist, treten sie geringfügig früher und stärker auf. Aus diesen sehr kleinen Unterschieden ermittelt das Gehirn die Lage der Schallquelle.

Im Gehirn werden die Töne im Hörzentrum wahrgenommen, mit bereits bekannten Tönen im Hör-Erinnerungszentrum verglichen und dann ausgewertet. Deshalb entsteht nicht nur das Klangbild, sondern auch die Vorstellung der Schallquelle und der umgebenden Situation.

Heinrich Hertz
(1857 – 1894)
deutscher Physiker

1 Hertz = 1 Hz
1 Hz bedeutet eine Schwingung pro Sekunde

1000 Hz = 1 kHz

Zerstörtes Hörorgan

	dB	
Explosion, Schuß	130	Schmerzgrenze
Düsenflugzeug	120	
Pfeifen auf den Fingern	110	Schwerhörigkeit durch Schädigung des Innenohres
Motorrad ohne Schalldämpfer	100	
LKW-Geräusche	90	Störung des vegetativen Nervensystems, Veränderung von Puls und Blutdruck, Schlafstörung
laute Stereoanlage	80	
Straßenverkehr	70	
laute Unterhaltung	60	
Radio auf Zimmerlautstärke	50	Beeinträchtigung von Schlaf und geistiger Arbeit, Konzentrationsschwäche
gedämpfte Unterhaltung	40	
Flüstern	30	
Blätterrauschen	20	
Hörgrenze	10	

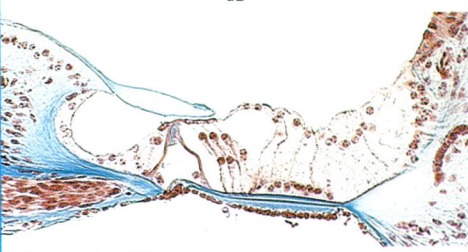
Gesundes Hörorgan

Lärm ist schädlich!

Die Stärke von Schall wird durch den Schalldruckpegel angegeben. Seine Einheit ist *Dezibel* (dB). Hat ein Ton den Schalldruckpegel 10 dB, so kann er gerade noch wahrgenommen werden (Hörschwelle). Einzelne Dezibelwerte lassen sich jedoch nicht einfach zusammenzählen. Wenn z. B. ein bestimmtes Auto einen Geräuschpegel von 70 dB verursacht, so erzeugen zwei dieser Autos nicht 140 dB, sondern „nur" 73 dB. Erst bei zehn dieser Autos steigt der Pegel auf 80 dB.

Ständiger Lärm verursacht beim Menschen auf Dauer seelische und körperliche Störungen. Konzentrationsschwächen, Kreislauf- und Schlafstörungen treten auf. Andauernder hoher Schalldruck — ab 100 dB — zerstört die Hörsinneszellen. Die Folge ist Schwerhörigkeit und Taubheit. Deshalb gilt: Musik nicht mit voller Lautstärke hören, etwa mit dem Walkman, Diskotheken meiden, in denen man sein eigenes Wort nicht mehr versteht. An sehr lauten Arbeitsplätzen muß unbedingt ein Gehörschutz getragen werden! Vor allem im Straßenverkehr sollte man nicht unnötig Lärm erzeugen.

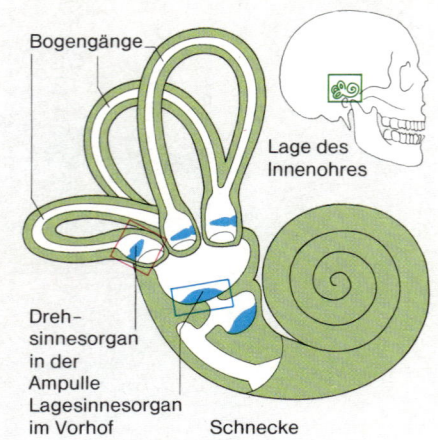

1 Dreh- und Lagesinnesorgane

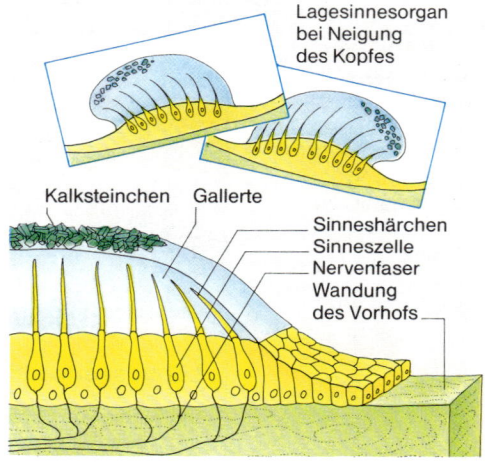

2 Lagesinnesorgan

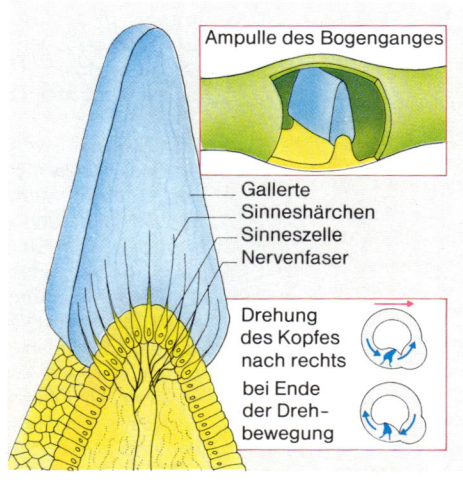

3 Drehsinnesorgan

Lage- und Drehsinn

Beim Achterbahnfahren wird unser Körper gedreht und dabei abwechselnd beschleunigt und gebremst. Auch mit geschlossenen Augen werden die Bewegungen registriert. Sie werden durch *Lagesinnesorgane* und *Drehsinnesorgane* erkannt, deren Tätigkeit uns meist nicht bewußt wird.

Diese Organe sind Bestandteile des Innenohrs. Am Vorderende jeder Gehörschnecke liegen zwei bläschenförmige Erweiterungen, die *Vorhofsäckchen*. Oberhalb davon verlaufen drei senkrecht zueinander stehende, flüssigkeitsgefüllte *Bogengänge*, die an einem Ende jeweils eine bauchige Ausweitung, eine *Ampulle*, zeigen.

Die beiden Vorhofsäckchen enthalten je ein **Lagesinnesorgan**. Ein solches Organ besteht aus *Sinneszellen* mit *Sinneshärchen*, die in eine *Gallertplatte* ragen. Deren Gewicht ist durch eingelagerte Kalkkristalle erhöht. Bei normaler Kopfhaltung liegt eines der beiden Lagesinnesorgane waagrecht, das andere senkrecht dazu. Bei Neigung des Kopfes werden die Sinneshärchen durch die Gallertplatten verbogen und damit die Sinneszellen erregt. Jede Lageänderung führt zu anderen Erregungen der Sinneszellen. Aus dem Erregungsmuster der Lagesinnesorgane im rechten und linken Innenohr bestimmt das Gehirn die Stellung des Kopfes.

Die Bogengänge sind **Drehsinnesorgane**. In jeder Ampulle ist eine *Gallertkappe*, in die Sinneshärchen der darunter befindlichen Sinneszellen ragen. Wird der Kopf und damit auch das Bogengangsystem gedreht, so bewegt sich zunächst die enthaltene *Lymphflüssigkeit* aufgrund ihrer Trägheit nicht mit. Die Gallertkappe wird gegen die ruhende Lymphe gedrückt und durchgebogen. Die Sinneszellen werden durch die Verbiegung der Sinneshärchen erregt.

Bei anhaltender Drehung, etwa in einem Karussell, wird nach kurzer Zeit die Lymphe auch in Bewegung gesetzt. Beim Abstoppen des Kopfes strömt die Lymphe weiter und biegt die Gallertkappe nach der anderen Seite. Dabei kann ein Schwindelgefühl entstehen, und man hat den Eindruck, man drehe sich entgegen der vorherigen Drehrichtung.

Aufgabe

① Vergleiche die Reizstärke der Sinneszellen der beiden Lagesinnesorgane in einem Innenohr, wenn der Kopf um 45° geneigt ist.

Gehör, Lage- und Drehsinn

1. Richtungshören

a) Die Schüler stellen sich im Kreis auf; in der Kreismitte sind 2 Schüler mit verbundenen Augen. Wenn es still ist, klatscht einer der Umstehenden kurz in die Hände. Die Schüler in der Kreismitte zeigen in die Richtung der Schallquelle. Der Versuch wird 10mal durchgeführt und dabei protokolliert, wie oft der Ort der Schallquelle richtig ermittelt wurde. Die Versuchsreihe wird wiederholt. Dabei halten sich die Versuchspersonen mit der flachen Hand ein Ohr zu. Vergleiche die Ergebnisse der beiden Versuchsreihen. Erkläre auftretende Unterschiede.

b) Ein Schlauch von 10 – 15 mm Durchmesser und etwa 1,5 m Länge wird genau in seiner Mitte durch einen Strich markiert. Die Enden des Schlauchs werden in die Ohrmuscheln gehalten. Ein Mitschüler klopft mit einem flachen Gegenstand etwa 10 cm neben der Mitte auf den Schlauch. Die Versuchsperson teilt mit, von welcher Seite das Geräusch kommt.
Erkläre das Versuchsergebnis. Notiere einen Ergebnissatz.

c) Der Versuch b wird mehrfach wiederholt und dabei jedesmal näher an der Schlauchmitte geklopft. Die Versuchsperson muß bei jedem Klopfen angeben, von welcher Seite das Geräusch kommt. Es wird so die kleinste Entfernung von der Schlauchmitte bestimmt, bei der die Versuchsperson gerade noch das Geräusch als von der Seite kommend wahrnimmt. Weshalb muß dieser Wert verdoppelt werden?

Der Laufweg des Schalls vom Entstehungsort bis zu den beiden Ohren ist unterschiedlich groß. Die Differenz beider Laufstrecken ist doppelt so groß wie die Strecke zwischen Schlauchmitte und Klopfstelle.

Schall breitet sich in Luft etwa mit der Geschwindigkeit $v = 340$ m/s aus. Hierfür gilt die Gleichung: Geschwindigkeit (v) = Weg (s)/Zeit (t). Bestimme daraus den Zeitunterschied t, mit dem der Schall bei der in Versuch 1. c) ermittelten kleinsten Entfernungsdifferenz beide Ohren erreicht. Dies ist der kleinste Zeitunterschied, mit dem der Schall an den Ohren eintreffen muß, damit man Geräusche als von der Seite kommend empfindet.

2. Konzentrationstest

a) Möglichst viele Schüler zählen innerhalb von 30 Sekunden alle p in den nachfolgenden Zeilen. Jeder notiert sein Ergebnis.

b) Der Versuch wird von anderen Schülern wiederholt. Während des Versuchs spielt laute Musik aus einem Cassettenrecorder. Nach 30 Sekunden werden die Ergebnisse festgehalten und mit den Resultaten des ersten Versuchs verglichen. Erkläre das Ergebnis.

pppppppqqqqppppppqqppqpqpqp
pqppppppqqqqqppppqpqqqppppp
qpqpqqqppqqpppqpppqppqpqpqppq
pqqppppqpqqpqppppqqpppppqppqp

3. Funktionsmodell eines Bogengangs

Aus kunststoffbeschichtetem Karton wird ein Streifen von 5 cm Länge und 2 cm Breite hergestellt. Etwa 1 cm von einem Ende entfernt wird der Karton gefaltet und mit Klebstreifen an die Innenseite einer runden Wanne geklebt. Sie wird bis über die Oberkante des Pappstreifens mit Wasser gefüllt. Auf die ruhende Wasseroberfläche werden Korkkrümel gestreut und die Wasserwanne auf einen Drehstuhl gestellt.

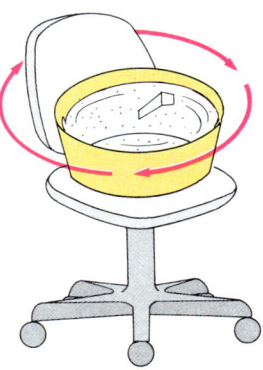

Der Stuhl wird in Uhrzeigerrichtung gedreht. Beobachte den Pappstreifen und die Korkkrümel. Notiere das Beobachtungsergebnis und erkläre. Drehe den Stuhl etwa 30 Sekunden lang gleichmäßig. Was geschieht mit dem Pappstreifen und den Korkkrümeln? Was passiert, wenn die Drehung plötzlich gestoppt wird? Notiere das Ergebnis und erkläre.

4. Drehschwindel

Setze dich auf einen Drehstuhl mit Armlehnen, senke den Kopf auf die Brust und schließe die Augen. Der Stuhl wird von einem Mitschüler einige Male in eine Richtung gedreht und dann plötzlich angehalten. Welche Empfindung entsteht nach dem Abstoppen? Erkläre, wie sie zustande kommt.

5. Der Zeigeversuch

Ein Schüler setzt sich auf einen Drehstuhl mit Armlehnen. Bei diesem Experiment darf die Versuchsperson keine Geräusche wahrnehmen. Beide Ohren werden deshalb mit Watte verschlossen, und im Raum muß absolute Ruhe herrschen.

Die Versuchsperson zeigt mit ausgestrecktem Arm auf eine bestimmte Stelle im Raum und schließt die Augen. Die Füße dürfen weder Boden noch Stuhl berühren. Ein Mitschüler dreht den Stuhl langsam eine viertel Umdrehung nach links und stoppt ihn dann plötzlich. Die Versuchsperson hält bei der Drehung die Augen geschlossen und versucht, stets genau auf die vorbestimmte Raumstelle zu zeigen. Der Versuch wird wiederholt und der Stuhl nun nach rechts gedreht. Ein weiterer Mitschüler beobachtet die Armbewegungen. Welche Armbewegungen führt die Person auf dem Drehstuhl aus? Wie lassen sich diese beobachteten Bewegungen erklären?

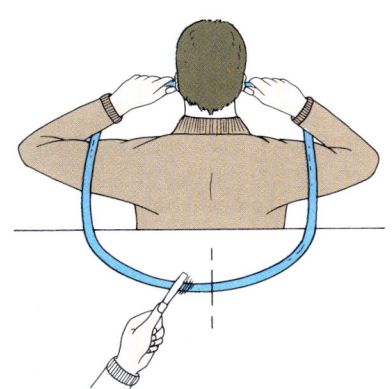

Sinne, Nerven und Hormone

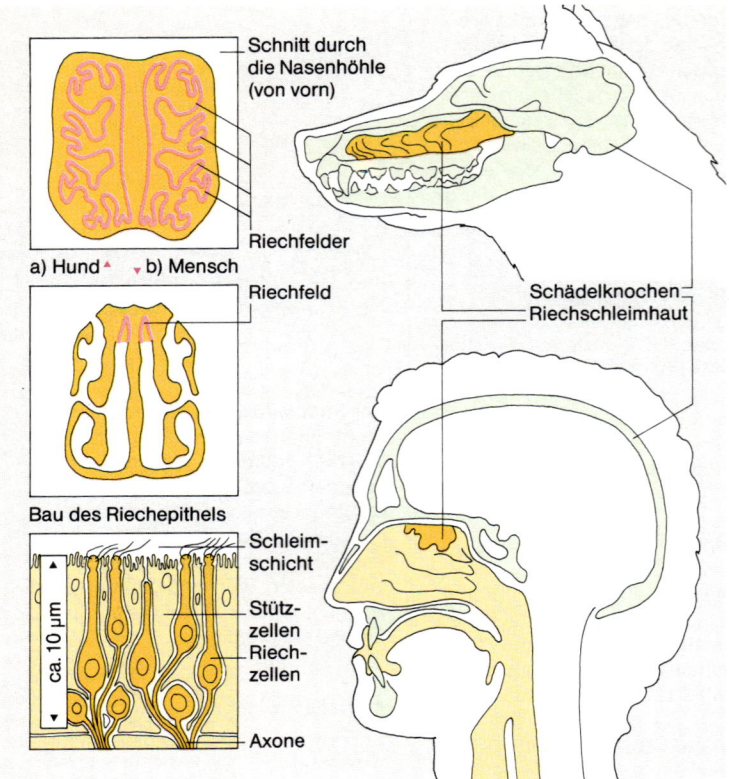

1 Riechorgan bei Hund und Mensch

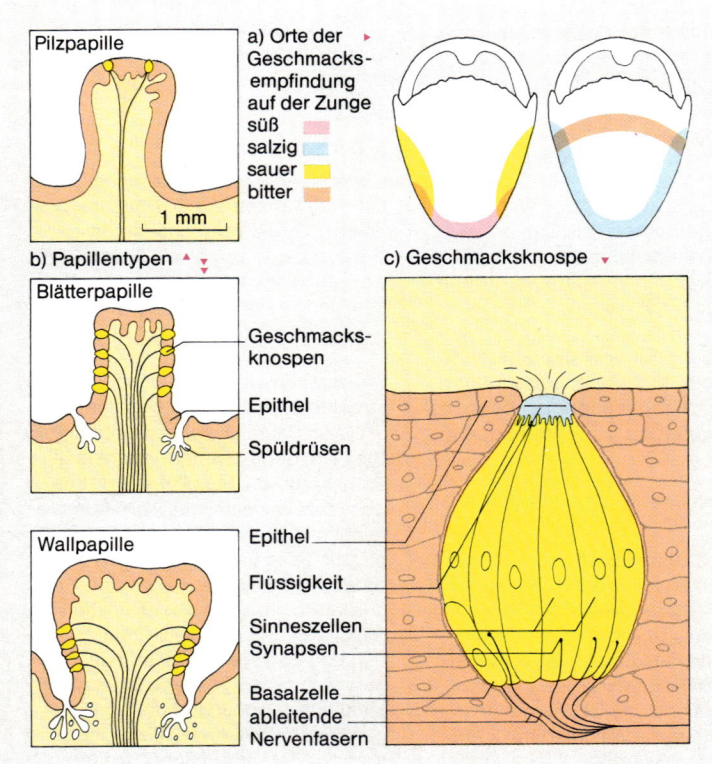

2 Papillentypen und Geschmacksknospen

Riechen und Schmecken

Wem ist es nicht schon so ergangen? Man kommt hungrig nach Hause, und bereits im Flur duftet es nach der Lieblingsspeise. Da läuft einem das Wasser im Mund zusammen.

Die *Geruchswahrnehmung* löst Empfindungen aus. Der Duft gut zubereiteter Speisen regt den Appetit und die Speichelbildung an. Ranzige oder faule Gerüche bewirken Ekelgefühle oder Brechreiz. Dies schützt den Körper, denn verdorbene Nahrung, deren Genuß schädlich sein könnte, ist meist schon am schlechten Geruch erkennbar.

Geruchsstoffe gelangen mit der eingeatmeten Luft in die Nasenhöhle, die mit einer Schleimhaut ausgekleidet ist. Im oberen Bereich der Nasenhöhle liegen *Riechfelder*. Sie sind zusammen etwa 6 cm² groß und enthalten 20 Millionen *Riechzellen*. Diese liegen eingebettet zwischen *Stütz-* und *Schleimhautzellen*. Die Riechzellen können durch verschiedene Duftstoffe gereizt werden. Derart erregte Zellen schicken dann Signale über den *Riechnerv* ins Gehirn. Manche gefährlichen Stoffe sind allerdings geruchlos. So kann das giftige Auspuffgas Kohlenstoffmonooxid die Riechzellen nicht erregen und wird deshalb nicht wahrgenommen.

Zwar ist der Geruchssinn des Menschen empfindlich, jedoch ist er bei einigen Tierarten noch viel leistungsfähiger. Hunde riechen erheblich besser. Dies liegt vor allem an den deutlich größeren Riechfeldern, die bis zu 230 Millionen Riechzellen enthalten.

Der Mensch kann hauptsächlich vier *Geschmacksqualitäten* unterscheiden: *süß*, *sauer*, *salzig* und *bitter*. Jeder Geschmacksqualität ist ein bestimmter Bereich der Zunge zugeordnet. Sie enthält verschiedene Typen von *Geschmackspapillen*, die als warzenförmige Erhebungen auf der Zunge erkennbar sind. Bei jedem Papillentyp sind an der Oberfläche *Geschmacksknospen* verteilt. Sie bestehen aus zusammengelagerten Sinneszellen, die beim Essen durch gelöste Stoffe gereizt werden. Eine Apfelsine kann süß-sauer schmecken. Die im Saft gelösten Zucker reizen die Geschmacksknospen an der Zungenspitze, die Fruchtsäuren die Geschmacksknospen am Zungenrand. Dadurch entsteht die Mischempfindung. Der typische Gesamteindruck beim Verzehr einer Speise entsteht durch Reizung der Geschmacksknospen und die gleichzeitige Erregung der Riechsinneszellen durch Duftstoffe.

Sinne, Nerven und Hormone

Die Haut — unser größtes Organ

Weitere Daten zur Haut:
30 000 Wärmepunkte
250 000 Kältepunkte
200 Millionen Schweißdrüsen

Beim Erwachsenen ist die Haut etwa 10 kg schwer, durchschnittlich 6 mm dick und bedeckt eine Fläche von knapp 2 m². Sie ist eine lebenswichtige Hülle, die uns umgibt und eine Fülle unterschiedlicher Aufgaben hat.

Sie verhindert Austrocknung; an stark beanspruchten Stellen ist sie verdickt und schützt damit vor Verletzung; sie hilft bei der Regulation des Wärmehaushalts; bei Sonneneinstrahlung schützt sie durch Pigmentbildung vor gefährlicher UV-Strahlung; und sie schirmt den Körper gegen Schmutz und Krankheitserreger ab. Zugleich ist sie ein vielseitiges *Sinnesorgan*, das auf Wärme und Kälte, Schmerzreize, Druck, Berührung und Vibration anspricht.

Die Haut ist aus drei Schichten aufgebaut. Die **Oberhaut**, meist so dünn wie eine Buchseite, ist oben verhornt. Diese *Hornschicht* besteht aus abgestorbenen Zellen, die von der darunterliegenden *Keimschicht* ständig ersetzt werden. Eine neue Oberhautzelle verhornt nach einiger Zeit und wird nach vier Wochen als tote Zelle abgestoßen. Die untersten Keimschichtzellen enthalten Farbstoffkörnchen und bilden eine schützende *Pigmentschicht*.

Die zweite Hautschicht ist die etwa 1 mm dicke **Lederhaut**. Ein dichtes Netz eingelagerter Bindegewebsfasern macht sie zäh und reißfest. In ihr verlaufen viele Blutkapillaren mit einer Gesamtoberfläche von 7000 m². Das entspricht der Fläche eines Fußballfeldes. Die Hautdurchblutung wird geregelt: Muß der Körper viel überschüssige Wärme loswerden, sind die Kapillaren weit und stark durchblutet. Reicht dies zur Kühlung nicht aus, sondern die *Schweißdrüsen* Schweißtropfen ab, die verdunsten und dabei der Haut Wärme entziehen.

Haare entwickeln sich aus *Haarzwiebeln*. An jeder entspringt ein *Haarbalg*, in dem ein Haar täglich um etwa 0,5 mm wächst. An jedem Haarbalg sitzt ein kleiner Muskel und eine Talgdrüse, die das Haar fettet.

In der Lederhaut liegen viele verschiedene Sinneskörperchen. Sie enthalten Sinneszellen, die mechanische Reize wie Berührung oder Druck aufnehmen. *Freie Nervenendigungen* werden bei Temperaturänderung gereizt. Durch Temperaturen unter 36 °C werden die *Kältepunkte* erregt, bei höheren Temperaturen die *Wärmepunkte*. Freie Nervenendigungen wirken auch als *Schmerzrezeptoren*. Sie reichen teilweise bis in die Oberhaut.

Die **Unterhaut** ist die dickste der drei Hautschichten. Durch Fetteinlagerung wirkt sie als Energiespeicher, Isolierschicht und Stoßdämpfer. Sie enthält *Lamellenkörperchen*, die auf Schwingungen ansprechen. Mit der Unterhaut ist die ganze Haut an Muskeln, Organen und Knochen befestigt.

a Hornschicht
b Keimschicht
c Pigmentschicht
d Haar
e Pore
f Tastkörperchen
g Wärmekörperchen
h Lamellenkörperchen
i Kältekörperchen
k Freie Nervenendigungen
l Schweißdrüse
m Talgdrüse
n Arterie und Vene
o Unterhautfettgewebe

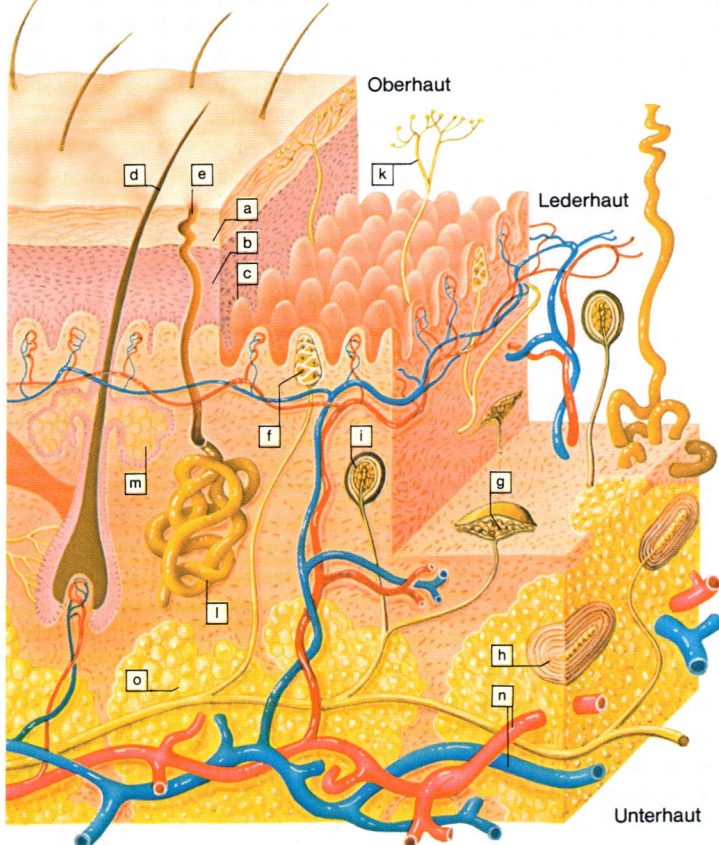

1 Aufbau der menschlichen Haut

Aufgaben

① An welchen Körperstellen ist die Haut besonders dick, wo besonders dünn?
② Zu starke Sonnenbestrahlung ist schädlich für die Haut. Welcher Anteil des Sonnenlichts schädigt die Hautzellen?
③ Wie reagiert die Haut auf Abkühlung?

Sinne, Nerven und Hormone

4 Hormone

Botenstoffe im Körper

Wenn es das erste Mal im Spätherbst kalt wird und überraschend Frost kommt, sind wir gegenüber Kälte besonders empfindlich. Wir frieren oft. Nach 1–2 Wochen ist man besser an die niedrigen Temperaturen angepaßt. Der Körper produziert mehr Wärme. Diese Anpassung erfolgt langsam und bleibt über Wochen und Monate erhalten.

Zur Steigerung der Wärmeproduktion ist es zunächst notwendig, daß die Schilddrüse vermehrt einen bestimmten Stoff in den Blutkreislauf abgibt. Dieser *Botenstoff* veranlaßt, daß der Körper mehr energiereiche Stoffe abbaut. Somit wird mehr Wärme erzeugt. Stoffe, die von Drüsen in den Blutkreislauf abgegeben werden und Informationen übermitteln, heißen *Hormone*. Mit dem Blutstrom kreisen sie im Körper und gelangen an alle Organe. Doch nur an bestimmten Organen, den *Erfolgsorganen*, befinden sich *Rezeptoren*, zu denen das Hormon paßt wie ein Schlüssel ins Schloß. Verbinden sich Hormon und Rezeptor, so entfaltet das Hormon seine spezifische Wirkung. Dazu genügen bereits geringste Hormonmengen.

Durch Hormone werden Informationen langsamer transportiert als durch Nerven. Ihre Wirkungen halten dagegen länger an, weil Hormone über einen längeren Zeitraum im Blutkreislauf bleiben und nur allmählich abgebaut werden.

Hormon
(gr. *hormao* = antreiben) Chemischer Informationsüberträger

Grundumsatz
Energieverbrauch des ruhenden Körpers ohne Energiezufuhr und Wärme- oder Kältebelastung. Der Grundumsatz ist abhängig von Alter, Gewicht und Geschlecht.

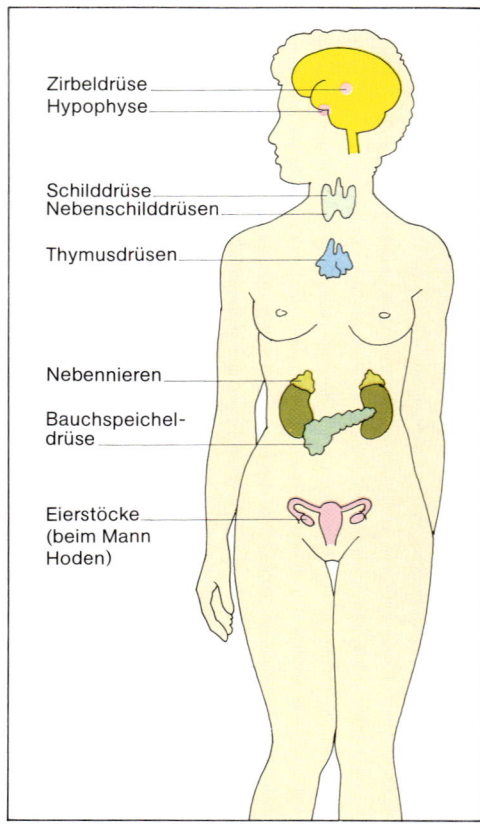

1 Übersicht zu den Hormondrüsen

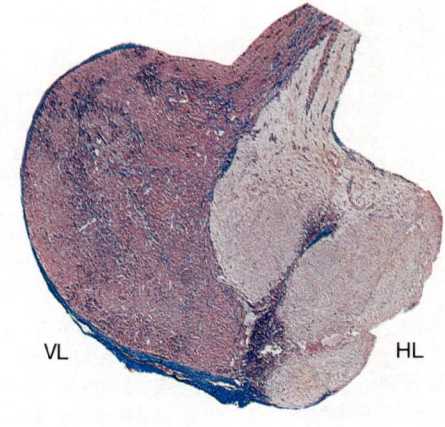

2 Längsschnitt durch die Hypophyse

Das *Hormonsystem* besteht aus verschiedenen Drüsen. Die Abbildung zeigt ihre Lage im Körper. An der Unterseite des Zwischenhirns, dem *Hypothalamus*, sitzt das übergeordnete Organ dieses Regelsystems, die *Hypophyse* (Hirnanhangsdrüse). Sie ist etwa erbsengroß, wiegt $1/2$ Gramm und ist, wie das mikroskopische Bild zeigt, in Vorder- und Hinterlappen gegliedert.

Über den Hypothalamus sind Hormon- und Nervensystem miteinander verknüpft. Die Hypophyse wird durch Nervenzellen des Hypothalamus aktiviert und bildet zahlreiche Hormone. Die meisten Hypophysenhormone regeln andere Hormondrüsen des Körpers. Beispielsweise gibt die Hypophyse zur Steigerung der Wärmeproduktion des Körpers TSH (*Thyreoidea-stimulierendes Hormon*) ab, das die Schilddrüse zur Ausschüttung des Hormons *Thyroxin* anregt. Die Thyroxinkonzentration im Blut bestimmt den *Grundumsatz* und damit auch die tägliche Wärmeproduktion.

Sinne, Nerven und Hormone

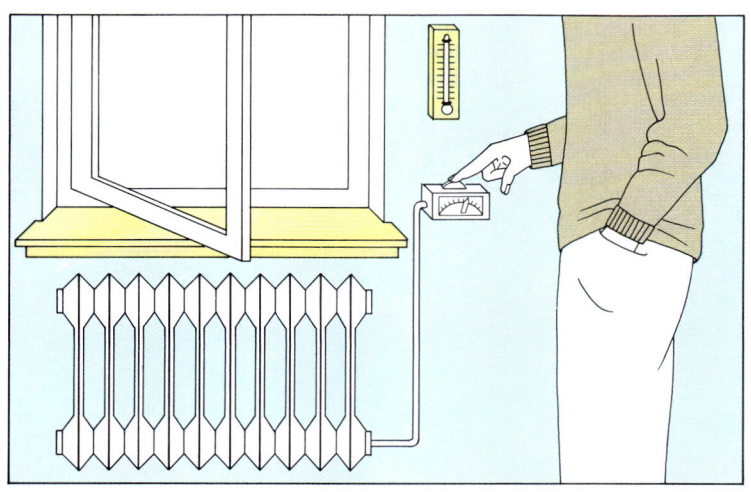

1 Regulation der Zimmertemperatur

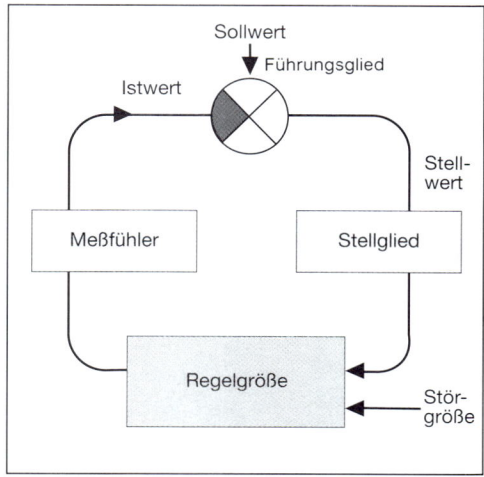

2 Ein Regelkreis

Regelung — eine Größe wird angepaßt

Negative Rückkopplung

Regler

aktiviert   hemmt

Abweichung der Regelgröße vom Sollwert

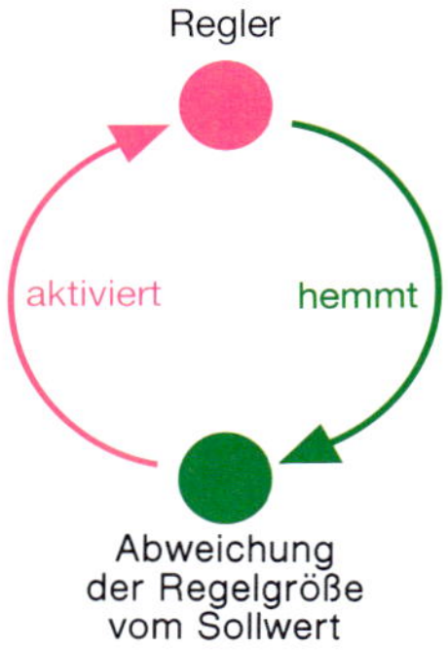

Unter gleichbleibenden äußeren Bedingungen hält der Körper den Grundumsatz auf konstantem Wert. Auftretende Abweichungen werden ausgeglichen. Man sagt, diese Größe wird *geregelt*. Die Regelung wird mit Hilfe von Hormonen vorgenommen. Das Prinzip der Regelung untersuchen wir zunächst an einem technischen Beispiel.

Im Winter soll in einem Klassenzimmer die Temperatur konstant 20 °C *(Sollwert)* betragen. Dieser Sollwert wird von einem *Führungsglied* übermittelt. Hier ist es die Person, die die Temperaturwahl vornimmt. Die Zimmertemperatur ist die *Regelgröße*. Wäre die Heizung ununterbrochen in Betrieb, würde der Sollwert bald überschritten werden. Die Heizung muß also bei Erreichen des Sollwerts gedrosselt werden. Dazu wird die tatsächliche Raumtemperatur *(Istwert)* ständig mit einem Thermometer *(Meßfühler)* gemessen. Dieser meldet den Istwert an den *Regler*, der ihn mit dem Sollwert vergleicht.

Meßfühler und Regler bilden in technischen Systemen oft eine Einheit. Sie wird bei der Heizung als *Thermostat* bezeichnet. Ist die Raumtemperatur kleiner als der Sollwert, schickt der Regler an die Heizung ein Signal zum Einschalten *(Stellwert)*. Der Heizkörper verstellt die Regelgröße; er ist das *Stellglied*. Die von ihm abgegebene Wärmemenge ist die *Stellgröße*: Sie bestimmt die Veränderung der Raumtemperatur. Der Wärmeverlust durch Fenster und Wände sowie die Wärmezufuhr durch Personen, die Körperwärme an den Raum abgeben, sind *Störgrößen*.

Die Konstanthaltung der Temperatur geschieht in einem *Regelkreis*: Ein Anstieg der Raumtemperatur bewirkt die Drosselung der Heizung. Umgekehrt bewirkt ein Temperaturabfall eine Steigerung der Heizleistung. Diese gegensinnige Beeinflussung heißt *negative Rückkopplung*. Sie ermöglicht, daß jederzeit und unabhängig von irgendwelchen Störgrößen die Zimmertemperatur ihren Sollwert annimmt.

In vergleichbarer Weise, wie hier an einem technischen Beispiel gezeigt ist, werden im Körper die verschiedensten Größen geregelt, z. B. Grundumsatz, Blutdruck und Lichtmenge auf der Netzhaut. Sowohl das Nervensystem als auch das Hormonsystem sind an Regelvorgängen beteiligt. Bei vielen Vorgängen arbeiten beide zusammen.

Aufgaben

① Was ist beim Kühlschrank Regelgröße, Stellglied, Stellwert und Störgröße?
② Bei veralteten Heizungen läßt sich die Heizleistung nur durch Auf- und Zudrehen eines Ventils von Hand beeinflussen.
   a) Warum kann die Raumtemperatur durch die Heizanlage selbst nicht geregelt werden?
   b) Befindet sich eine Person im Raum, so kann durch sie die Raumtemperatur geregelt werden. Erstelle hierfür ein vollständiges Regelkreisschema.
③ Erstelle ein Regelkreisschema für die Regulation der Lichtmenge auf der Netzhaut des Auges.

Sinne, Nerven und Hormone

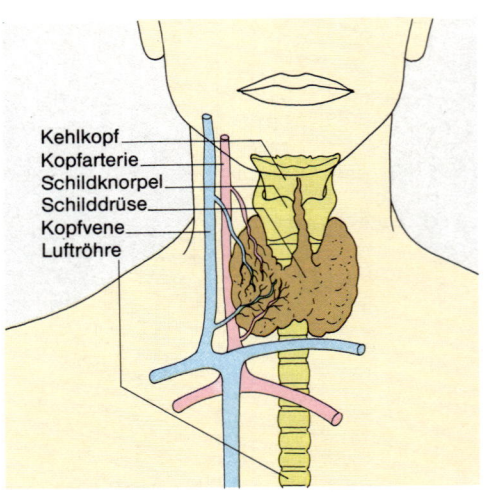
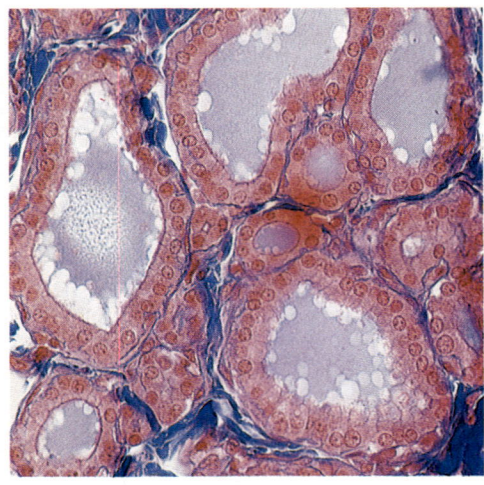

1 Lage und Bau der Schilddrüse

2 Schilddrüsengewebe

Bau und Funktion der Schilddrüse

Die rötlich gefärbte, 30—40 Gramm schwere *Schilddrüse* sitzt etwas unterhalb des Schildknorpels am Kehlkopf vor der Luftröhre. Sie besteht aus zwei pyramidenförmigen Hälften, die über Abzweigungen der Kopfarterien mit Blut versorgt werden. Das Schilddrüsengewebe zeigt bei mikroskopischer Betrachtung viele Bläschen. Sie sind von einer einschichtigen Lage aus Zellen umgeben und enthalten eine gallertartige, eiweißreiche Masse. Die Zellen bilden das Hormon *Thyroxin*. Es wird in den Bläschen gespeichert und kann bei Bedarf freigesetzt werden. Dabei gelangt Thyroxin in die Blutgefäße, die zwischen den Bläschen verlaufen.

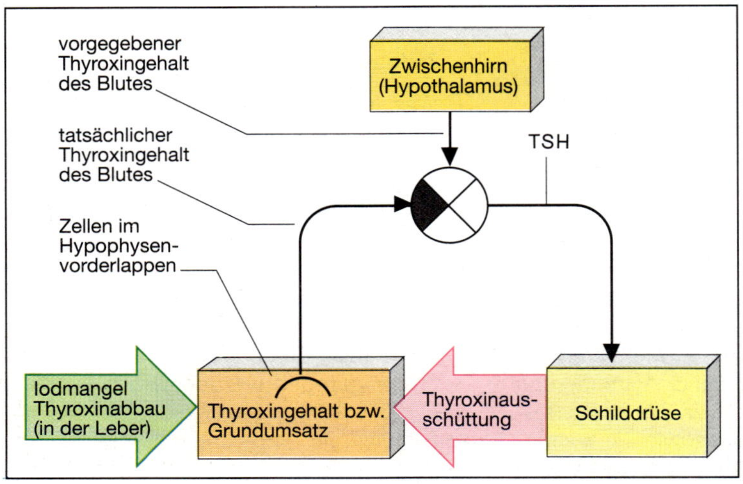

Thyroxin hat wichtige Aufgaben bei der Regulation von Stoffwechselvorgängen. Zum Beispiel muß es bei der Kälteanpassung im Winter die Wärmeproduktion und damit den Grundumsatz dauerhaft erhöhen. Dies wird durch eine hohe Konzentration von Thyroxin im Blut erreicht. Weil Thyroxin ständig abgebaut wird, muß es fortwährend in der richtigen Menge nachgeliefert werden. Die Thyroxinkonzentration im Blut wird also geregelt.

Daran ist das *Hypophysenhormon TSH* beteiligt. Gelangt es an die Schilddrüse *(Stellglied)*, so gibt die Drüse Thyroxin ins Blut ab. Zellen der Hypophyse *(Meßfühler)* messen die steigende Thyroxinkonzentration *(Istwert)*. Damit die Thyroxinkonzentration einen vorgegebenen Sollwert nicht übersteigt — dieser wird vom Hypothalamus *(Führungsglied)* an die Hypophyse gemeldet — verringert jetzt die Hypophyse *(Regler)* die TSH-Abgabe. Es liegt eine negative Rückkopplung vor: steigende Thyroxinkonzentration vermindert die TSH-Abgabe; Senkung der Thyroxinkonzentration führt zu vermehrter TSH-Ausschüttung.

Bereits am Ende des 19. Jahrhunderts wurde entdeckt, daß die Schilddrüse einen hohen *Iodgehalt* aufweist. Etwa 20—25 mg chemisch gebundenes Iod befinden sich in diesem kleinen Organ, das ist etwa ein Viertel des gesamten Iodvorrates im Körper. Man folgerte daraus, daß Iod für die Funktion der Schilddrüse notwendig ist. Heute ist nachgewiesen, daß in dem Hormon Thyroxin Iod enthalten ist.

3 Regelkreis zur Thyroxinkonzentration im Blut

Störungen der Schilddrüsenfunktion

Der deutsche Arzt KARL VON BASEDOW (1799–1854) untersuchte Patienten, die folgende Krankheitssymptome zeigten: Stark beschleunigter Herzschlag, Augen weit aus den Augenhöhlen hervortretend, *Kropf* durch Vergrößerung der Schilddrüse. Dazu stellten sich bei einigen Patienten unter anderem Nervosität, Angstzustände, Schlaflosigkeit und Gewichtsabnahme ein.

BASEDOW erkannte als Ursache der nach ihm benannten *Basedowschen Krankheit* die *Überfunktion* der Schilddrüse, d. h. eine gesteigerte Produktion und Ausschüttung der Schilddrüsenhormone. Die Krankheit kann heute durch Medikamente, Radioiodtherapie oder die operative Entfernung eines Teils der Schilddrüse behandelt werden.

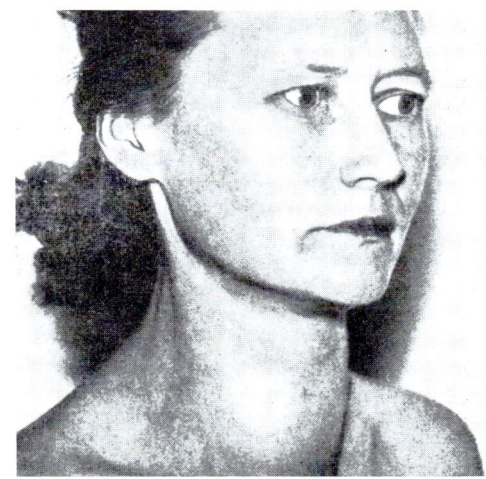

1 Basedowsche Krankheit

Eine *Unterfunktion* der Schilddrüse zeigt sich beim Erwachsenen an folgenden Symptomen: Die körperliche und geistige Leistungsfähigkeit der Patienten ist vermindert, der Grundumsatz stark herabgesetzt, die Haut ist teigig verdickt, und es tritt Appetitlosigkeit auf. Auch hier kommt es durch Schwellung des Schilddrüsengewebes zur Kropfbildung. Manchmal ist Iodmangel in der Nahrung und im Trinkwasser die Ursache dafür. Durch die Verwendung von iodhaltigem Speisesalz beim Kochen kann die normale Drüsenfunktion wiederhergestellt werden. In anderen Fällen hilft die Einnahme von Thyroxin.

Neben dem Grundumsatz verstärkt Thyroxin die Wirkung anderer Hormone und beeinflußt die körperliche und geistige Entwicklung. Bildet die Schilddrüse bereits beim Fetus zuwenig Thyroxin, so tritt *Kretinismus* auf. Kennzeichen dieser Krankheit sind Zwergwuchs und schwere geistige Störungen. Gibt man Neugeborenen mit der Nahrung Thyroxin, so läßt sich ein Teil der Auswirkungen verhindern.

Die Fähigkeit der Schilddrüse, im Körper vorhandenes Iod zu sammeln, wird zur Funktionsuntersuchung ausgenützt. Man spritzt in den Blutkreislauf eine äußerst geringe Menge radioaktiven Iods. Die Geschwindigkeit, mit der es in die Schilddrüse aufgenommen wird, bestimmt man mit einem Gerät, das die von der Schilddrüse ausgehende radioaktive Strahlung registriert. Nach einer bestimmten Zeit wird die Verteilung der Strahlungsintensität gemessen und mit Computer und Bildschirm in ein farbiges Bild umgesetzt. Dieses *Szintigramm* zeigt die räumliche Verteilung des Iods in der Schilddrüse und erlaubt dem Arzt Rückschlüsse auf die Funktion des Organs.

Radioaktivität und zugeordnete Farben im Szintigramm:
rot — sehr stark
orange — stark
grün — mäßig
blau — schwach
violett — sehr schwach

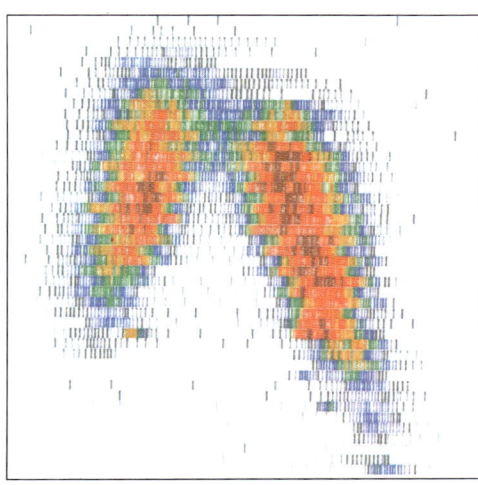

2 Szintigramm der Schilddrüse

Aufgaben

① Zur Beurteilung der Schilddrüsenfunktion bei Neugeborenen wird die TSH-Konzentration im Blut bestimmt.
   a) Was sagt ein zu hoher TSH-Wert aus? Begründe.
   b) Welche Symptome wären ohne Behandlung zu erwarten? Wie wird behandelt?

② Bei Unterfunktion der Schilddrüse ist die Körpertemperatur niedriger als normal. Wie ist das zu erklären?

Sinne, Nerven und Hormone

Der Blutzucker muß stimmen!

Der deutsche Mediziner **Paul Langerhans** (1847–1888) entdeckte 1869 die Inselzellen im Gewebe der Bauchspeicheldrüse.

Große Pause — Pausenbrot. Eine Zwischenmahlzeit nach einigen Stunden Unterricht am Vormittag steigert die bereits absinkende körperliche und geistige Leistungsbereitschaft. Der *Blutzuckerspiegel* wird wieder auf den richtigen Wert angehoben.

Im Blut ist Traubenzucker *(Glukose)* gelöst. Glukose wird mit dem Blutstrom in alle Bereiche des Körpers transportiert und dient der Energieversorgung der Zellen, die nur bei ständiger Zufuhr energiereicher Stoffe leben können. Die Zellen des Zentralnervensystems können nur Glukose verwerten. Sie benötigen davon etwa 75 Gramm täglich, besitzen aber keine Glukosespeicher. Für diese Zellen muß also ständig Glukose verfügbar sein.

Der Glukosegehalt des Blutes (Blutzuckerspiegel) liegt beim gesunden Menschen zwischen 0,6 — 1,1 Gramm/Liter. In der gesamten Blutmenge sind demnach beim Erwachsenen etwa 6 Gramm Glukose enthalten. Damit könnte der Energiebedarf des Körpers bei leichter körperlicher Arbeit für 30 — 40 Minuten gedeckt werden. Durch die Aufnahme kohlenhydratreicher Nahrung wird der Blutzuckerspiegel gesteigert.

Obwohl der Energiebedarf des Körpers und die mit der Nahrung zugeführte Zuckermenge ständig schwanken, muß der Blutzuckerspiegel stets innerhalb derselben Grenzen gehalten werden. An dieser Regelung sind vor allem zwei Hormone der *Bauchspeicheldrüse* beteiligt. Sie werden von Zellgruppen produziert, die innerhalb des Gewebes der Bauchspeicheldrüse inselartig verteilt sind *(Langerhanssche Inseln)*. Insgesamt sind diese nur etwa 2 Gramm schwer.

Nach einer Mahlzeit steigt der Blutzuckerspiegel an, weil am Dünndarm Glukose in den Blutkreislauf aufgenommen wird. Die Inselzellen geben daraufhin das Hormon *Insulin* in den Blutkreislauf ab. Es bewirkt, daß Glukose aus dem Blut in Zellen aufgenommen werden kann. Überschüssige Glukose wird in der Leber und in der Muskulatur in *Glykogen* und *Fett* umgewandelt und steht als gespeicherte Energie zur Verfügung. Dabei sinkt der Blutzuckerspiegel. Fällt er unter den Sollwert, etwa bei sportlicher Aktivität, werden die Speicher angezapft. Die Bauchspeicheldrüse gibt dazu das Hormon *Glukagon* ab. Es ist der Gegenspieler *(Antagonist)* zum Insulin, weil es die Umwandlung von Glykogen in Glukose und deren Abgabe ins Blut einleitet. Der Blutzuckerspiegel steigt dadurch an.

Eine ähnliche Wirkung hat indirekt auch das Hormon *Adrenalin*. Es wird im *Nebennierenmark* gebildet.

Aufgaben

① Erstelle ein Regelkreisschema für die Regulation des Blutzuckerspiegels und beschrifte es.
② Insulin wird auch als Speicherhormon bezeichnet. Weshalb ist diese Benennung sinnvoll?
③ Welche Wirkung hat Fasten auf den Insulin- und Glukagonspiegel im Blut?

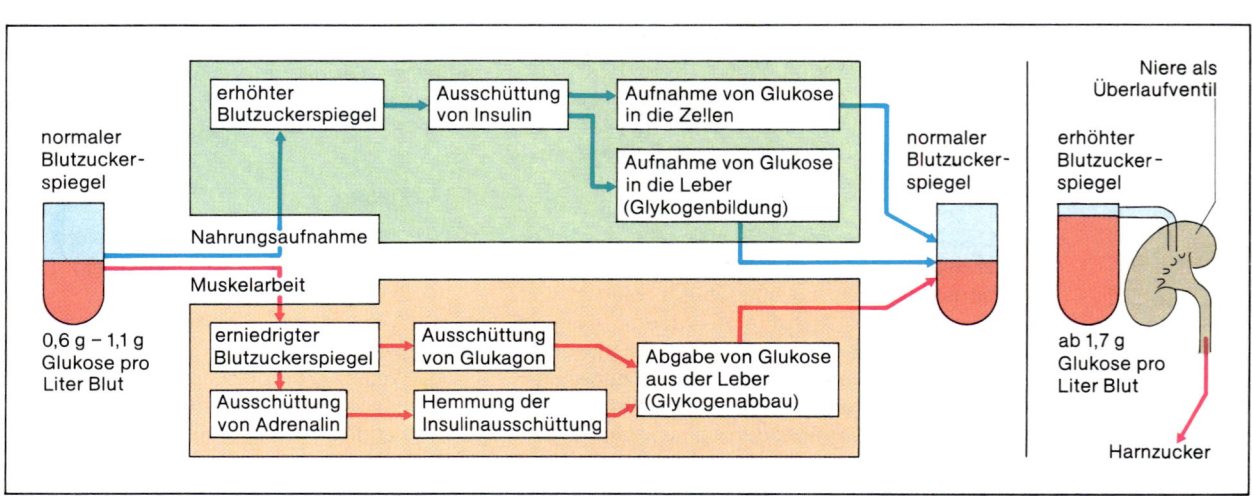

1 Wichtige Stoffwechselwege zur Blutzuckerregulation

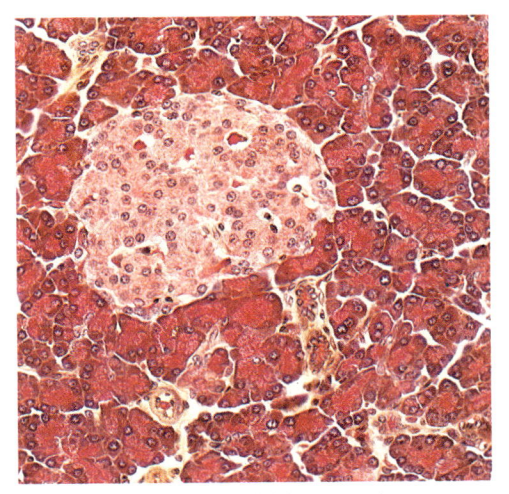

1 Langerhanssche Insel (150 × vergr.)

Störungen bei der Blutzuckerregulation

Ob der Blutzuckerspiegel überhöht ist, kann mit *Glukose-Teststäbchen* kontrolliert werden. Das Testfeld des Stäbchens wird in Urin getaucht. An der Farbveränderung kann man feststellen, ob sich Glukose im Urin befindet. Dies ist der Fall, wenn der Blutzuckerspiegel einen Wert von etwa 1,7 Gramm/Liter übersteigt. Die Nieren, die brauchbare Stoffe aus dem Blut zurückgewinnen, halten dann die übergroße Glukosemenge nicht mehr zurück. Sie geben Glukose aus dem Blut in den Urin ab.

Läßt sich bei mehrfachem Testen Glukose im Urin nachweisen, so besteht der Verdacht, daß *Zuckerkrankheit* (Diabetes mellitus) vorliegt. Die Ursache ist in den meisten Fällen eine verminderte Insulinproduktion als Folge von Funktionsstörungen der Inselzellen. Deutliche Anzeichen der Zuckerkrankheit sind ständiges Hunger- und Durstgefühl, Mattigkeit und sinkendes Körpergewicht. Ein überhöhter Blutzuckerspiegel ist nicht unmittelbar lebensbedrohend, verursacht unbehandelt über längere Zeit jedoch schwere Gefäß- und Organschäden.

Die Anlage zur Zuckerkrankheit wird vermutlich vererbt. In welchem Alter die Krankheit zum Ausbruch kommt, bestimmen stark die Lebens- und Eßgewohnheiten. Wenig Bewegung und Übergewicht begünstigen das Auftreten der zur Zeit noch unheilbaren Krankheit; ausgewogene Ernährung und regelmäßiger Sport verzögern oder verhindern den Krankheitsausbruch. Tritt die Krankheit bei Kindern oder Jugendlichen auf, bezeichnet man sie als *Jugenddiabetes*. Nimmt im Alter die Insulinproduktion der Bauchspeicheldrüse ab, so spricht man von *Altersdiabetes*.

Zuckerkranken *(Diabetikern)* verordnet der Arzt eine strenge *Diät*. Zuckerhaltige Nahrungsmittel sind nicht erlaubt, andere Kohlenhydrate nur in exakt dosierter Menge. Die genau zusammengestellte tägliche Nahrungsmenge wird in 5—7 Mahlzeiten über den Tag verteilt eingenommen. So wird der Blutzuckerspiegel nach einer Mahlzeit nur mäßig erhöht; ungesunde Spitzenwerte treten nicht auf.

Diese Maßnahmen reichen bei Altersdiabetes meist aus. In anderen Fällen können Medikamente die Inselzellen zur vermehrten Insulinproduktion anregen. Kann der Blutzuckerspiegel dadurch jedoch nicht ausreichend eingestellt werden, muß sich der Patient Insulin spritzen. Insulin ist ein *Eiweißhormon*. Man kann es nicht als Tablette oder Saft einnehmen. Auf dem Weg durch die Verdauungsorgane würde es abgebaut werden.

Spritzt sich ein Diabetiker versehentlich eine zu hohe Insulindosis, dann sinkt der Blutzuckerspiegel zu stark ab. Diese *Unterzuckerung* des Blutes ist lebensbedrohlich — das Zentralnervensystem kann versagen. Dieser Gefahr kann durch sofortige Einnahme von Traubenzucker begegnet werden.

Da seit 1975 bei uns verstärkt *Zuckertests* durchgeführt werden, sind die Sterbefälle durch Zuckerkrankheit deutlich zurückgegangen (▷ 2).

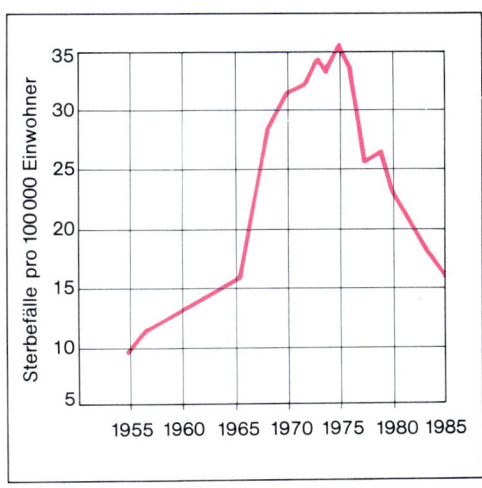

Der Mensch benötigt täglich etwa 2 Milligramm Insulin.

2 Statistik zum Diabetes

Sinne, Nerven und Hormone

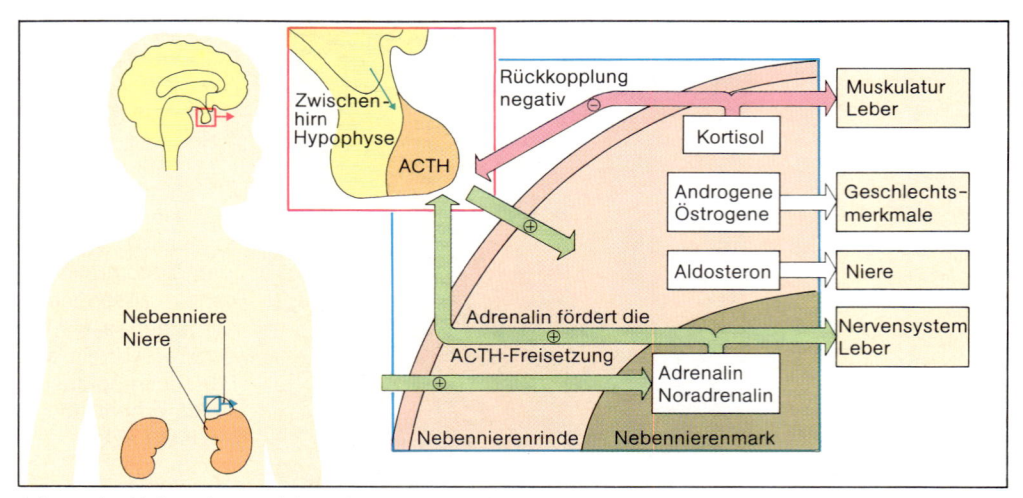

1 Lage der Nebenniere und Auswirkung auf den Hormonhaushalt

Die Nebennieren

Die Nebennieren, mit einem Gewicht von 10–15 Gramm, sitzen kapuzenförmig auf den Nieren. Ein Querschnitt zeigt, daß etwa 80 % aus gelblicher Rinde und das Innere aus braunrotem Mark bestehen. *Nebennierenrinde* und *Nebennierenmark* sind voneinander unabhängig arbeitende Hormondrüsen.

Die Nebennierenrinde bildet mehrere Hormone:
— *Mineralkortikoide* regulieren den Wasser- und Salzhaushalt.
— *Glukokortikoide* (z. B. Kortisol) beeinflussen den Kohlenhydrathaushalt. Dies hat Auswirkungen auf den Fett- und Eiweißstoffwechsel. So wird durch Bildung von Glukose aus Eiweiß der Blutzuckerspiegel erhöht. Außerdem wirken diese Hormone hemmend auf das Immunsystem des Körpers.
— *Geschlechtshormone* (Androgene und Östrogene) regeln die Ausbildung der sekundären Geschlechtsmerkmale.

Die Wirkungen der Hormone aus dem Nebennierenmark zeigen sich in folgender Situation: Man ist gerade dabei, eine Straße nahe einer Kurve zu überqueren. Plötzlich nähert sich ein Fahrzeug mit großer Geschwindigkeit. In dieser Schrecksituation werden vom Nebennierenmark schlagartig *Adrenalin* und *Noradrenalin* ins Blut ausgeschüttet. Der Körper wird dadurch in einen Zustand höchster Leistungsfähigkeit versetzt, so daß man sich schnellstens aus der Gefahrenzone bringen kann. Am Straßenrand angelangt — es hat gerade noch gereicht — werden die körperlichen Veränderungen erst spürbar: Das Herz „schlägt bis zum Hals", der Puls rast, man atmet tief und schnell, und Schweiß bricht aus. Weitere Hormonwirkungen sind Steigerung von Blutdruck, Blutzuckerspiegel und Fettgehalt des Blutes. Die Gesamtheit dieser Wirkungen nennt man *Fight-and-Flight-Syndrom*.

Diese Anpassungsreaktionen müssen sehr rasch ablaufen. Deshalb ist auch das Nervensystem beteiligt. Ist die Notsituation erkannt, so wird das Nebennierenmark in Sekundenbruchteilen durch Nerven des Vegetativen Nervensystems aktiviert. Die erhöhte Adrenalinmenge zirkuliert noch für längere Zeit mit dem Blut im Körper. Der Körper stellt sich deshalb nach überstandener Gefahr nur allmählich wieder um. Hier zeigt sich die relativ langsame Regelung durch das Hormonsystem.

In Notsituationen werden vom Körper hohe Leistungen gefordert. Zur Deckung des Energiebedarfs nimmt der Gehalt an energiereichen Fettstoffen im Blut erheblich zu. Bei starker körperlicher Aktivität werden sie in kurzer Zeit verbraucht. Unterbleibt die Anstrengung, kreisen die Fettstoffe lange Zeit mit dem Blutstrom und lagern sich an den Arterienwänden ab. Die Folge ist, daß die Arterien unelastisch und bei dauerhaft erhöhten Blutfettwerten immer enger werden *(Arteriosklerose)*. Daran leiden viele Menschen in den Industriestaaten, denn hier paaren sich oft Aufregung und Bewegungsmangel.

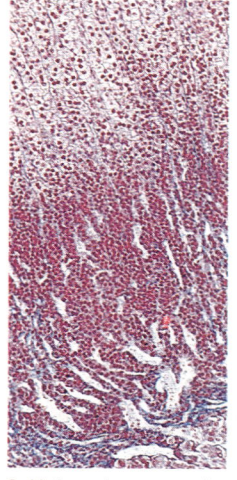

2 Nebennierengewebe

Sinne, Nerven und Hormone

Streß — der Körper paßt sich an

Andauernde seelische oder körperliche Belastungen wie etwa Kälte, Hunger, Verletzung oder Krankheit bewirken eine erhöhte Ausschüttung von Glukokortikoiden. Die Nebennierenrinden werden hierzu durch das vermehrt gebildete Hypophysenhormon *ACTH* angeregt. Die erhöhte Konzentration an Glukokortikoiden wirkt entzündungshemmend, beschleunigt die Wundheilung und verleiht dem Körper für einen gewissen Zeitraum die nötige Widerstandskraft zum Überleben. Diesen Zustand des Körpers bezeichnet man als *Streß*. Die äußeren Umstände, die zu diesem Zustand führen, heißen *Stressoren*. Streß ist eine langsame Anpassung an Belastungssituationen.

ACTH = **a**dreno-**c**ortico-**t**ropes **H**ormon

Häufig auftretendes Fight-and-Flight-Syndrom und damit auf Dauer erhöhter Adrenalinspiegel bewirkt über den Hypothalamus eine erhöhte Freisetzung von ACTH. Deshalb führen ständig aufeinanderfolgende, kurzandauernde Belastungszustände schließlich zum Dauerstreß *(Distreß)*.

Gelegentlich auftretender Streß mit kurzen Erholungsphasen kann die natürliche Widerstandskraft des Körpers gegen Krankheitserreger steigern *(Eustreß)*. Bei dauerndem Streß ist der Körper durch die vermehrt gebildeten Glukokortikoide für einen Zeitraum von einigen Wochen gegen die Belastungen geschützt. Bei weiter anhaltender Einwirkung der Stressoren tritt jedoch Erschöpfung ein. Die Folgen können körperlicher Abbau und — in Extremfällen — Organschäden sein.

Um sich vor langdauerndem Streß zu schützen, hilft eine ausgeglichene Lebensführung. Dazu gehört neben genügend Schlaf, richtiger Ernährung und regelmäßiger Bewegung in frischer Luft auch die Bewältigung von Problemen, die psychisch belasten. Ein Beispiel hierfür ist „das vor sich Herschieben" von Verpflichtungen, die man ungern erfüllt, die aber dennoch angegangen werden müssen. Schon der Gedanke daran läßt Unbehagen aufkommen. Hier hilft eine richtige Zeit- und Arbeitsablaufplanung, um Streß zu vermeiden. Wenn genau geplant ist, wann und wie man die Arbeit erledigen wird, ist man entlastet.

Aufgaben

① Welche Wirkungen hat Adrenalin im Körper?
② Weshalb sollen Diabetiker Aufregungen und Schrecksituationen meiden?
③ Dauerstreß kann auch zu Nierenversagen führen. Erkläre die Zusammenhänge.
④ Was versteht man unter Streß? Beschreibe, wie es zu diesem Zustand kommen kann.
⑤ Das Fight-and-Flight-Syndrom kann sich innerhalb von Sekunden einstellen. Der Distreßzustand nur innerhalb von Tagen und Wochen. Wie läßt sich die unterschiedliche Reaktionsdauer des Körpers erklären?
⑥ Ein über längere Zeit erhöhter Adrenalingehalt des Blutes bewirkt eine vermehrte ACTH-Ausschüttung. Warum ist dies biologisch sinnvoll?

1 Zusammenarbeit von Nerven- und Hormonsystem bei Eustreß

Sinne, Nerven und Hormone

Drogen in jeder Form haben die Menschen wohl schon fasziniert und zu ihrem Konsum verlockt, seit die berauschende Wirkung dieser Stoffe bekannt ist. Wandtafeln aus dem 4. Jahrtausend vor Christus zeigen z. B., daß das Weintrinken schon bei den alten Ägyptern gesellschaftsfähig war. Ebenfalls wurden bei religiösen Riten Suchtmittel genommen, so bei den Azteken in Mexiko der meskalinhaltige Peyote-Kaktus, in China das Opium, in Peru die Blätter des Koka-Strauches. Im Europa von heute gehören Alkohol und Nikotin zu den häufigsten Drogen.

Sucht und Drogen

1 Gefährdung durch Suchtmittel 40
Rauchen — ein giftiger Genuß 40
Alkohol — eine erlaubte Droge 42
Medikamentenmißbrauch 44
Die Flucht in eine Traumwelt 44
Lexikon: Drogen 46
Die Flucht vor Problemen . . .
. . . und der harte Weg zurück 48

Was ist aber *Sucht*? Wie wird man süchtig? Man spricht auch von Spielsucht, Eßsucht, Magersucht. Allen Suchtmitteln und -verhalten ist gemeinsam, daß sie den Menschen abhängig machen oder bereits gemacht haben und seelisch oder körperlich schädigen.

Das folgende Kapitel versucht, am Beispiel der bekanntesten *Drogen* den Weg in die Abhängigkeit und die damit verbundenen Gefahren aufzuzeigen. Aber auch, wie man sich und andere davor schützen kann.

1 Gefährdung durch Suchtmittel

Rauchen — ein giftiger Genuß

Der Widersinn ist eigentlich nicht mehr zu überbieten: Auf der einen Seite sorgt sich die moderne Gesellschaft in zunehmendem Maße über die Gefährdung durch giftige Stoffe in der Umwelt. Man erstellt Richtlinien zum Schutze der Menschen an ihren Arbeitsplätzen, erläßt Gesetze über die gerade noch tolerierbaren Konzentrationen an schädlichen Gasen in der Luft und fordert eindeutige und klare Kennzeichnung aller Giftstoffe in Industrie und Haushalt. Auf der anderen Seite nehmen zahlreiche Menschen eine ganze Reihe von giftigen Stoffen freiwillig zu sich — sie *rauchen*. Alle wissenschaftlichen Untersuchungen bestätigen die Gefährlichkeit des Rauchens. Rauchen ist Selbstmord auf Raten!

Beim Einatmen *(Inhalieren)* von Zigarettenrauch setzen sich der im Rauch enthaltene *Teer* und viele der mehr als 200 schädlichen Stoffe in Rachen, Luftröhre, Bronchien und Lungenbläschen ab. Der Teer allein enthält etwa 40 verschiedene krebserregende Stoffe, darunter das *Benzpyren*. Es ist deshalb nicht verwunderlich, wenn bei langjährigen Rauchern häufig Kehlkopf-, Bronchial- oder Lungenkrebs auftreten. In der Bundesrepublik Deutschland sind über 90 % aller an Lungenkrebs erkrankten Menschen Raucher.

Ein weiterer Giftstoff der Zigarette ist das *Nikotin*, ein Nervengift. Es gelangt mit dem Zigarettenrauch über die Lunge ins Blut. Die tägliche Nikotinmenge eines starken Rauchers würde genügen, ihn zu töten, wenn er dieselbe Menge auf einmal zu sich nähme.

Durch Nikotin ziehen sich die Muskeln der Arterienwände zusammen, die Arterien verengen sich, der Herzschlag wird beschleunigt, der Blutdruck steigt. Der Raucher fühlt sich zunächst aktiver. Durch die Verengung der Adern werden jedoch Haut und Gliedmaßen schlechter durchblutet. Die Hauttemperatur der Fingerspitzen sinkt um etwa 3 °C ab. Nikotin fördert zudem die Bildung von Ablagerungen in den Arterien. Es kommt häufig zu *Durchblutungsstörungen* und in Folge davon zur Unterversorgung einzelner Organe. Gewebeteile können absterben und müssen dann operativ entfernt werden. Von den 10 000 Beinamputationen in der Bundesrepublik Deutschland sind die meisten auf ein „Raucherbein" zurückzuführen. Vergleicht man die sportliche Leistungsfähigkeit von gleichaltrigen Rauchern und Nichtrauchern mit ansonsten ähnlicher Lebensweise, so schneiden die Raucher durchweg schlechter ab. Dies ist u. a. auf das *Kohlenstoffmonooxid* zurückzuführen. Es ist ein geruchloses, giftiges Gas, das zu etwa 4 % im Zigarettenrauch enthalten ist. Es wird besonders fest an das Hämoglobin in den roten Blutzellen gebunden, so daß diese nur noch wenig Sauerstoff transportieren können und so die Sauerstoffversorgung verschlechtert wird.

Flimmerhaarzellen in Luftröhre und Bronchien sorgen normalerweise dafür, daß Staub und Ruß in Richtung Rachen befördert werden, Teer und Nikotin behindern ihre Tätigkeit. Die durch die Giftstoffe im Zigarettenrauch geschädigten Zellen sterben ab und werden durch quälenden Raucherhusten abgelöst und ausgeworfen.

Bei Schwangeren zeigen sich häufig Auswirkungen des Rauchens auf das Geburtsgewicht und die Gesundheit des Kindes. Früh- und Fehlgeburten treten vermehrt auf.

Erstaunlich ist, daß viele Menschen über diese Gefahren Bescheid wissen und trotzdem mit dem Rauchen anfangen oder damit nicht aufhören. Dieses bewußte „Genießen von Giftstoffen" hat verschiedene Gründe: Neugier, das Vorbild der Erwachsenen, Angeberei, die Verführung durch die Zigarettenwerbung sowie Probleme und Unsicherheiten, die man mit dem Griff zur Zigarette überspielen will.

Rauchen ist eine *Sucht*; man kann nicht einfach wieder aufhören, wenn man einmal angefangen hat. Nur mit großer Willensstärke gelingt es, sich das Rauchen abzugewöhnen und den inneren Zwang zu überwinden, der einen immer wieder zur Zigarette greifen läßt.

Aufgaben

① Suche eine Erklärung für die Daten, die du aus Abb. 41.2 entnehmen kannst.
② Weshalb wird so oft nach der Begrüßung oder bei gesellschaftlichen Anlässen eine Zigarette angeboten?
③ Überlege dir Gründe für den leicht abnehmenden Zigarettenkonsum in Europa und Nordamerika.
④ Wie ist es zu erklären, daß ein Kleinkind schon an einer einzigen verschluckten Zigarette sterben kann?

Kontroverse

Zitat von Goethe
„Es liegt ... im Rauchen eine arge Unhöflichkeit, eine impertinente Ungeselligkeit. Die Raucher verpesten die Luft weit und breit und ersticken jeden honetten Menschen, der nicht zu seiner Verteidigung zu rauchen vermag."

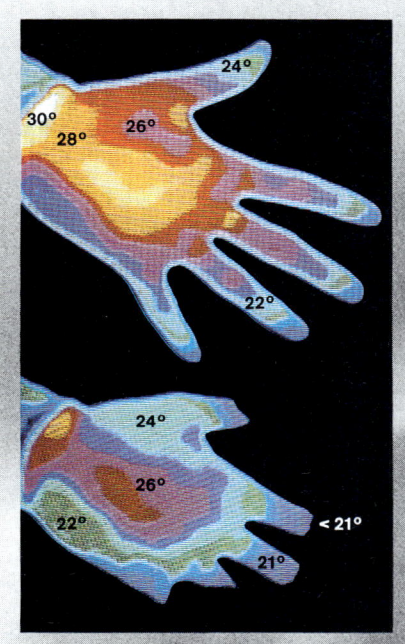

Thermogramm einer Hand vor und nach dem Rauchen einer Zigarette

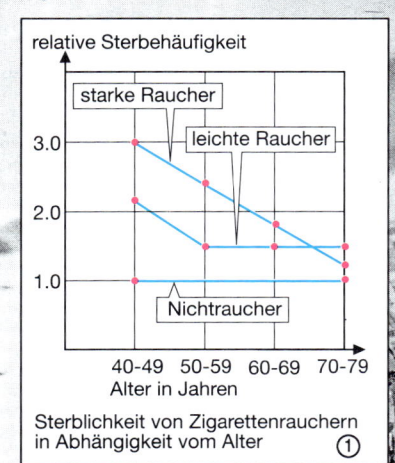

Sterblichkeit von Zigarettenrauchern in Abhängigkeit vom Alter ①

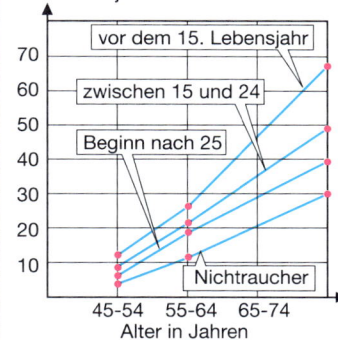

Zahl der jährlichen Todesfälle auf 1000 amerikanische Männer in Abhängigkeit vom Lebensalter, in dem sie mit dem Rauchen begannen (10 - 17 Zigaretten/Tag) ②

Zitat von Winston Churchill
„Je mehr man darüber liest, wie schädlich das Rauchen ist, umso eher hört man auf zu lesen."

Zitat von Wilhelm Busch
„Drei Wochen war der Frosch so krank, jetzt raucht er wieder — Gott sei Dank."

Die EG-Gesundheitsminister:
Rauchen gefährdet die Gesundheit. Der Rauch dieser Zigarette enthält: 0,7 mg Nikotin, 12 mg Kondensat (Teer).

```
§ 22 Werbeverbote

(1) Es ist verboten, für
Tabakerzeugnisse im Rundfunk
oder im Fernsehen zu werben.
(2) Es ist verboten, in der
Werbung für Tabakerzeugnisse
 1.Darstellungen zu verwenden
   a) durch die der Eindruck
   erweckt wird, daß der Genuß
   von Tabakerzeugnissen gesund-
   heitlich unbedenklich ist
   und die Leistungsfähigkeit
   oder das Wohlbefinden günstig
   beeinflußt,
   b) die ihrer Art nach dazu
   geeignet sind, Jugendliche
   oder Heranwachsende zum
   Rauchen zu veranlassen,
   c) die das Inhalieren des
   Tabakrauches als nachahmens-
   wert erscheinen lassen.
 2.Bezeichnungen zu verwenden,
   die darauf hindeuten, daß die
   Tabakerzeugnisse natürlich
   oder naturrein seien.
```

Rauchen oder Gesundheit – Deine Wahl

Gesundheit und Krankheit

Alkohol — eine erlaubte Droge

Die Wirkung des Alkohols auf den Menschen hängt von der *Alkoholkonzentration* im Blut ab. Schon ab 0,2 ‰ Blutalkohol zeigen sich Auswirkungen auf das Verhalten: Alkohol entkrampft, enthemmt, belebt und regt an. Mit zunehmendem Blutalkoholgehalt verlängert sich die Reaktionszeit erheblich, die Bewegungen sind nicht mehr so genau kontrollierbar, und die Aufmerksamkeit läßt nach. Hinzu kommen Sehstörungen (Doppeltsehen).

Deshalb ist das Autofahren unter Alkoholeinfluß eine Gefahr für andere und für den Fahrer selbst. Bei nur 0,8 ‰ Alkoholkonzentration im Blut ist rund die Hälfte aller Autofahrer fahruntüchtig. Dieser Grenzwert ist in der gesamten Bundesrepublik Deutschland gesetzlich erlaubt. Allerdings wird man bei Unfällen schon mit geringeren Alkoholkonzentrationen zur Rechenschaft gezogen. In anderen Ländern hingegen darf überhaupt kein Alkohol im Blut sein, wenn man Auto fahren will.

Auch die Sprechfähigkeit wird unter Alkoholeinfluß eingeschränkt; sie geht bei höheren Alkoholkonzentrationen in unverständliches Lallen über. Vergiftungserscheinungen sind schon bei 2 ‰ zu erkennen. Noch höhere Konzentrationen können zu Bewußtlosigkeit und schließlich zum Tod führen *(Alkoholvergiftung)*.

Ein Teil des aufgenommenen Alkohols wird über die Lunge wieder ausgeatmet. Der andere Teil verbleibt im Blut und muß abgebaut werden. Das wichtigste Organ dabei ist die *Leber*. Etwa 0,1–0,15 ‰ pro Stunde werden dort abgebaut. Das ergibt 20 bis 60 g reinen Alkohol pro Tag. Wenn man über Jahre hinweg regelmäßig Alkohol zu sich nimmt, werden in erster Linie Leber, Bauchspeicheldrüse und Gehirn geschädigt.

Promille — wie rechnet man das?

Ein Liter Bier (1000 ml) mit 4%-igem Alkoholgehalt enthält 40 Milliliter reinen Alkohol. Wenn nun ein 75 kg schwerer Mann einen Liter Bier trinkt, nimmt er also 40 ml reinen Alkohol zu sich.
Der Alkohol verteilt sich in Blut und Lymphe. Diese Körperflüssigkeiten machen etwa $\frac{2}{3}$ der Körpermasse eines Menschen aus. Das wären in unserem Beispiel 50 kg Körperflüssigkeit, was etwa 50 Litern entspricht. Der Blutalkoholgehalt in *Promille* beträgt dann:

$$\frac{\text{Alkoholmenge (ml)}}{\text{Körperflüssigkeit (l)}} = \frac{40}{50} = 0,8 \text{ ‰}$$

Diese Rechnung gibt zwar den Alkoholgehalt der Körperflüssigkeit in etwa richtig an, sagt aber nichts über die Wirkung dieser Alkoholkonzentration bei einer bestimmten Person aus. Die Wirkung des Alkohols ist nämlich von vielen Faktoren wie z. B. Müdigkeit, Einfluß von Medikamenten, Gesundheitszustand usw. abhängig. Deshalb kann unter Umständen bereits ein Blutalkoholgehalt von z. B. 0,4 ‰ die Reaktions- und Wahrnehmungsfähigkeit gefährlich beeinträchtigen.

Alkohol macht abhängig

Viele junge Menschen werden zu Trinkern, weil sie den Alkoholgenuß bei den Erwachsenen abschauen, weil „die Eltern ja auch trinken", „bei einem alkoholfreien Fest keine Stimmung aufkommt" und „ein bißchen Alkohol ja nicht schaden kann". Die Persönlichkeit der Jugendlichen ist noch nicht voll ausgereift. Sie sind daher anfällig für das Hinwegspülen ihrer Probleme mit Hilfe des Alkohols. Im Laufe der Zeit entsteht bei ihnen das Gefühl, unbedingt Alkohol zu benötigen — sie werden *süchtig*.

Diese Sucht ist noch intensiver als beim Nikotin. Das fällt auf, wenn man sich das Trinken abgewöhnen will. Ein Alkoholsüchtiger kann das kaum alleine schaffen. Zu seiner psychischen Sucht kommt die körperliche Abhängigkeit. Der Körper hat sich auf die hohen Alkoholkonzentrationen eingestellt. Er reagiert auf deren Fehlen mit Schweißausbrüchen, Schlafstörungen und Wahnvorstellungen *(Halluzinationen)*. Ein Entzug ist nur mit ärztlicher Hilfe, meist in speziellen Entziehungsanstalten, möglich. Alkoholsüchtige sind krank. Sie können zwar weitgehend geheilt werden, bleiben aber stets rückfallgefährdet, denn „Die Sucht schläft nur!".

Aufgaben

① Wieso kann ein Alkoholsüchtiger selbst bei stärkstem Willen nur selten alleine mit dem Trinken aufhören?

② Mit welchen Problemen muß ein Alkoholkranker fertig werden?

③ Die *Anonymen Alkoholiker* sind eine Gemeinschaft, in der sich Alkoholabhängige oder ehemalige Süchtige gegenseitig helfen. Weshalb ist gerade diese Hilfe so wichtig?

Halluzination
(*hallucinatio*,
lat. = Träumerei)

Ein **Prozent** (*pro centum*, lat. = je Hundert) bedeutet ein Hundertstel von einem Bezugswert:
1 % = $^{1}/_{100}$

Ein **Promille** (*pro mille*, lat. = je Tausend) heißt ein Tausendstel von einem Bezugswert:
1 ‰ = $^{1}/_{1000}$

Alkoholgehalt verschiedener Spirituosen

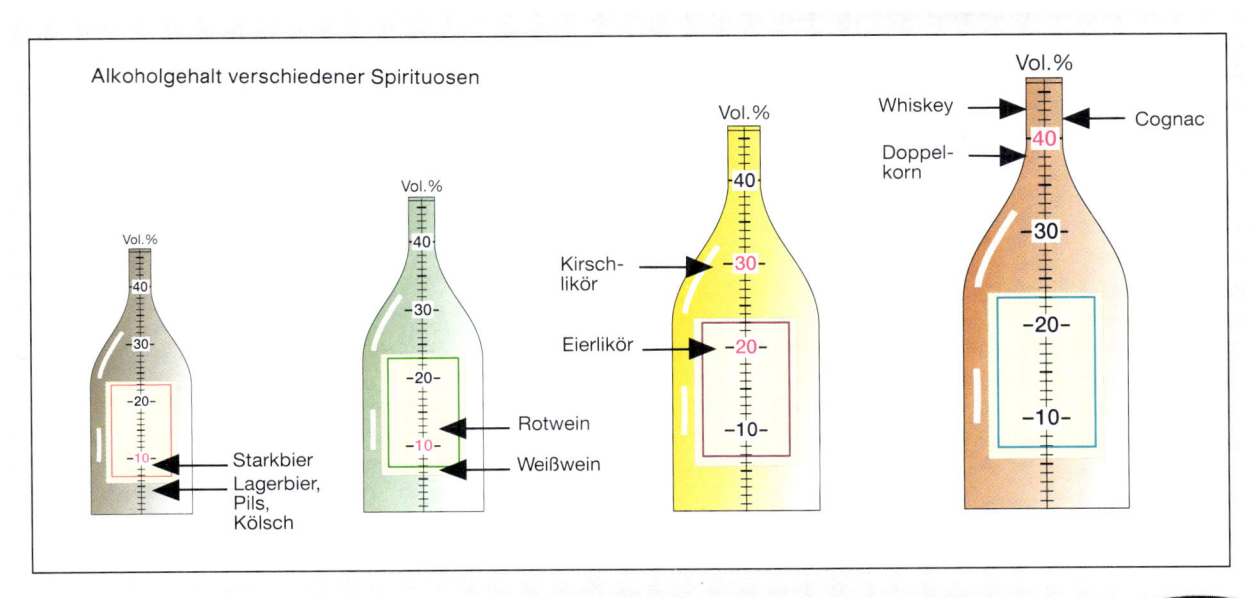

- Starkbier
- Lagerbier, Pils, Kölsch
- Rotwein
- Weißwein
- Kirschlikör
- Eierlikör
- Whiskey
- Doppelkorn
- Cognac

Ich hab mich voll unter Kontrolle. (zu Beginn der Party)

Ich hab mich voll unter Kontrolle (nach dem 2. Glas)

Ich hab mich voll unter Kontrolle. (nach dem 4. Glas)

Ich hab mich voll unter Kontrolle. (nach dem 5. Glas)

Schriftveränderung nach Alkoholgenuß

Kein **ALKOHOL** im Straßenverkehr
DEUTSCHE 80 BUNDESPOST

Sucht und Drogen **43**

Jeder Erwachsene in der Bundesrepublik Deutschland nimmt jährlich im Durchschnitt etwa 1000mal ein Arzneimittel ein.

Medikamentenmißbrauch

Es gibt zahlreiche *Medikamente*, die man ohne *Rezept* in Apotheken kaufen kann. Gerade diese werden oft falsch angewendet: Morgens die Aufbautablette, danach die Verdauungs- und Abführkapsel, am Nachmittag ein Aufputschmittel, abends Schlaftabletten, und immer wieder zwischendurch Kopfschmerztabletten. Der Griff zum Pillenröhrchen ist leicht. Da darf es nicht wundern, wenn schon Schulkinder vor Klassenarbeiten zum Aufputsch- oder Beruhigungsmittel greifen. Nach einer Untersuchung in Hamburg werden bereits 15 % der Sechsjährigen regelmäßig von Ärzten oder Eltern mit Medikamenten „gefüttert".

In den meisten Fällen würde ein einfaches Hausmittel denselben Zweck erfüllen, ohne die *Suchtgefahr* und die oft unangenehmen *Nebenwirkungen* in sich zu bergen. Anstelle von Abführmitteln ißt man besser ballaststoffreiche Nahrung, zum Aufwachen genügt ein bißchen Morgengymnastik, zur Beruhigung ein Kräutertee und am Nachmittag zur Anregung ein Spaziergang in frischer Luft. Bei starken Zahnschmerzen hilft zunächst oft nur die Schmerztablette. Diese dämpft zwar den Schmerz, behebt aber nicht die Ursache. Der regelmäßige Besuch beim Zahnarzt ist also die beste Prophylaxe.

Zahlreiche Arzneimittel aber sind lebensnotwendig. Ohne sie hätten viele Seuchen nicht besiegt werden können, und viele der heutigen Krankheiten könnte man nicht heilen. Man sollte Medikamente daher nicht verdammen, sondern auf die richtige Anwendung achten. Welches Medikament wie lange und in welcher Verabreichungsform verwendet werden soll, muß der Arzt bestimmen. Dies wird am Beispiel des *Digoxins* deutlich, einem Wirkstoff des Fingerhutes. Digoxin wirkt bei einer *Dosis* von
— 0,1 – 1 mg als Medikament zur Kräftigung der Herztätigkeit.
— 10 – 20 mg als starkes Gift (Appetitlosigkeit, Erbrechen und Herzrhythmusstörungen) und
— über 20 mg tödlich.

Zudem sind bei den meisten Medikamenten Nebenwirkungen bekannt, die ihrerseits wieder zu Komplikationen führen, die schwer vorhersehbar sind.

Unkontrollierte Einnahme und ungezügelte Anwendung von Medikamenten ist daher Mißbrauch und schadet in jedem Fall der Gesundheit!

Der berühmte Arzt **Paracelsus** (1493 – 1541) sagte: *„Alle Dinge sind Gift — nichts ist ohne Gift — allein die Dosis macht, daß ein Ding Gift ist."*

Dosis, pl. Dosen (*dosis*, gr. = Gabe), abgemessene Menge

Die Flucht in eine Traumwelt

Der Name *Droge* ist verwandt mit dem deutschen Wort „trocken" (plattdeutsch: *drög*) und bezeichnete ursprünglich Heilmittel, die aus getrockneten Pflanzen gewonnen wurden. Heute werden alle mißbräuchlich verwendeten Stoffe mit abhängig- oder suchtmachender Wirkung als Drogen bezeichnet. Dabei unterscheidet man *natürliche* oder „klassische" Rauschmittel pflanzlicher Herkunft (z. B. *Opium*, *Haschisch* u. a.), *synthetische Stoffe*, die teils als Medikamente, teils als *illegale* Rauschmittel Anwendung finden (z. B. *LSD*) und gesellschaftlich tolerierte, also *legale* Drogen wie z. B. Alkohol und Nikotin. Konsum, Besitz und Handel von illegalen Drogen, ausgenommen die ärztliche Verwendung, sind bei uns verboten.

Der Drogenkonsum ist heute zu einer Massenbewegung geworden, die vor allem viele Jugendliche ergriffen hat. Dabei sind neben dem Nachahmungstrieb und dem Verlangen nach Selbstbestätigung oft psychische Probleme die Auslöser für die Einnahme eines Rauschgiftes. Scheinbar unlösbare Konfliktsituationen werden durch die Drogenwirkung zeitweilig verdrängt. Man entschwindet in eine andere Welt. Doch Realität und Probleme bleiben unverändert. Beim Erwachen aus dem Drogenrausch wirken sie um so feindlicher und brutaler. Wieder wird die Erlösung in der Droge gesucht. Man lebt in einem Teufelskreis, der deshalb so heimtückisch ist, weil er zur psychischen und physischen Abhängigkeit führen kann.

Selbst wenn der erste Schritt eine sogenannte „harmlose" Droge *(Einstiegsdroge)* ist, steigert sich die Abhängigkeit im Laufe der Zeit, und immer stärkere Mittel werden benutzt. Dabei geht der Realitätsbezug des Konsumenten immer mehr verloren, er entzieht sich seiner Umwelt, wobei diese Isolation nicht selten zur Selbstvernichtung führt.

Aufgaben

① Was kann Menschen veranlassen, Drogen zu nehmen?
② Worin liegt die besondere Gefahr bei den verbotenen Drogen?
③ Müßte man nicht auch Alkohol und Tabak verbieten?
④ Wie solltest du dich verhalten, wenn du Haschisch angeboten bekommst?
⑤ „Um die Menschen vor Drogen zu schützen, hilft keine Abschreckung und kein Verbot — man muß ihre Lebenssituation ändern." Was ist damit gemeint?

Drogen sind teuer, ein Gramm Heroin z. B. kostet mehrere Hundert Mark. Dieses Gramm aber braucht ein Heroinabhängiger pro Tag. Er tut alles, um wieder an den „Stoff" zu kommen. Die erheblichen Geldmengen sind aber auf die Dauer nur noch auf kriminelle Weise zu beschaffen. Die einzige Chance, aus dieser Situation herauszukommen, ist die *Entziehungskur* in einem Sanatorium oder einer Klinik. Wahnvorstellungen, Erbrechen, Gliederzittern und Krampfanfälle kennzeichnen den harten Weg des Entzugs. Medizinische und therapeutische Hilfe ist vordringlich nötig, genügt aber nicht. Man muß dafür sorgen, daß die Wiedereingliederung in das normale gesellschaftliche Leben erfolgen kann. Eine Arbeitsstelle, eine Wohnung, Freunde und Bekannte sind notwendig. Ohne diese *Resozialisierung* ist der Rückfall in die Abhängigkeit schon vorprogrammiert.

Rangliste der Zugriffsmotive	
Ergebnis einer Befragung von Drogenabhängigen im Auftrag der Bundesregierung	
Ich nehme Drogen, ...	
weil Rauschmittel Stimmung heben können.	6,9%
weil sich dabei Glücksgefühle einstellen.	5,5%
weil man damit eigene Hemmungen überwindet.	4,9%
weil Rauschmittel das Bewußtsein erweitern.	3,6%
weil man leichter Kontakt zu anderen bekommt.	2,7%
weil in unserer Gesellschaft so viel falsch ist.	1,8%
weil ältere Leute dagegen sind.	1,0%

Drogentod am Bahnhof: Drei weitere Rauschgiftopfer

FRANKFURT. Rauschgift, oft zusammen mit Tabletten konsumiert, fordert in Frankfurt beinahe täglich neue Opfer. Die Zahl der Drogentoten steigt in einem Ausmaß, das die Stadt bisher noch nicht erlebt hat. Wie die Polizei gestern mitteilte, wurden seit Freitag drei weitere Leichen gefunden – in Toiletten und auf einer Treppe unter dem Hauptbahnhof. In den ersten sechs Wochen des neuen Jahres kamen damit schon 23 Männer und Frauen durch Rauschgiftmißbrauch ums Leben. 1990 waren es im gleichen Zeitraum sieben Tote.

Der Toilettenwärter entdeckte mittags einen 25 Jahre alten Mainzer in leblosem Zustand. Der Notarzt konnte dem Mann nicht mehr helfen; in dessen Armbeuge steckte noch eine Einwegspritze, eine weitere lag auf dem Boden. Der Mainzer soll seit 1984 „harte Drogen" genommen haben.

(Zeitungsausschnitt vom 12. 2. 91)

Sucht und Drogen **45**

Lexikon

Drogen

Im Jahre 1969 wurde von der Weltgesundheitsorganisation (WHO) festgelegt, was man unter *Drogenabhängigkeit* versteht: „. . . ist das zwanghafte Verlangen, eine Droge dauernd oder periodisch zu nehmen, um ihre . . . Wirkung zu spüren oder um Entzugserscheinungen zu vermeiden." Das zwanghafte Verlangen *(psychische Abhängigkeit)* besteht bei allen Drogen, die hinzukommenden schweren Entzugserscheinungen, die bei körperlicher Abhängigkeit *(physische Abhängigkeit)* entstehen, treten z. B. bei *Opiaten*, *Alkohol*, *Barbituraten* (Schlafmitteln) und *Tranquilizern* (Beruhigungsmitteln) auf.

Haschisch wird aus dem Harz des Indischen Hanfs *(Cannabis sativa)* gewonnen und überwiegend geraucht. Schon 3000 v. Chr. wurde es in China verwendet. Das Wort Haschisch kommt aus dem Arabischen und bedeutet „Kraut". Haschisch verursacht Euphorie, Sinnestäuschungen, Dämmerzustände und ein verändertes Zeitgefühl. Haschischrauchen führt zur psychischen Abhängigkeit. **Marihuana** ist die amerikanische Variante von Cannabis, wobei hier die getrockneten Blätter geraucht werden.

Kokain *(Cocain)* ist in den Blättern des Coca-Strauches *(Erythoxylum coca)* enthalten. In der Medizin wurde es als oberflächenwirksames Betäubungsmittel der Schleimhäute verwendet. Die Indianer der Anden kauen die Coca-Blätter wegen der euphorisierenden Wirkung des Kokains. So ertragen sie leichter Kälte, Hunger und schwere Arbeit. Dabei wird allerdings der Körper durch Überlastung auf Dauer ausgezehrt. Außerdem kann Kokain zu Verfolgungswahn und zu Schäden im Nervensystem führen. Vor rund 100 Jahren war Kokain als Arzneimittel gegen zahlreiche Krankheiten in Gebrauch: Durchfall, Husten, Schwermut. Man verabreichte es sogar Kindern und Schwangeren. Es gab Kokain in Drogerien und Apotheken frei zu kaufen. Es dauerte lange, bis man die abhängigmachende Wirkung und die Gefährlichkeit von Kokain erkannte. Zahlreiche Getränke wurden mit Kokain zubereitet. So enthielt das 1886 entstandene Coca-Cola-Getränk außer Wein auch Kokain. Der Wein wurde später durch Sprudel ersetzt, das Kokain im Jahre 1906 durch Koffein.

Die unreifen Früchte des **Schlafmohns** *(Papaver somniferum)* werden mit scharfen Messern angeritzt. Den austretenden Milchsaft läßt man trocknen. Das so gewonnene *Opium* ist ein Stoffgemisch. Es enthält verschiedene, auch medizinisch interessante Stoffe, *Opiate* genannt, z. B. *Morphium* (10 %), *Narkotin* (5 %) und *Papaverin* (0,5 %). Diese Stoffe wirken schmerzlindernd, einschläfernd und narkotisierend. Im 17. Jahrhundert wurden die Opiate zur „Linderung der menschlichen Leiden" eingesetzt, wie es ein damals bedeutender Arzt formulierte. Erst zu Beginn unseres Jahrhunderts wurde die Suchtwirkung erkannt und richtig eingeschätzt.

Die Gefahren der Überdosierung kannte man schon lange. Schon bei Einnahme von 0,1 bis 0,2 g Morphium treten starke Vergiftungserscheinungen auf wie langsames Atmen, tiefer Schlaf und Abschwächung der Herztätigkeit. Ab 0,3 g tritt der Tod durch Lähmung der Atemmuskulatur ein.

Mit Hilfe einer einfachen chemischen Reaktion wurde im Jahr 1898 zum ersten Mal aus Morphium **Heroin** hergestellt. Es kam ursprünglich als „nicht süchtig machendes Hustenmittel" auf den Markt. Erst 1958 wurde Heroin in Deutschland wegen seiner extremen Suchtgefahr verboten. Heroin ist ein weiteres Opiat und erzielt dieselben Effekte wie Morphium, ist aber etwa sechsfach wirksamer. Die Suchtgefahr ist ungleich größer. Aus diesem Grund wird Heroin heute nicht mehr medizinisch eingesetzt.

Der **Mutterkornpilz** *(Claviceps purpurea)* ist ein Getreideparasit. Er wächst vor allem auf Roggenähren. Einige seiner Inhaltsstoffe werden in der Medizin als wehenfördernd und zur Behandlung von Migräne eingesetzt. Außerdem enthält der Mutterkornpilz **LSD** *(Lysergsäurediethylamid)*. Diese Droge bewirkt psychische Veränderungen. Es treten Farbempfindungen und Bewußtseinsstörungen, Persönlichkeitsveränderungen, Erbschäden und Lähmungen auf. LSD kann heute synthetisch im Labor hergestellt werden.

Sucht und Drogen

Barbiturate sind Salze, die sich von der Barbitursäure ableiten. Sie finden als Schlafmittel Verwendung. Barbiturate machen seelisch und körperlich abhängig. Die Entzugserscheinungen reichen von Schweißausbrüchen bis zum lebensbedrohlichen Kreislaufversagen.

Tranquilizer sind eine Stoffgruppe, die angst- und spannungslösend sowie erregungsdämpfend wirken. Tranquilizer bewirken bei längerer Einnahme seelische Abhängigkeit und den Zerfall der Persönlichkeit.

Amphetamine *(Weckamine, Speed, Pervitin)* sind Stoffe, die hemmungslösend und aktivierend wirken. Sie führen zu zeitweiliger Leistungssteigerung. Nach längerer Einnahme bewirken Amphetamine seelische Abhängigkeit. Die Grundstoffe zur Produktion von Amphetaminen sind für Drogenhersteller leicht erhältlich. Daraus werden in illegalen Labors gefährliche Drogen mit immer neuen Variationen hergestellt *(Designer Drugs, Crack)*. Oft ist die Herstellung dieser neuen Stoffe noch nicht einmal strafrechtlich verfolgbar, da die Stoffe noch nicht vom Gesetz als illegale Drogen aufgeführt werden können. Da die Wirkung zahlreicher neuer Drogenvarianten nicht bekannt ist, wird der Konsum solcher Drogen zum tödlichen Roulette.

Einige organische Lösungsmittel, wie sie beispielsweise in Klebstoffen oder im Nagellackentferner vorkommen, werden als **Schnüffelstoffe** mißbraucht. Dabei werden die Dämpfe intensiv eingeatmet, bis eine Rauschwirkung entsteht. Diese Lösungsmittel sind äußerst gefährlich. Sie schädigen vor allem Leber und Gehirn.

Bei allen Drogensüchtigen ist im Verlauf ihrer Abhängigkeit ein zunehmender *Persönlichkeitszerfall* zu beobachten. Gleichgültigkeit gegenüber dem eigenen Aussehen, den Handlungen und dem Auftreten, Abstumpfung der Reaktionen und Selbstzerstörung sind Ausdruck dieses Zerfalls. Zahlreiche Selbstmordtote, die süchtig waren, sind stumme Zeugen dafür. In den 70er Jahren wurden Drogen von bekannten Rock- und Popstars sogar verherrlicht, viele bekannten sich offen zum Drogenkonsum. Die traurige Bilanz:
† 1969: BRIAN JONES, Gitarrist, 27 J.
† 1970: JIMI HENDRIX, Gitarrist, 27 J.
† 1970: JANIS JOPLIN, Sängerin, 27 J.
† 1977: ELVIS PRESLEY, Sänger, 42 J.
† 1979: SID VICIOUS, Bassist, 21 J.

† **1989**: **991 Drogentote** in Westdeutschland und Berlin
† **1990**: **1480 Drogentote** in Westdeutschland und Berlin
† **1991**: **2125 Drogentote** in Westdeutschland und Berlin

In der Bundesrepublik Deutschland regelt das **Betäubungsmittelgesetz** den legalen Umgang mit Drogen. Für den medizinischen Bereich sind verschiedene Drogen als Medikamente erlaubt. Im freien Handel sind verboten: Haschisch, Kokain, Opiate, Mescalin, LSD und viele andere. Ähnlich ist es in den meisten Ländern der Welt.

Das Verbot wird von international tätigen Verbrecherbanden umgangen. Sie kontrollieren heute den Anbau des Schlafmohns, des Indischen Hanfs und des Coca-Strauches in Südamerika, Afrika und Asien. Ebenso überwachen sie die Herstellung von Heroin, LSD und anderen in Labors erzeugten synthetischen Drogen. Sie organisieren den Transport in die gewinnträchtigen industrialisierten Länder und bauen Verteilernetze auf. Der jährliche Umsatz wird auf 800 Milliarden DM geschätzt. Großhändler, Zwischenhändler, Kuriere und Kleinsthändler *(Dealer)* verdienen an den Drogen.
Die Zeche bezahlt in erster Linie der Süchtige — oft mit seinem Leben! Aber auch die Gesellschaft ist davon betroffen: Suchtkranke brauchen ärztliche Hilfe, es müssen mehr Klinik- und Therapieplätze geschaffen und damit auch finanziert werden. Und nicht zuletzt ist jeder einzelne von uns durch die zunehmende Beschaffungskriminalität bedroht.

Sucht und Drogen

Die Flucht vor Problemen ...
... und der harte Weg zurück

Ein Besuch bei der Drogenberatung

Weil wir mehr über Drogen und Heilbehandlung *(Therapie)* Süchtiger wissen wollten, baten wir unseren Drogeninformationslehrer, einen Termin für interessierte Schüler ab der 7. Klasse bei der örtlichen Drogenberatungsstelle zu vereinbaren. Zu Beginn der Gesprächsrunde erfuhren wir von dem Suchtberater, daß Drogenabhängigkeit als Krankheit eingestuft wird und die Behandlungskosten von den Krankenkassen bezahlt werden. Daran schloß sich eine Diskussion über die Meinung an, Drogenabhängige seien charakterlos und selbst schuld an ihrer Lage.

Warum werden so viele Menschen zu Süchtigen, obwohl sie über die Gefahren des *Alkohols* und *Tabaks,* von Medikamenten und *Rauschgiften* Bescheid wissen? Jetzt erfuhren wir, daß es typisch für die Beratungstätigkeit ist, daß es keine Musterantworten gibt, aber viele Erklärungsmöglichkeiten: Neugier, Nachahmung sogenannter Vorbilder, fehlende Zuneigung oder mangelnde Anerkennung, Schwierigkeiten in Beziehungen und das Nichterreichen von Zielen sind u. a. die Wegbereiter für Drogen. Aber Drogenkonsum ist keine Lösung! Und der Weg zurück ist hart; manche schaffen ihn nie!

Charly hat ihn geschafft — bis jetzt. Er hat ein sechsmonatiges Therapieprogramm in einer Fachklinik und eine ebenso lange Nachsorge hinter sich. Er hat sich bereit erklärt, seinen *Entzug* zu schildern: „Bei der Aufnahme ist es wie im Knast. Deine persönlichen Gegenstände und Kleider werden durchsucht, damit nichts eingeschmuggelt wird. Die Therapie beginnt mit dem sofortigen Entzug. Der Süchtige bekommt überhaupt keine Drogen mehr, selbst wenn er darum bettelt. Irre Schmerzen, Fieber und Schweißausbrüche stellen sich ein. Der Kreislauf ist labil. Du meinst, es zerreißt dich. Du würdest alles machen, nur um an Drogen heranzukommen. Oft hatte ich den Wunsch nicht mehr leben zu wollen, stundenlang hatte ich sowas gedacht ..."

„Das sind einige Gründe, warum solchen Süchtigen im Familienkreis nicht mehr ausreichend geholfen werden kann", ergänzt der Drogenberater sachlich.

Charly hat anschließend noch erzählt, wie er drogenabhängig wurde. Auf der nächsten Seite könnt ihr seine Geschichte lesen.

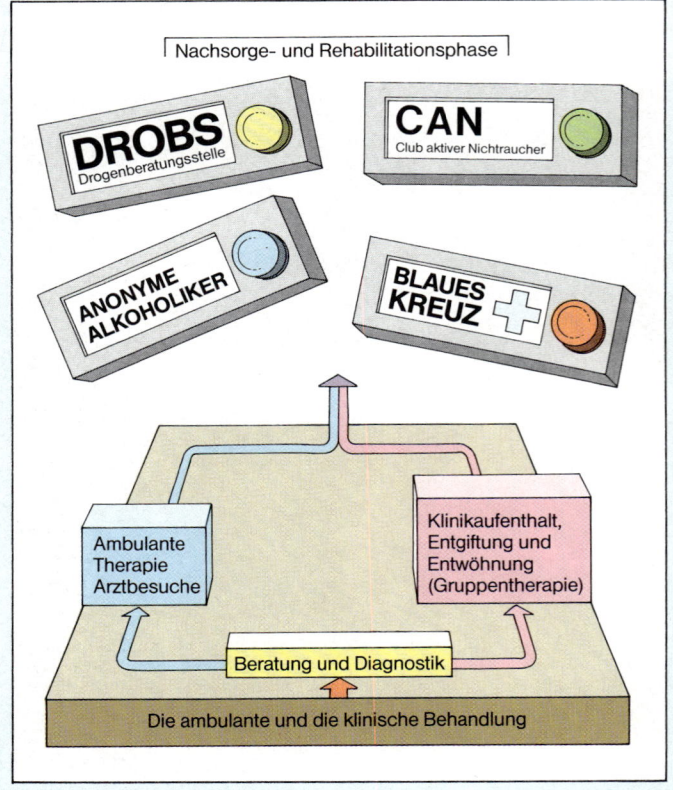

Sucht und Drogen

Lebenslauf eines Betroffenen - der ganz gewöhnliche Weg ins Elend

"Ich heiße Charly, bin 17 1/2 Jahre alt und möchte euch ein paar Sätze über mein bisheriges Leben erzählen.

Ich habe keine Geschwister und bin bei meinen Eltern aufgewachsen. Zu meinen Eltern habe ich eigentlich ein gutes Verhältnis. Im Alter zwischen 5 und 10 Jahren war mein Vater monatelang im Ausland auf Montage, dabei hat er besonders gut verdient. In dieser Zeit war ich mit meiner Mutter oft alleine, aber das war nicht so schlimm; denn zunächst war ich die meiste Zeit im Kindergarten und nachmittags im Hort. Da war es schön.

Nach dem Kindergarten kam ich in die Grundschule. Zu dieser Zeit sind wir auch umgezogen. Dort gab es dann keinen Hort mehr und ich mußte auf der Straße spielen oder zu Freunden gehen, bis meine Eltern von der Arbeit kamen.

Als ich auf das Gymnasium kam, ich war 10 Jahre alt, kam ich bald in eine tolle Clique. Es waren auch einige Ältere dabei. In dieser Zeit habe ich zu rauchen angefangen. Gut kann ich mich auch noch an unsere Mutproben erinnern. Wir probierten, wer den meisten Alkohol verträgt, aber das war harmlos.

Ich war auch in einem Sportverein, wo ich 4 Jahre lang Karate trainierte. Dabei hatte ich es bis zum Kreismeister gebracht. Mit 14 Jahren hatte ich keinen Bock mehr auf Sport. Mein Trainer nervte mich, er wollte nur Leistung. Zu dieser Zeit ging ich mit Klassenkameraden ab und zu in die Stadt, um "kostenlos" einzukaufen. Das ging so lange gut, bis wir von einem Kaufhausdetektiv angezeigt wurden. Doch vom Amtsrichter bekam ich nur eine Verwarnung.

In der Schule bin ich sitzengeblieben und mußte die achte Klasse wiederholen. Privat lernte ich ältere Jugendliche, zum Teil schon Erwachsene kennen. Mit denen ging ich ab und zu mit, um einen Wagen zu klauen. Damit sind wir herumgefahren. Bei den Spritztouren haben wir nebenbei Kioske aufgebrochen und Zigaretten, Alkohol und Geld mitgenommen. Das kam auch 'raus und vor Gericht bekam ich vier Wochen Arrest und eine Geldstrafe. Zur gleichen Zeit habe ich die Schule verlassen. Von nun an war ich mit meinen Kumpels jeden Abend auf ein paar Biere in der Disco.

Von zuhause blieb ich fast jede Nacht weg und ging erst morgens heim, wenn meine Eltern weg waren. Ich war jetzt 15. Als ich ganz schlecht 'drauf war, half mir ein Freund. Ich fing an Hasch zu rauchen. Das finanzierte ich, in dem ich Bücher, meine Stereoanlage und mein Fahrrad verkaufte. Zwei Lehrstellen habe ich aufgegeben, ich konnte das einfach nicht bringen.

Als ich gerade 16 Jahre alt wurde, habe ich gedacht: die können mich mal alle.... und habe angefangen Heroin zu spritzen. Um an Geld heranzukommen, beging ich weitere Einbrüche. Dafür und für eine leichte Körperverletzung bekam ich eine Bewährungsstrafe auf zwei Jahre. Dann klaute ich meiner Mutter Geld. Das hat sie gemerkt. Erst jetzt haben meine Eltern von den Drogen und Geldschulden erfahren. Durch unseren Hausarzt bin ich dann endlich in die Therapie gekommen."

Charly

Aufgaben

① Erkläre, warum der Entzug von Drogen so schlimme körperliche Zustände hervorruft.

② Zeige an Charlys Geschichte, wie Verharmlosung oder Nachahmung dazu führen können, daß jemand anfängt, Drogen zu nehmen.

③ Welche Gründe haben bei Charly noch eine Rolle gespielt, zu Drogen zu greifen?

④ „Harte Strafen verhindern den Griff zur Droge!" — „Abschreckung nützt gar nichts. Die Leute nehmen die Drogen trotzdem! Man muß ihre Lebenssituation ändern." Nimm Stellung zu diesen Aussagen!

Wenn du dich noch genauer über die Gefahren und Auswirkungen von Drogen informieren willst, aber auch, wenn du Hilfe oder Rat benötigst, kannst du bei folgenden Adressen anrufen oder Informationsmaterial anfordern:

— Landeszentrale für Gesundheitsbildung in Bayern e. V.
Rotkreuzplatz 2 a
80634 München
Tel.: 0 89/16 33 03

— Bundeszentrale für gesundheitliche Aufklärung
Ostmerheimer Straße 200
51109 Köln
Tel.: 02 21/8 99 20

Sucht und Drogen

Bei den Völkern der Erde gab und gibt es unterschiedliche *Ernährungsgewohnheiten*: Die Eskimos in den arktischen Regionen ernährten sich überwiegend von Fischen und Robben, deren Fleisch sehr viel Fett und Protein enthält. Die Nahrung im fernen Osten besteht überwiegend aus Reis und Gemüse. Die Menschen in den Industriestaaten hingegen decken ihren Nahrungsbedarf aus einem reichhaltigen Angebot unterschiedlicher Nahrungsmittel.

Die Ernährungsgewohnheiten der Menschen und die Zusammensetzung ihrer Nahrung sind also von der geographischen Lage und von kulturellen Traditionen abhängig. Eines aber müssen alle Nahrungsmittel in ihrer Gesamtheit leisten: Sie müssen den Menschen *Energie* und *Baustoffe* liefern, d. h. die Lebensmittel müssen trotz unterschiedlicher Herkunft einen vergleichbaren Nährwert besitzen.

Stoffwechsel und Bewegung beim Menschen

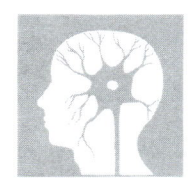

1 Ernährung und Verdauung 52
Zusammensetzung der Nahrung 52
Die Bedeutung der Nährstoffe im Stoffwechsel 53
Vitamine und Mineralstoffe 54
Verdauung in Mund und Magen 56
Verdauungsvorgänge im Dünndarm 58
Verdauungsvorgänge im Dickdarm 60
Praktikum: Verdauung 62
Ernährung und Gesundheit 63

2 Transport und Ausscheidung 64
Bau und Funktion der Lunge 64
Das Blutgefäßsystem 66
Das Herz 67
Herzinfarkt — muß nicht sein! 68
Zusammensetzung und Aufgaben des Blutes 70
Stoffaustausch im Gewebe 71
Der Wundverschluß 72
Organtransplantation 73
Blutgruppen 74
Der Rhesus-Faktor 75
Blutübertragung 75
Die Niere — Millionen kleinster Filter 76
Die Harnbildung 77

3 Biologische Abwehr 78
Der Körper wehrt sich 78
Die Immunreaktion 79
Aktive und passive Immunisierung 80
Heilung von Bakterieninfektionen 82
Allergien 82
Immunschwächeerkrankungen 83

4 Bewegung und Stabilität 84
Die Muskulatur 84
Die Arbeitsweise der Muskeln 85
Der Knochenaufbau 86
Die Gelenke 87
Muskeltraining und Gesundheit 88
Schäden am Bewegungssystem 89
Leistungen verschiedener Organsysteme im Dienst der Bewegung 90

Ein weiteres Teilkapitel befaßt sich mit der *biologischen Abwehr,* d. h. mit den Möglichkeiten des Körpers, eingedrungene Krankheitserreger zu bekämpfen und sich für eine gewisse Zeit oder auf Dauer vor ihnen zu schützen.

Abschließend behandelt das Kapitel die Umsetzung der über die Nahrung aufgenommenen Energie in Bewegung und Körperwärme. Ferner soll die Wichtigkeit einer ungestörten Koordination und des genauen Zusammenspiels der einzelnen Organsysteme aufgezeigt werden, welche erst einen geregelten Bewegungsablauf ermöglichen.

1 Ernährung und Verdauung

Zusammensetzung der Nahrung

Ein Motor kann nur dann Leistung erbringen, wenn ihm ständig *Energie* in Form von Treibstoff zur Verfügung steht. Auf den Menschen übertragen bedeutet das: Der Körper kann nur dann Arbeit leisten, wenn ihm immer wieder Energie zugeführt wird. Das geschieht über die *Nahrung*.

Ein Blick auf die Tabelle gibt uns erste aufschlußreiche Hinweise über die Zusammensetzung unserer Nahrungsmittel:

1. Sie enthält viele Stoffe, die unter dem Begriff *Nährstoffe* zusammengefaßt werden. Darunter versteht man alle energiereichen, organischen Verbindungen in der Nahrung, die vom Körper verwertet werden können.
2. Die Nährstoffe werden unterteilt in *Kohlenhydrate, Fette* und *Eiweiße* (Proteine). Der Körper braucht sie zur Deckung des Energiebedarfs und zur Gewinnung von körpereigenen Baustoffen.
3. In jedem Nahrungsmittel sind die Nährstoffe in unterschiedlichen Anteilen enthalten.

Zusätzlich benötigt unser Körper noch *Mineralstoffe, Vitamine, Ballaststoffe* — wie z. B. Zellulose — und *Wasser*. Neben den reinen Nähr- und Ergänzungsstoffen sollten noch appetitanregende Stoffe angeboten werden, die mit ihren *Duft-* und *Geschmacksstoffen* die Verdauung anregen.

Kohlenhydrate stammen bevorzugt aus pflanzlicher Kost und stehen uns deshalb fast immer in ausreichendem Maße zur Verfügung. Je nach Aufbau unterscheidet man Einfachzucker (*Monosaccharide*, z. B. Traubenzucker und Fruchtzucker), Zweifachzucker (*Disaccharide*, z. B. Malzzucker, Milchzucker und Rohrzucker) und Vielfachzucker (*Polysaccharide*, z. B. Stärke und Glykogen).

So unterschiedlich aufgebaut **Proteine** auch sein mögen, sie haben alle die gleichen Grundbausteine, die *Aminosäuren*. Davon gibt es im Körper 20 verschiedene. Von diesen sind acht *essentiell*, d. h. sie werden vom Körper benötigt, können aber von ihm nicht selbst hergestellt werden. Sie müssen deshalb mit der Nahrung aufgenommen werden.

Fette sind Verbindungen aus *Glyzerin* und verschiedenen *Fettsäuren*. Einige sind wiederum essentiell und müssen unbedingt mit der Nahrung aufgenommen werden.

Die Aufnahme der Nährstoffe ermöglicht den Aufbau von Zellen in Geweben und Organen und die Aufrechterhaltung der Lebensvorgänge. Als Energielieferanten können sich die drei Nährstoffe Kohlenhydrate, Eiweiße und Fette gegenseitig vertreten, obwohl sie nicht gleichwertig sind. Der Körper kann zwar Kohlenhydrate in Fette umbauen und umgekehrt, Eiweiß läßt sich jedoch weder aus Kohlenhydraten noch aus Fett herstellen.

− = nicht vorhanden + = in Spuren vorhanden	Kohlen- hydrate g	Fett g	Protein g	Energie- gehalt kJ	Mineral- stoffe mg	Vitamin A mg	Vitamin B_1 mg	Vitamin B_2 mg	Vitamin C mg
Roggenvollkornbrot	46	1	7	1000	560	50	0,20	0,15	−
Reis	75	2	7	1500	500	−	0,40	0,10	−
Sojamehl	26	21	37	1900	2600	15	0,75	0,30	−
Kartoffeln	19	+	2	350	525	5	0,10	0,05	15
Schweinefleisch	−	20	18	1200	500	−	0,70	0,15	−
Heilbutt	−	15	15	550	700	30	0,05	0,15	0,3
Vollmilch	5	3,5	3,5	275	370	12	0,04	0,20	2
Spinat	2	+	2	75	665	600	0,05	0,20	37
Haselnüsse	13	62	14	2890	1225	2	0,40	0,20	3
Sonnenblumenöl	−	100	−	3900	−	4	−	−	−

1 Stoffliche Zusammensetzung einiger Nahrungsmittel (Nährstoffe je 100 g)

Die Bedeutung der Nährstoffe im Stoffwechsel

Wir atmen, unser Herz schlägt, die Körpertemperatur bleibt konstant, und wir bewegen uns. Dies sind nur einige Beispiele für all die Leistungen, die unser Körper während unseres ganzen Lebens erbringen muß — auch während des Schlafens — und für die er *Energie* braucht.

Die gesamte notwendige Energie gewinnt er aus dem Um- und Abbau von Energielieferanten, also von energiehaltigen Nährstoffen. Dabei bezeichnen wir die Verwertung der gewonnenen Energie für den Aufbau von körpereigenen Stoffen als *Baustoffwechsel*. Daneben gibt es noch den sog. *Betriebsstoffwechsel*. In ihm wird die aus den Nährstoffen gewonnene Energie zur Aufrechterhaltung aller Körperfunktionen und der Wärmeregulation benutzt.

Die Kohlenhydrate, u. a. die Stärke, sind die wichtigsten *Energielieferanten*. Sie enthalten viel und schnell verfügbare Energie, die der Körper sehr gut nutzen kann. So werden dem Körper aus 100 g Traubenzucker oder *Glukose* 1500 kJ Energie zur Verfügung gestellt. Den Energiegehalt eines Nährstoffes nennt man auch *Nährwert*.
Überschüssige Kohlenhydrate werden vom Körper umgebaut und in der Leber und im Muskelgewebe als Glykogen gespeichert.

Bei einem Überangebot an energiehaltigen Stoffen bildet der Körper aus Kohlenhydraten Fette, die als *Depotfette* im Unterhautgewebe gespeichert werden. Fette sind die wichtigsten *Reservestoffe*.

Daß der Körper neben Glykogen vor allem Fette speichert, hat seinen Grund im hohen Energiegehalt von Fett: 100 g Fett enthalten ca. 3900 kJ. Bei gesteigertem Energiebedarf greift der Körper zunächst auf die Glykogen-, danach auf seine Fettreserven zurück.

Die Proteine nehmen in unserer Ernährung eine besondere Stellung ein. Für die Deckung des Energiebedarfs spielen sie zwar nur eine untergeordnete Rolle, als *Baustoffe* z. B. für die Zellen sind sie jedoch unentbehrlich. Dabei ist tierisches Protein meistens besser vom Körper zu verwerten als pflanzliches. Ursache für die unterschiedliche Verwertbarkeit der Nahrungsproteine im Baustoffwechsel ist der Gehalt an bestimmten und für den Körper unentbehrlichen *essentiellen Aminosäuren*.

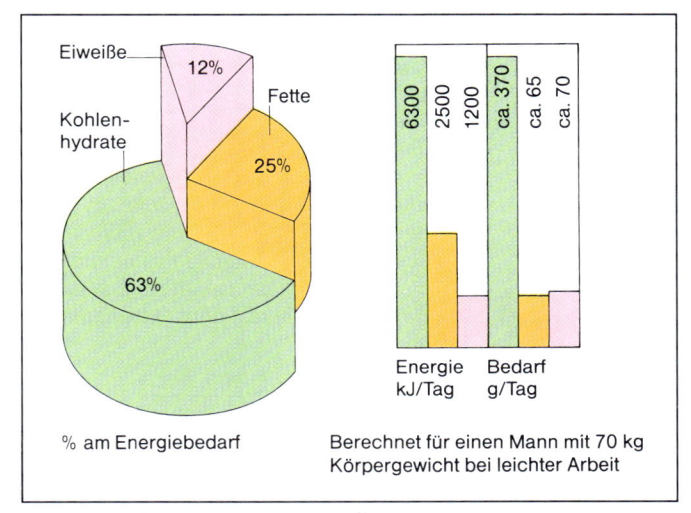

1 Energiegehalt der Grundnährstoffe

	Eiweißbedarf pro Tag in g (je kg Körpergewicht)		Energiebedarf pro Tag in kJ	
Kinder				
unter 6 Monaten	2,5		2 500	
1—4 Jahre	2,2		5 000	
7—10 Jahre	1,8		8 400	
Jugendliche	männl.	weibl.	männl.	weibl.
13 Jahre	1,5	1,4	10 000	8 800
18 Jahre	1,2	1,0	13 000	10 500
Erwachsene				
25 Jahre	0,9	0,9	10 900	9 200
45 Jahre	0,9	0,9	10 000	8 400
65 Jahre	1,0	1,0	9 200	7 500

2 Eiweiß- und Energiebedarf in Abhängigkeit vom Lebensalter

Nicht jedes mit der Nahrung aufgenommene Protein ist also für den Körper gleich wertvoll. Man sagt, Nahrungsproteine besitzen eine unterschiedliche *biologische Wertigkeit*. Diese gibt an, wieviel Prozent dieses Nahrungseiweißstoffes in Körpereiweiß umgebaut werden können. Die biologische Wertigkeit von Hühnereiweiß zum Beispiel beträgt 94, d. h. unser Körper kann 94 % dieses Proteins in Körpereiweiß umbauen. Das Eiweiß aus Mais dagegen hat lediglich eine biologische Wertigkeit von 54.

Aufgabe

① Stelle mit Hilfe einer Nährwerttabelle Mahlzeiten zusammen, die den Energiebedarf von Kleinkindern und Erwachsenen für einen Tag decken.

Vitamine und Mineralstoffe

Um 1890 stellte der holländische Arzt EIJKMANN bei Strafgefangenen in einem Gefängnis auf Java eine Krankheit fest, die mit Lähmungen und Schwund der Gliedmaßenmuskulatur begann und im Endstadium tödlich verlief. Diese Krankheit war unter dem Namen *Beriberi* bekannt und in Ostasien weit verbreitet. Ihre Ursachen waren zu jener Zeit aber unbekannt. Die Krankheitssymptome von Beriberi beobachtete EIJKMANN auch bei Hühnern, die auf dem Gefängnishof herumliefen.

Da sowohl die Gefangenen ihr Essen als auch die Hühner ihr Futter aus der Gefängnisküche bekamen, vermutete EIJKMANN, daß mit der Nahrung etwas nicht stimmte. Er fand heraus, daß Hühner, die man mit geschältem Reis fütterte, erkrankten. Gab man ihnen ungeschälten Reis, wurden sie wieder gesund. Auch seinen Patienten konnte EIJKMANN auf diese Weise helfen. Er folgerte, daß in der Schale von Reiskörnern Stoffe enthalten sein müssen, die zur Gesunderhaltung des Körpers unentbehrlich sind. Man gab ihnen den Namen *Vitamine*.

Der menschliche Körper benötigt dringend **Vitamine**, kann sie aber selber nicht herstellen. Vitamine oder wenigstens Ausgangsstoffe für die Vitamine werden von Pflanzen hergestellt. Der Mensch und einige Tierarten müssen sie mit der Nahrung aufnehmen.

1931 wurde zum ersten Male ein Vitamin entdeckt, heute sind etwa 20 unterschiedliche Vitamine bekannt. Sie werden mit Buchstaben bezeichnet. Man spricht zum Beispiel von den Vitaminen A, C, D, E und von der Gruppe der B-Vitamine.

Vitamine wirken schon in kleinsten Mengen. Fehlt allerdings infolge einseitiger Ernährung auch nur ein einziges Vitamin, kann es zu lebensbedrohlichen Erkrankungen kommen. Diese Vitaminmangel-Krankheiten werden als *Avitaminosen* bezeichnet. Vor der Entdeckung der Vitamine waren viele Menschen den Avitaminosen hilflos ausgesetzt, weil sie deren Ursachen nicht kannten.

Der *Skorbut* war eine dieser gefürchteten Krankheiten, von der vor allem Seefahrer betroffen waren. Als COLUMBUS 1493 von seiner Entdeckungsfahrt aus Amerika zurückkehrte, war die Hälfte seiner Mannschaft auf hoher See an Skorbut gestorben. Die Krankheit beginnt mit *Zahnfleischbluten* und *Zahnausfall*. Blutungen unter der Haut und in den inneren Organen stellen sich anschließend ein. Der geschwächte Körper kann dann den *Infektionskrankheiten* nicht mehr widerstehen. Die Ursache der Krankheit ist heute bekannt: die Seeleute litten unter Mangel an *Vitamin C*, weil sie auf ihrer monatelangen Reise weder Obst noch Gemüse zur Verfügung hatten.

In den Entwicklungsländern kommt es noch häufig vor, daß Menschen an Vitaminmangel leiden. In den Industriestaaten ist die Nahrung meist so abwechslungsreich zusammengestellt, daß schwere Avitaminosen nur noch selten vorkommen.

Vitamin	Hauptvorkommen	Wirkungen	Mangelerscheinungen	Bedarf pro Tag
Vitamin A (licht- und sauerstoffempfindlich)	Lebertran, Leber, Niere, Milch, Butter, Eigelb. — Als Provitamin A in Möhren, Spinat, Petersilie	Erforderlich für normales Wachstum und Funktion von Haut und Augen	Wachstumsstillstand, Verhornung von Haut und Schleimhäuten, Nachtblindheit	1,6 mg
Vitamin D (lichtempfindlich, hitzebeständig)	Lebertran, Hering, Leber, Milch, Butter, Eigelb. — Bildet sich aus einem Provitamin in der Haut	Regelt den Kalzium- und Phosphorhaushalt, steuert Kalziumphosphatbildung für den Knochenbaubau	Knochenerweichungen und -verkrümmung (Rachitis), Zahnbildung, -anordnung geschädigt	0,01 mg
Vitamin B_1 (hitzebeständig)	Leber, Milch, Eigelb, Niere, Fleisch, Getreideschale	Aufbau der Zellkernsubstanz, Bildung von Roten Blutzellen	Anämie, Veränderung am Rückenmark und an der Lunge, nervöse Störungen (Beriberi)	0,005 mg
Vitamin C (sauerstoff- und hitzeempfindlich)	Hagebutten, Sanddorn, Schw. Johannisbeeren, Zitrusfrüchte, Kartoffeln, Kohl, Spinat, Tomaten u. a. frisches Gemüse	Entzündungs- und blutungshemmend, fördert die Abwehrkräfte des Organismus, aktiviert Enzyme	Zahnfleisch- und Unterhautblutungen, Müdigkeit, Gelenk- und Knochenschmerzen (Skorbut), Anfälligkeit für Infektionen	75,0 mg

1 Tabellarische Übersicht zu einigen wichtigen Vitaminen

Mineralstoffe, die vor allem in pflanzlicher Kost und Fleisch enthalten sind, sind wichtige Bausteine von Knochen und Zähnen (z. B. *Kalzium-, Phosphat-* und *Fluoridionen*), dienen zur Blutbildung *(Eisenverbindungen)* und schaffen bestimmte physikalisch-chemische Bedingungen in den Körperflüssigkeiten *(Natrium-* und *Kaliumionen)*. *Magnesium,- Eisen-* und *Iodverbindungen* braucht der Mensch nur in kleinsten Mengen; man bezeichnet sie deshalb als **Spurenelemente**. Bei nicht ausreichender Zufuhr treten Mangelerscheinungen auf. Bekannt ist der durch Iodmangel hervorgerufene *Kropf*, eine Wucherung der Schilddrüse.

Ernährungsprobleme in anderen Regionen

Über 10 Mio. Menschen verhungern jährlich, während wir im Überfluß leben. Über die Hälfte der Menschen auf der Erde ist mangelhaft oder einseitig ernährt. Vor allem fehlt ihnen hochwertiges Protein. Mangelernährung schwächt die Widerstandskraft des Körpers gegen Krankheiten und Seuchen. Besonders für Kleinkinder ist *Proteinmangel* gefährlich. Ihre körperliche und geistige Entwicklung wird gehemmt. Die Menschen sind später kaum zu körperlicher Arbeit fähig.

Zu unseren Mahlzeiten gehören normalerweise Fleisch, Fett und Gemüse, etwas Brot und Kartoffeln, frisches Obst, Eier, Milch- und Milchprodukte. Der Speisezettel in einzelnen Ländern Asiens, Afrikas, Mittel- und Südamerikas sieht anders aus. In vielen asiatischen Ländern ist Reis die Hauptnahrung. Es gibt kaum Fett und Fleisch, nur manchmal etwas Fisch. In Afrika sind Maniok, Bataten, Erdnüsse, Hirse, Mais und Bananen die Hauptbestandteile der täglichen Nahrung; dazu kommt das Palmöl. In Südamerika bildet der Mais die Grundlage der Ernährung.

Ein Beispiel aus Kamerun:

Frühstück: Maisbrei mit Spinat, Erdnüsse
Mittagessen: Süßkartoffeln (Bataten), in Palmöl gebraten
Abendessen: Maniok, in Palmöl gebraten
Fast alle Speisen werden mit scharf gewürzten Soßen gegessen. Manchmal gibt es Früchte wie Bananen oder Mangos.

Ein Beispiel aus Peru:

Frühstück: Suppe mit Kartoffeln und Getreide
Mittagessen: Kartoffeln und gerösteter Mais
Abendessen: Mais und Kartoffeln

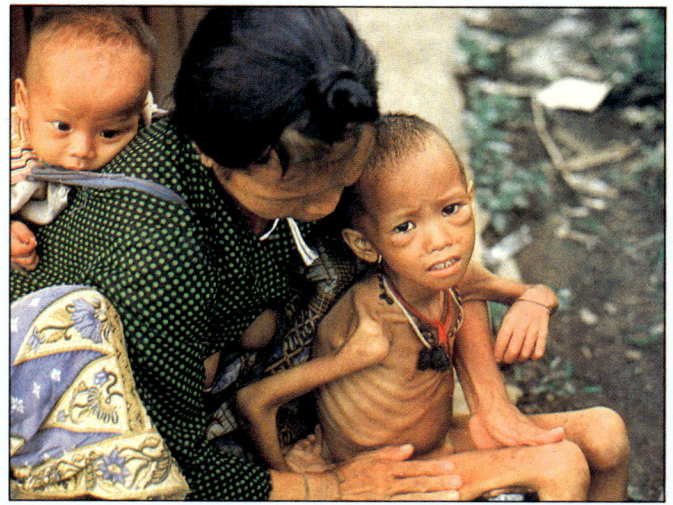

1 Ein Großteil der Menschheit hungert

Nahrungsmittel in g je Einwohner und Tag	Getreide	stärkehaltige Nahrungsmittel	Gemüse	Fleisch	Milchprodukte	Fette, Öle	Kilojoule
Bundesrepublik Deutschland	190	300	170	195	560	75	12 560
USA	175	135	270	295	665	60	13 400
Pakistan	430	40	45	10	210	15	9 000
Indonesien	350	330	90	15	—	15	8 880
Algerien	365	40	65	25	60	20	8 950
Nigeria	315	655	35	20	20	20	7 780
Kamerun	155	1 115	60	30	65	5	8 790
Peru	415	350	65	40	55	15	8 200
Brasilien	270	455	50	75	145	20	10 460

2 Versorgung mit wichtigen Nahrungsmitteln

Aufgaben

① Obst und Gemüse soll man keinen hohen Temperaturen aussetzen. Warum?
② Informiere dich im Lexikon über die im Text genannten Nahrungsmittel, die dir bisher nicht bekannt waren.
③ Untersuche die beiden Speisepläne auf Ausgewogenheit der enthaltenen Nährstoffe. Welche Nährstoffe sind zu wenig, und welche sind zuviel enthalten?
④ Stelle den Fleischverbrauch in den angegebenen Staaten als Säulendiagramm dar.
⑤ Besprecht in eurer Klasse folgende Aussage: „Gibst du einem Hungernden einen Fisch, so hast du ihm im Augenblick geholfen. Lehrst du ihn das Fischen, so hast du ihm für immer geholfen."

Stoffwechsel und Bewegung

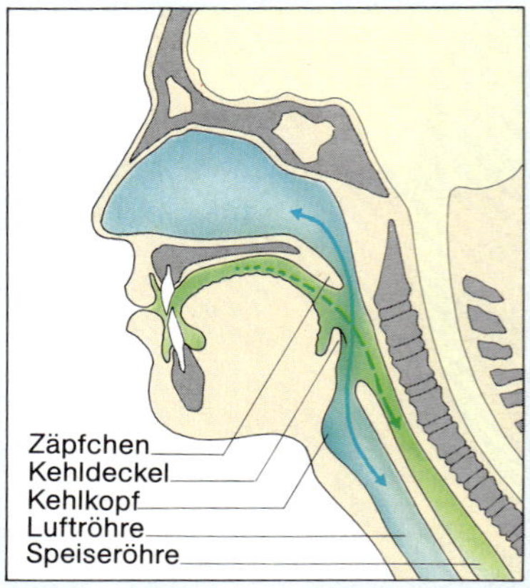

1 Schluckvorgang
- Zäpfchen
- Kehldeckel
- Kehlkopf
- Luftröhre
- Speiseröhre

2 Trinken im Handstand

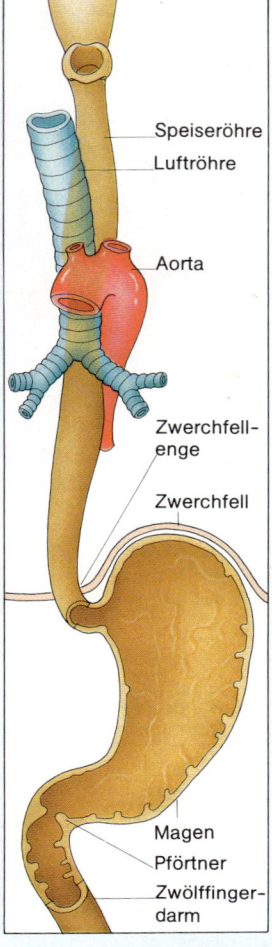

3 Speiseröhre und Magen
- Speiseröhre
- Luftröhre
- Aorta
- Zwerchfellenge
- Zwerchfell
- Magen
- Pförtner
- Zwölffingerdarm

Verdauung in Mund und Magen

Damit die mit der Nahrung aufgenommenen Nährstoffe vom Körper genutzt werden können, müssen sie so in ihre Grundbausteine zerlegt werden, daß eine Aufnahme in Blut und Lymphe ermöglicht wird. Da die meisten solcher Stoffwechselreaktionen sehr langsam ablaufen, werden sie durch *Enzyme*, die wie Katalysatoren wirken, beschleunigt. Jede Stoffwechselreaktion setzt sich aus zahlreichen Einzelreaktionen zusammen, von denen jede durch ein ganz bestimmtes Enzym bestimmt wird. So spaltet z. B. das im Speichel enthaltene Enzym *Amylase* von der Stärke Maltose ab. Die Verdauung beginnt also schon im Mund.

Während des Kauvorganges durchmischt die Zunge den Speisebrei. Anschließend wird er von ihr gegen den Gaumen gepreßt und der *Schluckreflex* ausgelöst. Dabei wird kurzzeitig der Kehlkopfdeckel abgesenkt, die Luftröhre geschlossen, die Atmung angehalten und der Zugang zur Nase abgeriegelt.

Die *Speiseröhre* ist ein muskulöser Schlauch. Sie liegt hinter der Luftröhre und transportiert die Nahrung zum Magen. Durch Muskelbewegungen, die wellenförmig vom Rachen zum Magen verlaufen, wird der Speisebrei in wenigen Sekunden in den Magen gepreßt. Dies ist ein aktiver Transportvorgang. Deshalb ist Trinken im Liegen ebenso wie im Handstand möglich.

Der Speisebrei wird über längere Zeit im *Magen* gesammelt, der ein Fassungsvermögen von ca. 1,5 l hat. Zunächst läuft die Stärkeverdauung durch die Amylase auch im

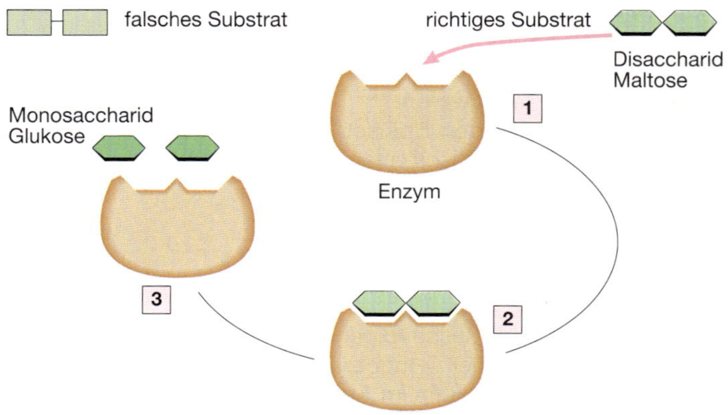

- falsches Substrat
- richtiges Substrat
- Disaccharid Maltose
- Monosaccharid Glukose
- Enzym

Wirkweise der Enzyme

Enzyme sind *Biokatalysatoren*. In den Zellen sorgen sie dafür, daß bestimmte chemische Reaktionen ablaufen können und steigern deren Reaktionsgeschwindigkeit. Die chemische Verbindung, die durch ein Enzym umgewandelt wurde, wird als *Substrat* bezeichnet. Während der Umsetzung wird das Substrat an einer bestimmten Stelle des Enzyms, dem *aktiven Zentrum,* zu dem *Enzym-Substrat-Komplex* gebunden. Substrat und aktives Zentrum passen zueinander wie Schlüssel und Schloß, so daß ein Enzym unter den vielen Substraten in einer Zelle nur das jeweils passende binden und umsetzen kann *(Substratspezifität).* Nach der Umwandlung trennen sich die Reaktionspartner wieder.

Magen weiter. Die *Magenschleimhaut*, die die Innenwand des Magens auskleidet, ist stark gefaltet und von zahlreichen Drüsenzellen durchsetzt. Diese kann man in drei Typen unterteilen: die *Nebenzellen*, die *Haupt-* und die *Belegzellen*.

Die von den Belegzellen produzierte *Salzsäure* hat nach einer halben bis einer Stunde den gesamten Mageninhalt durchsäuert. Die Säure macht das Enzym Amylase unwirksam, tötet mit der Nahrung eingedrungene Krankheitserreger ab und bringt Proteine zum Quellen.

Aus dem von den Hauptzellen abgegebenen *Pepsinogen* bildet sich in Verbindung mit Salzsäure das wirksame *Pepsin*. Es spaltet Proteine. Ein weiterer Bestandteil des Magensaftes, von dem täglich ca. 1,5 – 2 l gebildet werden, ist das ebenfalls proteinspaltende Enzym *Kathepsin*.

Die Nebenzellen produzieren den *Magenschleim*. Er verhindert, daß die im Magensaft enthaltene Salzsäure und eiweißspaltenden Enzyme an die Magenwand gelangen. So schützt der Magenschleim die Magenwand vor der Selbstverdauung. Fehlt er, so entstehen Magengeschwüre.

Kräftige *Muskelschichten* aus längs- und ringförmig- sowie schrägverlaufenden Muskelzellen bilden die Magenwand. Sie erzeugen wellenförmige Bewegungen, *Peristaltik* genannt. Sie dienen der Durchmischung und dem Transport des Speisebreis zum *Pförtner* hin. Der Pförtner schließt den Magen gegen den *Zwölffingerdarm* ab.

Die Verweildauer der Speisen im Magen hängt von ihrer Zusammensetzung ab. Leicht verdauliche Speisen wie Milch und Reis verweilen 1 – 2 Stunden im Magen, schwerverdauliche Speisen wie Schweinespeck 5 – 8 Stunden.

Nicht eiweißhaltige Flüssigkeiten bleiben nicht lange im Magen. Sie fließen in der *Magenstraße*, die von zwei besonders großen, längsverlaufenden Schleimhautfalten gebildet wird, schnell zum Magenausgang.

Aufgaben

① Die Luftröhre liegt vor der Speiseröhre. Wie finden die Speisen den richtigen Weg. Was passiert beim Verschlucken?
② Untersuche ein Mittagessen mit Hilfe der Abbildung 4 auf schwer- und leichtverdauliche Nahrungsmittel.

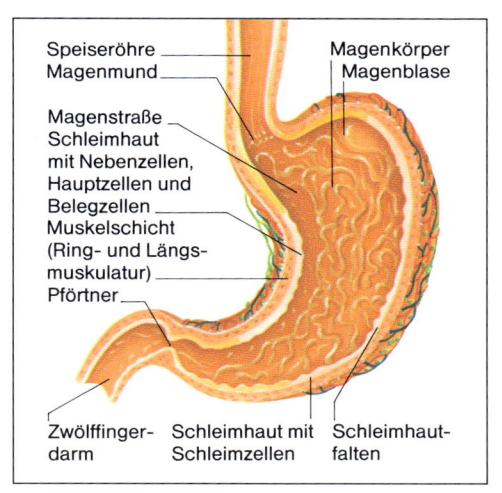

1 Längsschnitt durch den Magen

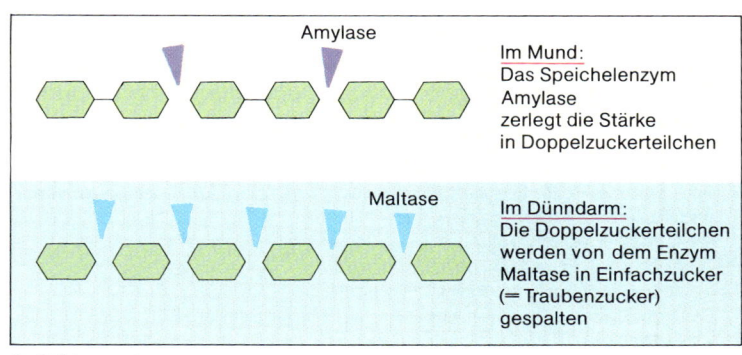

2 Stärkeverdauung

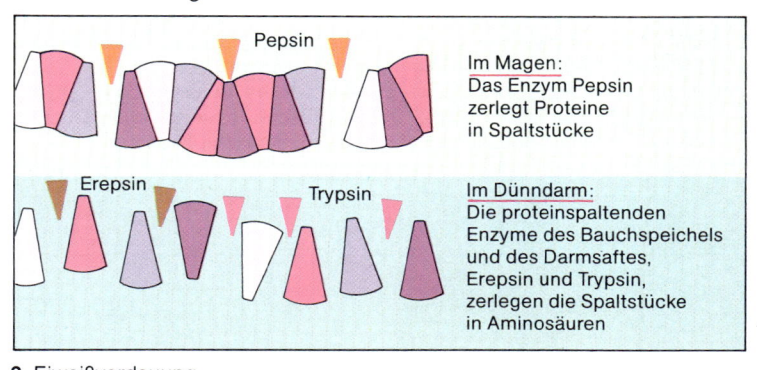

Im Mund:
Das Speichelenzym Amylase zerlegt die Stärke in Doppelzuckerteilchen

Im Dünndarm:
Die Doppelzuckerteilchen werden von dem Enzym Maltase in Einfachzucker (= Traubenzucker) gespalten

3 Eiweißverdauung

Im Magen:
Das Enzym Pepsin zerlegt Proteine in Spaltstücke

Im Dünndarm:
Die proteinspaltenden Enzyme des Bauchspeichels und des Darmsaftes, Erepsin und Trypsin, zerlegen die Spaltstücke in Aminosäuren

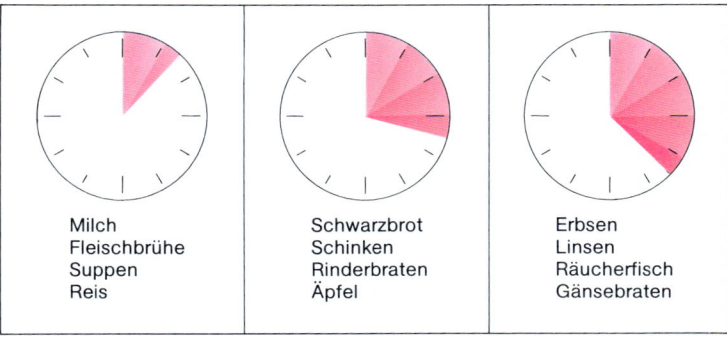

4 Verweildauer der Speisen im Magen (Angaben in Stunden)

Milch, Fleischbrühe, Suppen, Reis

Schwarzbrot, Schinken, Rinderbraten, Äpfel

Erbsen, Linsen, Räucherfisch, Gänsebraten

Stoffwechsel und Bewegung

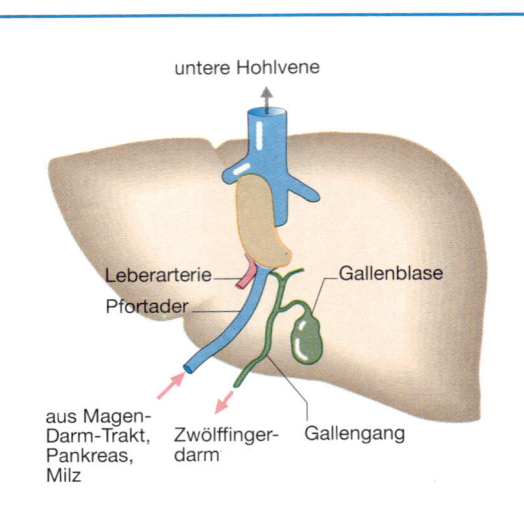

Leber und Galle

Die etwa 1500 g schwere *Leber* ist die größte Drüse des menschlichen Körpers. Sie liegt rechts in der Bauchhöhle unter dem Zwerchfell. Der Blutstrom durch die *Pfortader* führt der Leber ständig Einfachzucker und Aminosäuren zu, welche bei der Verdauung im Darm aufgenommen wurden. Die Leber spielt beim Stoffwechsel der Kohlenhydrate, Fette und Eiweiße, bei der Blutgerinnung und Entgiftung des Blutes eine zentrale Rolle. Die Aufgaben dieses **zentralen Stoffwechselorgans** sind im wesentlichen:
— Aufbau von körpereigenen Eiweißen
— Abbau von Eiweißen zu Aminosäuren
— Abbau von Aminosäuren zu Harnstoff
— Umbau von aufgenommenem Fett zu körpereigenem Fett
— Aufbau und Speicherung von Glykogen
— Abbau von Giftstoffen, z. B. Alkohol
— Abbau der roten Blutzellen.

Zusätzlich produziert die Leber täglich 0,5 Liter *Gallensaft*, der in der *Gallenblase* vorübergehend eingedickt und gespeichert werden kann. Die im Gallensaft vorkommenden *Gallensäuren* verteilen das Fett in feinste Tröpfchen (*Emulgieren*). Damit wird den fettverdauenden Enzymen im Dünndarm eine möglichst große Angriffsfläche geboten.

Verdauungsvorgänge im Dünndarm

Peristaltische Bewegungen der Magenmuskulatur drücken den Speisebrei durch den Pförtner in den *Zwölffingerdarm*. Er ist der erste Abschnitt des Dünndarms. In ihn münden die Ausführgänge von Gallenblase und Bauchspeicheldrüse.

Der *Dünndarm* ist ähnlich aufgebaut wie die Speiseröhre und der Magen: außen eine Bindegewebshülle, innen eine Schleimhaut. Dazwischen liegt eine Muskelschicht mit Längs- und Ringmuskulatur.

Die Dünndarmschleimhaut ist vielfach in Falten gelegt. Diese sind mit ca. 1 mm langen Ausstülpungen, den *Darmzotten*, besetzt. Sie kleiden den Darm wie Samt aus. In jeder Darmzotte verlaufen Adern, Lymphgefäße und Nervenfasern.

Die Dünndarmzotten werden von einer aus *Saumzellen* und schleimbildenden *Becherzellen* bestehenden Gewebeschicht zum Darminnern hin abgegrenzt. Die Saumzellen bilden nach innen nochmals winzige Vorsprünge, die *Mikrovilli*. Dünndarmzotten und Mikrovilli vergrößern die innere Oberfläche des Dünndarms etwa um das 4000fache, das heißt auf über 2000 m^2.

Die zahlreich in den Vertiefungen zwischen den Zotten liegenden Drüsenzellen sondern täglich insgesamt drei Liter Verdauungssaft ab. Die darin enthaltenen Enzyme stammen aus abgestoßenen Schleimhautzellen, die im Dünndarm zersetzt werden.

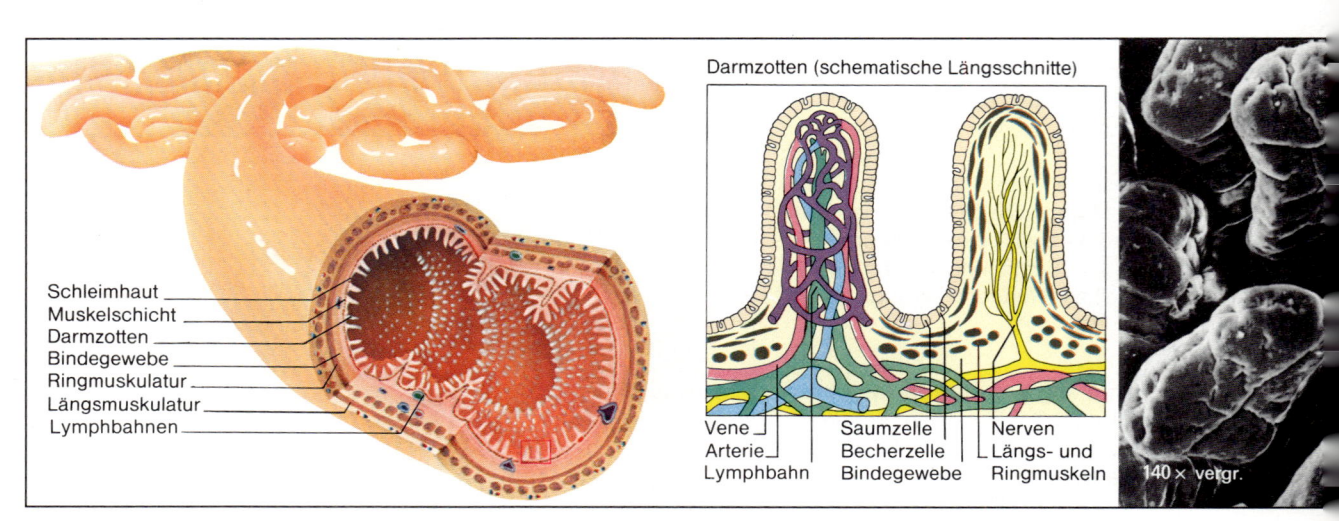

1 Prinzip der Oberflächenvergrößerung am Beispiel des Dünndarms

Stoffwechsel und Bewegung

Die *Bauchspeicheldrüse* gibt täglich bis zu 1,5 l Bauchspeichel an den Zwölffingerdarm ab. Diese klare Flüssigkeit enthält Vorstufen von zahlreichen Verdauungsenzymen für den Abbau von Kohlenhydraten, Proteinen und Fetten. Die Vorstufen werden erst im Dünndarm wirksam gemacht.

Diese Vielfalt an Enzymen im Verdauungssaft des Darmes und des Bauchspeichels bewirkt, daß im Dünndarm alle Nährstoffe vollends in ihre Grundbausteine zerlegt werden. Alle Kohlenhydrate liegen dann in Form von Einfachzuckern vor, alle Proteine sind in Aminosäuren zerlegt, die Fette in Glyzerin und Fettsäuren gespalten.

Einfachzucker und Aminosäuren werden in das Blutgefäßsystem aufgenommen und gelangen durch die Pfortader in die Leber. Fettsäuren und Glyzerin werden in das Lymphsystem aufgenommen. Die Aufnahme von Nährstoffen bezeichnet man als *Resorption*. Das Blut und die Lymphe verteilen die Grundbausteine nun im Körper, wodurch sie allen Zellen zur Verfügung stehen.

Aufgaben

① Schreibe folgende Tabelle in dein Heft und ergänze:

Organ	Enzym	Wirkung
Bauchspeicheldrüse	Amylase	spaltet von Stärke Maltose ab.

② Berechne die Grundfläche deines Klassenzimmers. Vergleiche diese mit der inneren Oberfläche des Dünndarms.

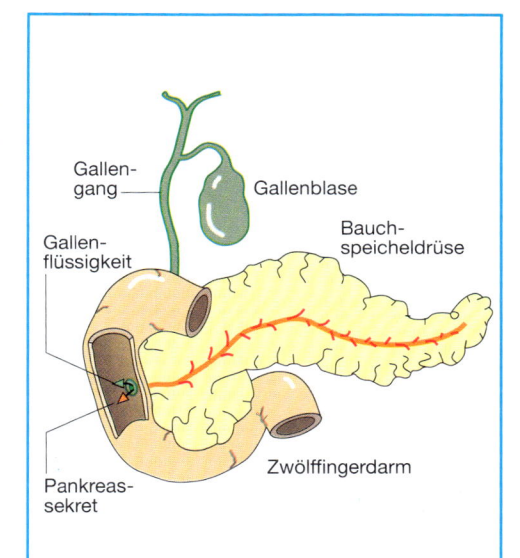

Unverdautes Fett: Drei Fettsäuren sind mit Glyzerin verbunden

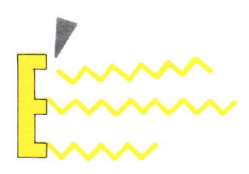

Das fettspaltende Enzym Lipase hat eine Fettsäure vom Glyzerin abgespalten

Vollkommen verdautes Fett: Alle drei Fettsäuren sind abgespalten

Die Bauchspeicheldrüse

Die *Bauchspeicheldrüse* oder *Pankreas* wiegt ca. 80 g, ist etwa 18 cm lang und liegt im Oberbauch. Die Enzyme des Bauchspeichels haben im Dünndarm eine vielfältige Wirkung.
So zerlegen
— die *Amylasen* die restliche Stärke in Malzzucker,
— das *Erepsin* und das *Trypsin* die Proteine in Aminosäuren,
— die *Lipasen* die Fette in Glyzerin und Fettsäuren.

Außerdem bildet die Bauchspeicheldrüse *Hormone*, die den Kohlenhydratstoffwechsel beeinflussen.

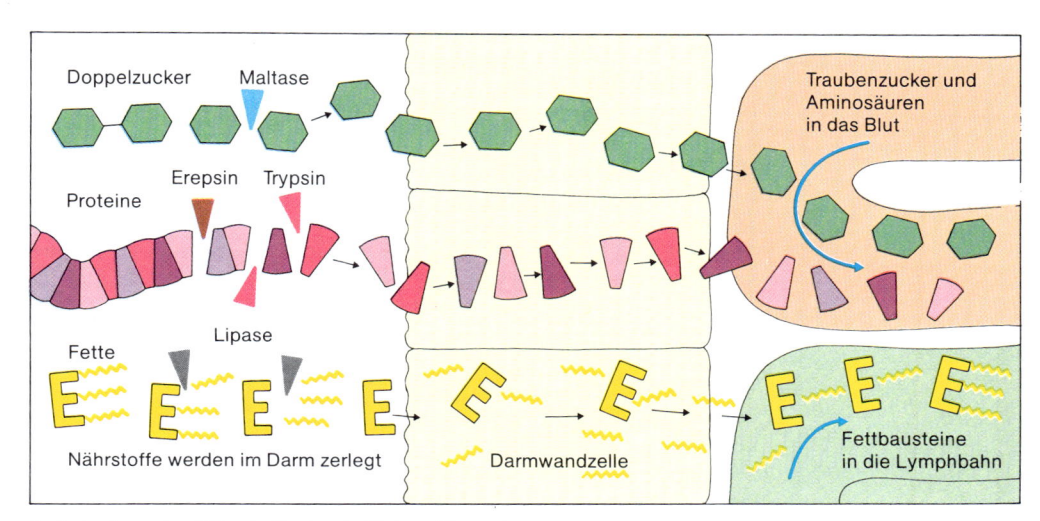

1 Aufnahme der Nährstoffe durch Blut und Lymphe

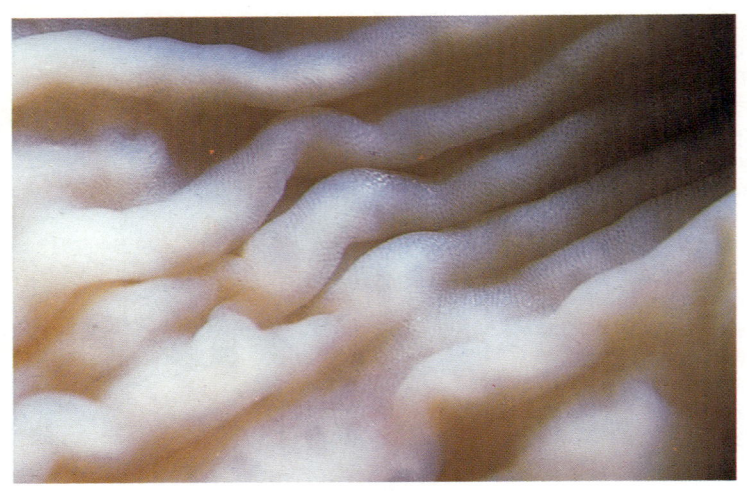

1 Dickdarmschleimhaut

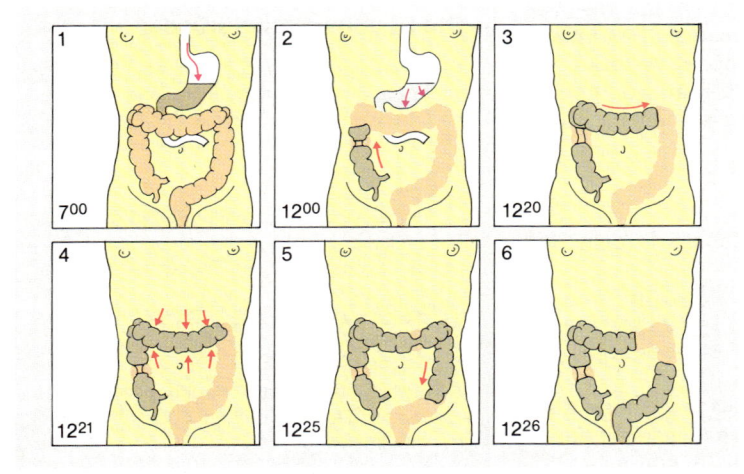

2 Bewegungsvermögen des Dickdarms

Verdauungsvorgänge im Dickdarm

Die *Dickdarmschleimhaut* besitzt, im Gegensatz zum Dünndarm, keine Zotten. Ihre innere Oberfläche ist durch halbmondförmige Falten vergrößert. Der Dickdarm bildet keine Verdauungsenzyme. Seine Hauptaufgabe besteht darin, für den Körper möglichst viel Wasser wieder zurückzugewinnen. Schließlich werden ja täglich etwa 9 Liter Verdauungssäfte in den Nahrungsbrei abgegeben. Mit dem zurückgewonnenen Wasser kommen auch wieder restliche Nährstoffteilchen und Mineralstoffe ins Blut. Es handelt sich dabei um Stoffe, die im Dünndarm noch nicht resorbiert werden konnten. Einen Teil der unverdauten Nahrung, besonders die Zellulose aus pflanzlicher Kost, bauen die Dickdarmbakterien ab. Dabei entstehen Gase wie z. B. *Methan, Ammoniak* und *Schwefelwasserstoff*.

Der *Blinddarm* hat für die Verdauung des Menschen kaum Bedeutung. In seinem Endabschnitt, dem *Wurmfortsatz*, können manchmal Entzündungen auftreten. In einer Operation muß dann meist der Wurmfortsatz entfernt werden, damit es nicht zu einem gefährlichen Blinddarmdurchbruch kommt.

Endstation Mastdarm

Dem Speisebrei wird nach und nach Wasser entzogen. So entsteht der eingedickte *Kot*. Durch das Bewegungsvermögen des Dickdarms gelangt der Kot in den *Mastdarm*. Schließlich erfolgt die Ausscheidung durch den *After*.
Der ausgeschiedene Kot besteht aus unverdauter Nahrung, Schleim, abgestoßenen Schleimhautzellen, großen Mengen Bakterien und immer noch zu $2/3$ aus Wasser.

Probleme bei der Verdauung

Enthält ein Speiseplan nur Nahrungsmittel, die vollständig im Dünndarm verdaut und aufgenommen werden, so fehlen dem Dickdarm notwendige *Ballaststoffe*. Dies sind unverdauliche Nahrungsbestandteile, die dafür sorgen, daß die Dickdarmmuskulatur normal arbeitet, denn Darmträgheit führt zur *Verstopfung*. Ein Abführmittel kann dann kurzfristig Besserung bringen. Auf die Dauer aber sind richtige Ernährung sowie viel körperliche Bewegung wirkungsvoller und natürlich auch gesünder.

Aufgaben

① Der Mensch kann durch Infusionen in den Mastdarm künstlich ernährt werden. Welche Stoffe muß eine dafür hergestellte Nährlösung enthalten?
② Bei Durchfallerkrankungen ist die Verweildauer des Speisebreies im Verdauungskanal kürzer als normal. Überlege dir mögliche Folgen! Wie steht es mit dem Wasserhaushalt des kranken Körpers?
③ Nenne ballaststoffreiche Nahrungsmittel, die die Dickdarmtätigkeit beeinflussen.
④ Pferde besitzen — im Gegensatz zum Menschen — einen langen Blinddarm. Welche Bedeutung hat das?
⑤ Warum verdauen wir uns eigentlich nicht selbst?

Stoffwechsel und Bewegung

Fette
Öl - Butter - Speck

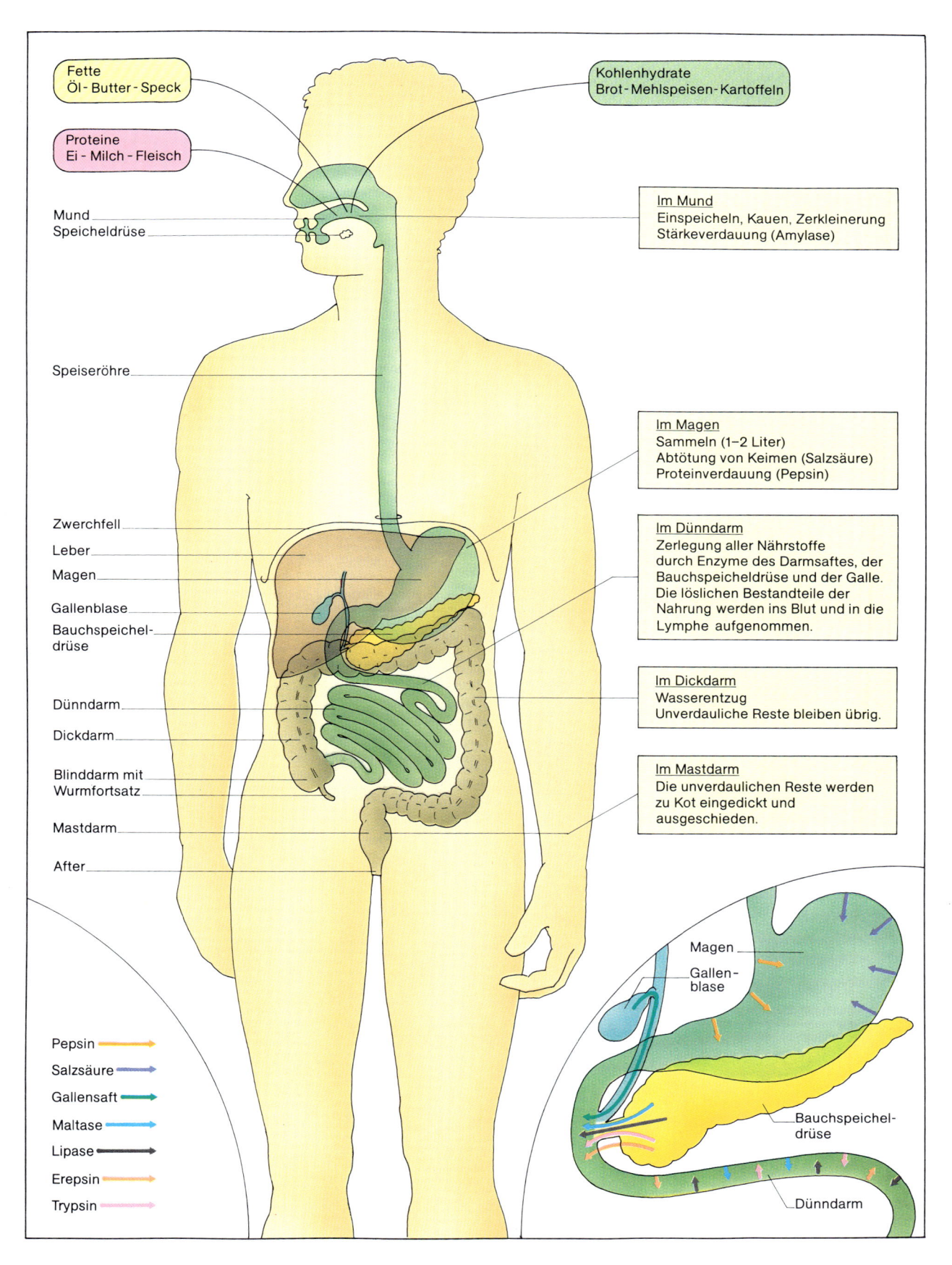

Proteine
Ei - Milch - Fleisch

Kohlenhydrate
Brot - Mehlspeisen - Kartoffeln

Mund
Speicheldrüse

Im Mund
Einspeicheln, Kauen, Zerkleinerung
Stärkeverdauung (Amylase)

Speiseröhre

Im Magen
Sammeln (1–2 Liter)
Abtötung von Keimen (Salzsäure)
Proteinverdauung (Pepsin)

Zwerchfell
Leber
Magen
Gallenblase
Bauchspeichel-
drüse

Im Dünndarm
Zerlegung aller Nährstoffe
durch Enzyme des Darmsaftes, der
Bauchspeicheldrüse und der Galle.
Die löslichen Bestandteile der
Nahrung werden ins Blut und in die
Lymphe aufgenommen.

Dünndarm
Dickdarm
Blinddarm mit
Wurmfortsatz

Im Dickdarm
Wasserentzug
Unverdauliche Reste bleiben übrig.

Im Mastdarm
Die unverdaulichen Reste werden
zu Kot eingedickt und
ausgeschieden.

Mastdarm
After

Pepsin →
Salzsäure →
Gallensaft →
Maltase →
Lipase →
Erepsin →
Trypsin →

Magen
Gallen-
blase
Bauchspeichel-
drüse
Dünndarm

Stoffwechsel und Bewegung **61**

Praktikum

Verdauung

Fehlingsche Probe auf Traubenzucker

Die Fehlingsche Probe ist auch ein Nachweis für Traubenzucker.

Vorsicht! Das Fehling-Reagenz ist stark alkalisch. Unbedingt Schutzbrille tragen!

Geräte:	2 Reagenzgläser, Pipetten, Spatel, Wasserbad
Reagenzien:	Fehlingsche Lösung I und II
Material:	Traubenzucker

Führe die Fehlingsche Probe folgendermaßen durch:
a) Gib je 20 Tropfen der Lösungen Fehling I und II in ein Reagenzglas und schüttle, bis eine tiefblaue Farbe entsteht.
b) Gib zu dieser Lösung 1–2 ml einer Traubenzuckerlösung.
c) Stelle das Reagenzglas in ein Wasserbad von 50 °C.
d) Prüfe verschiedene Lebensmittel auf Traubenzucker.
e) Protokolliere die Beobachtungen in deinem Heft.

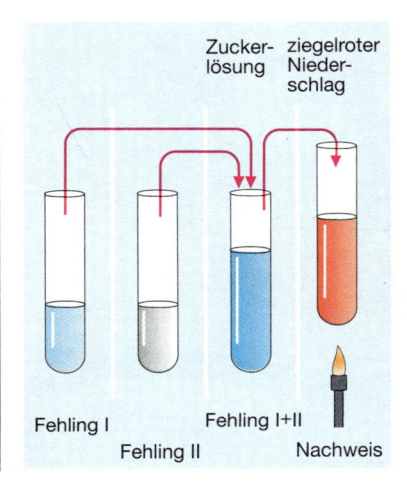

Stärkenachweis mit Iodkaliumiodid-Lösung (Lugolsche Lösung)

Geräte:	6 Reagenzgläser, Pipette, Wasserbad
Reagenz:	Iodkaliumiodid-Lösung (Lugolsche Lösung)
Material:	Stärke, Kartoffelmehl, Brot, Fleisch, Fisch, Speck

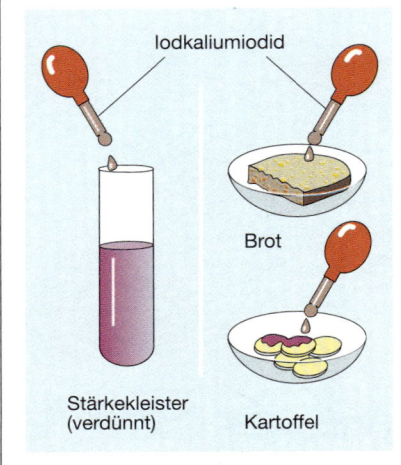

a) Erwärme eine Stärke-Lösung einige Minuten im Wasserbad bei ca. 50 °C.
b) Gib dann einige Tropfen Iodkaliumiodid-Lösung hinzu und beobachte.
c) Prüfe verschiedene Nahrungsmittel darauf, ob sie Stärke enthalten.

Versuche zur Verdauung der Kohlenhydrate

Geräte:	Reagenzgläser, 5-ml-Pipetten, Wasserbad
Reagenzien:	Fehlingsche Lösung I und II, Iodkaliumiodid-Lösung
Material:	Stärkelösung; Amylase-Lösung: 10 mg Amylase in 5 ml destilliertem Wasser

a) Gib 1–2 ml Amylase-Lösung zu 5 ml der Stärkelösung hinzu.
b) Entnimm diesem Ansatz 2 ml und führe damit die Fehlingsche Probe durch. Beobachtung?
c) Stelle den Ansatz in ein Wasserbad, das auf 37 °C eingestellt ist.
d) Entnimm nach 20 Minuten wieder eine 2-ml-Probe und führe damit die Fehlingsche Probe durch. Vergleiche mit Aufgabe b.
e) Füge der Restlösung 2 Tropfen Iodkaliumiodid-Lösung hinzu. Beobachtung?

Nachweis von Proteinen in Eiklar

Achtung! Schutzbrille tragen!

Wenn man flüssige Proteine erhitzt, gerinnen viele davon. Feste Proteine erkennt man durch Verbrennen am Geruch. Die *Biuret-Probe* zeigt Proteine schon in geringer Konzentration an. Die Lösung verfärbt sich violett.

Geräte:	Reagenzgläser, 3 × 250-ml-Bechergläser, Pipetten, Saftpresse, Filtertrichter, Wasserbad, Glaswolle
Reagenzien:	10 %ige Natronlauge (Vorsicht! Ätzend!), 1 %ige Kupfer(II)-sulfat-Lösung, 0,9 %ige Natriumchlorid-Lösung
Material:	Frische Eier

a) Herstellung einer Eiklar-Lösung
   — Fange etwas Eiklar in einem 250-ml-Becher auf,
   — gib 150 ml 0,9 %iger Natriumchlorid-Lösung hinzu,
   — verquirle die Lösung und
   — filtriere sie über Glaswolle.
b) Biuret-Probe auf Protein
   — Gib eine Eiklar-Lösung 2 cm hoch in ein Reagenzglas,
   — versetze die Lösung mit 20 Tropfen einer 10 %igen Natronlauge,
   — gib 3 Tropfen 1 %iger Kupfer(II)-sulfat-Lösung hinzu,
   — verschließe das Reagenzglas mit einem Stopfen (Stopfen festhalten) und schüttle vorsichtig,
   — stelle das Reagenzglas in ein Wasserbad und erwärme bei ca. 50 °C. Beobachtung?
c) Prüfe Milch, zerriebene Erbsen, Obst- und Gemüsesäfte auf Proteine.

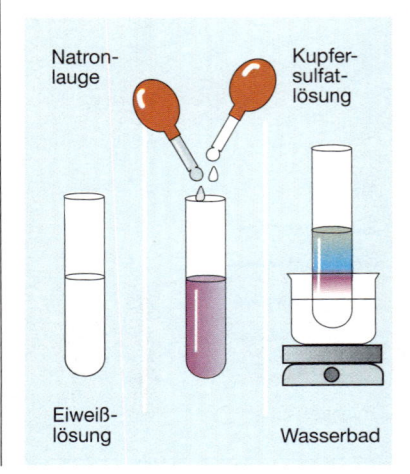

Stoffwechsel und Bewegung

Ernährung und Gesundheit

Übergewicht und hoher Blutdruck

Vor den Folgen einer falschen Ernährung bei Kindern und Jugendlichen haben führende Mediziner und Wissenschaftler gewarnt. Sie forderten, daß die Ernährungserziehung in den bundesdeutschen Schulen einen hohen Stellenwert haben müsse. Es wurden dabei die Ergebnisse von Testuntersuchungen an Schulkindern im Alter von 8 bis 14 Jahren zitiert, bei denen sich herausstellte, daß bereits in diesem Alter der Prozentsatz der Kinder, die an Übergewicht und anormalen Blutdruckwerten leiden, alarmierend hoch ist. Den Kindern und Jugendlichen mit Übergewicht müsse begreiflich gemacht werden, daß sie sich langfristig „ungeheuer schaden, wenn sie nicht lernen, sich gesundheitsgerecht zu ernähren".

(Zeitungsausschnitt vom November 1989)

Wer keine körperlichen Beschwerden hat und sich gesund fühlt, macht sich in der Regel kaum Gedanken über Krankheiten. Erst wenn einen das „Zipperlein" gepackt hat, beginnt man zu überlegen. Dabei könnten z. B. Beschwerden vermieden werden, die allein auf eine ungesunde Lebensführung zurückzuführen sind. Zuwenig Sport, zuwenig Schlaf, ungelöste Probleme zu Hause, in der Schule oder im Beruf, aber auch eine *falsche Ernährung* haben auf Dauer Konsequenzen für die Gesundheit und damit für die individuelle Lebenserwartung.

Eine Untersuchung an Münchner Schulkindern hat z. B. gezeigt, daß sie mit der Nahrung zuviel *Kochsalz* aufnahmen, *Übergewicht* und im Zusammenhang damit zu hohe *Blutdruckwerte* hatten. Bluthochdruck kann vermieden werden, wenn man einige Regeln beachtet:

1. Salz nur sparsam verwenden. Durch Gewürze läßt sich das Salz vielfach ersetzen. Viele Speisen schmecken auch mit wenig oder ohne Salz.
2. Körperliche Bewegung trainiert den Kreislauf. Man muß nicht besonders sportlich sein, um laufen, schwimmen oder radfahren zu können. 20 Minuten täglich sind wirksamer als einmal 2 Stunden am Wochenende.
3. Ausreichend Schlaf, täglich mindestens 8 Stunden, dient der Erholung von Nerven und Kreislauf.
4. Übergewicht muß abgebaut und dem Normalgewicht angenähert werden.

Regeln für eine gesunde Ernährung

1. Iß nicht zuviel, aber abwechslungsreich.
2. Die Verwendung von Vollwertnahrungsmitteln ist eine gute Gewähr für eine richtige Ernährung.
3. Fünf kleinere Mahlzeiten am Tag sind besser als drei große.
4. Iß langsam und kaue gut.
5. Iß regelmäßig frisches Gemüse, frisches Obst und Salat.
6. Ballaststoffe dürfen bei keiner Mahlzeit fehlen.
7. Achte stets auf ausreichende Flüssigkeitszufuhr.

Während die ersten drei Punkte zur Bluthochdruckvermeidung relativ leicht zu verwirklichen sind, ist eine *Gewichtsabnahme* oft nur schwer zu erreichen. Helfen kann es, wenn man sich beim Essen nur kleine Portionen nimmt und zwischen den Mahlzeiten zu einem Apfel oder einer Mohrrübe greift. Solche Nahrungsmittel enthalten sättigende Ballaststoffe und sind energiearm.

Ebenso gefährlich wie Überernährung ist *Nahrungsverweigerung*. Vor allem Mädchen sind hier gefährdet, wenn sie einem überschlanken Idealbild nacheifern. Das Bedürfnis des Körpers nach Nahrungsaufnahme kommt zum Erliegen, das Krankheitsbild der lebensbedrohenden *Magersucht* stellt sich ein.

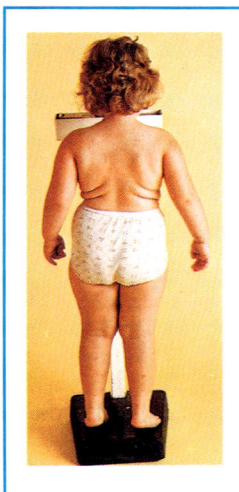

Übergewicht muß nicht sein

Warum ist ein dicker Mensch zu dick? Weil er mehr ißt, als sein Körper braucht. Wenn er abnehmen will, muß die aufgenommene Nahrung unter seinem Bedarf liegen, damit der Körper Fettreserven abbaut. Dabei darf allerdings das *Bedarfsminimum* — bei einem Erwachsenen liegt es etwa bei 4000 kJ pro Tag — nicht unterschritten werden, wenn der Körper voll belastbar bleiben soll.

Will man durch eine Diät abnehmen, gilt allerdings nicht nur diese Vorgabe. Um gesundheitlich unbedenklich „abzuspecken", müssen Proteine, Fette und Kohlenhydrate *alle* und in *ausgewogenem Verhältnis* auf dem Speiseplan stehen.

Stoffwechsel und Bewegung

2 Transport und Ausscheidung

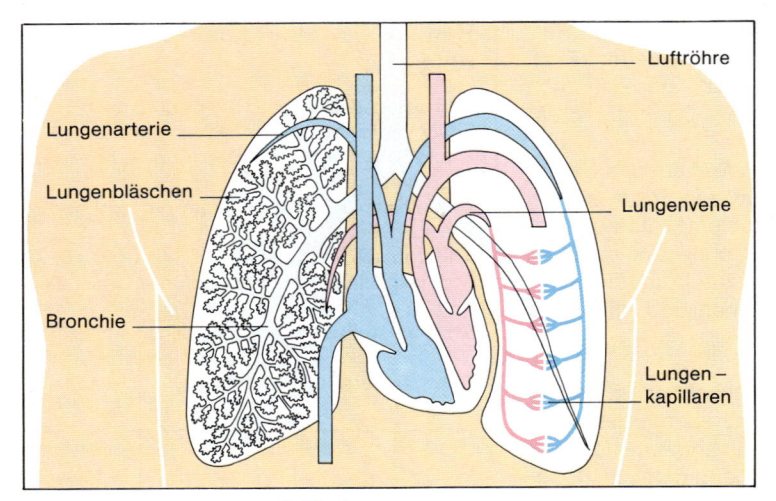

1 Die Lunge

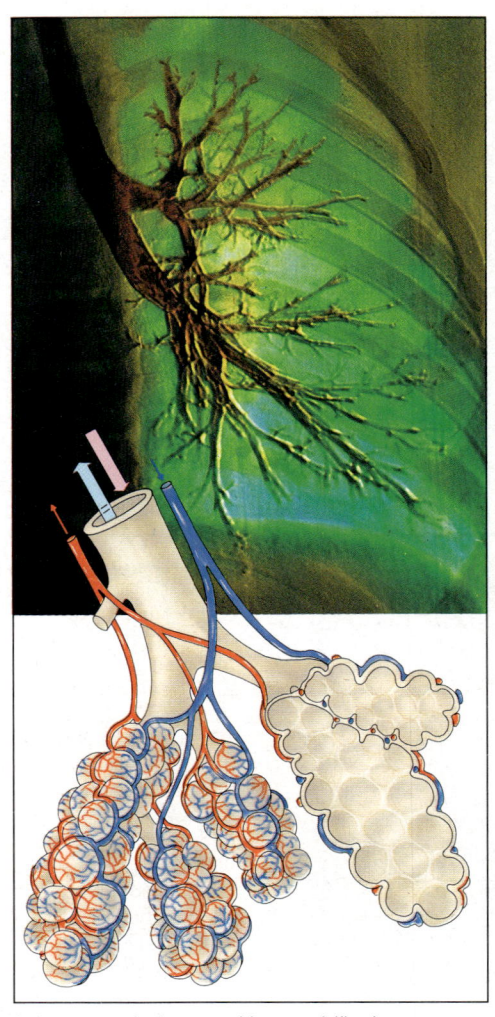

2 Lungenaufnahme und Lungenbläschen

Bau und Funktion der Lunge

In jeder Minute atmen wir etwa 16mal. Jeder Atemzug ist sichtbar, weil der Brustkorb dabei abwechselnd größer und kleiner wird. Die Zuführung der Atemluft erfolgt durch Nase oder Mund und die *Luftröhre*. Diese ist ca. 10 bis 12 cm lang. Große, hufeisenförmige Knorpelspangen umspannen sie von außen her. Im Bereich des Brustbeins teilt sich die Luftröhre in zwei *Hauptbronchien*. Diese verästeln sich immer mehr, bis hin zu ganz feinen Bronchien, den *Bronchiolen*.

Eine weiche Schleimhaut kleidet die Luftröhre und die Bronchien innen aus. Zahlreiche Schleimdrüsen durchsetzen die Schleimhaut, die einen samtartigen Überzug aus *Flimmerhärchen* trägt. Ihre Bewegungen schaffen eingedrungene Fremdkörper, z. B. mit Schleim verklebte Staubteilchen, in Richtung Rachen hinaus.

An den feinsten Endverzweigungen der Bronchien sitzen die *Lungenbläschen*. Sie haben einen Durchmesser von ca. 0,2 bis 0,6 mm, ihre Wände sind weniger als 1 µm dick. Man hat errechnet, daß in beiden Lungenflügeln zwischen 300 und 750 Millionen Lungenbläschen vorkommen. Dies entspricht einer gesamten Innenfläche von ca. 200 m². Ein engmaschiges, verzweigtes *Kapillarnetz* umspinnt jedes Lungenbläschen. Die Fläche aller Kapillargefäße der Lunge beträgt etwa 300 m².

Die beiden *Lungenflügel* füllen fast den gesamten Brustkorb eines Menschen aus. Der rechte Lungenflügel ist dreilappig gegliedert. Der etwas kleinere linke besitzt nur zwei Lungenlappen. Das Zwerchfell trennt den Brust- vom Bauchraum.
Die Lungenflügel besitzen keine Muskeln; sie können sich deshalb nicht selbst mit Luft füllen oder entleeren. Die Vergrößerung der Lungen erfolgt indirekt durch die Erweiterung des Brustraumes durch die Zwischenrippen- und Zwerchfellmuskulatur.

Beim Einatmen zieht sich die Zwischenrippenmuskulatur zusammen, der Brustkorb wird angehoben und der Brustraum vergrößert *(Brustatmung)*. Gleichzeitig kontrahiert die Zwerchfellmuskulatur und flacht dadurch das Zwerchfell ab *(Zwerchfellatmung)*. Durch beide Vorgänge wird die Lunge gedehnt, und frische Luft strömt ein.

Stoffwechsel und Bewegung

Beim Ausatmen senkt sich der Brustkorb. Nach dem Erschlaffen der Zwischenrippenmuskulatur preßt ihn das Eigengewicht zusammen. Die Bauchmuskeln drücken die Eingeweide gegen das erschlaffende Zwerchfell und wölben es dadurch wieder nach oben. Die Verkleinerung des Brustraumes bewirkt ein Zusammenpressen der Lungen, die Luft strömt aus.

Die Lunge liegt sehr eng an den Rippen an. Sie ist mit einer Haut, dem *Lungenfell*, überzogen. Die Innenseite des Brustkorbes ist mit dem *Rippenfell* ausgekleidet. Lungen- und Rippenfell bilden zusammen das *Brustfell*. Beide Häute besitzen glatte und feuchte Oberflächen. Da sich zwischen beiden keine Luft befindet, haften sie — ähnlich wie zwei befeuchtete Glasplatten — aneinander und können so reibungsarm aneinander vorbeigleiten, was den Atmungsvorgang stark erleichtert.

Der Gasaustausch in den Lungenbläschen

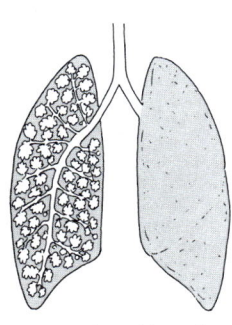

Luft ist ein Gasgemisch. Seine wichtigsten Bestandteile sind Stickstoff, Sauerstoff, Kohlenstoffdioxid und Edelgase. Der eingeatmeten Luft wird ein Teil des Sauerstoffes entnommen. Die übrigen Gase und das im Körper gebildete Kohlenstoffdioxid atmen wir wieder aus. Die Aufnahme von Sauerstoff und die Abgabe von Kohlenstoffdioxid finden in den Lungenbläschen statt. Atemluft und Blut sind hier nur durch die dünnen Wände der Kapillaren und Lungenbläschen getrennt. Die beiden Innenseiten dieser Wände sind befeuchtet. Dadurch wird die Durchlässigkeit für die Atemgase erhöht.

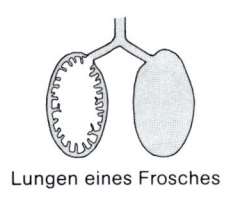

Aufgaben

① Beschreibe den Weg der Atemluft bis in die Lungenbläschen.
② Mit dem Spirometer läßt sich das Atemvolumen deiner Lunge ermitteln.
  a) Atme so tief wie möglich ein, und blase die gesamte Atemluft in das Spirometer. Ermittle dein Atemvolumen.
  b) Ermittle mit derselben Methode das Atemvolumen deiner Mitschüler.
③ Beurteile folgende Ratschläge für richtiges Atemverhalten:
  — Immer durch die Nase atmen!
  — Beim Einatmen soll sich der Bauch wölben!
  — Atme tief aus!
  — Aufrecht gehen und sitzen!
④ Vergleiche die innere Lungenoberfläche beim Frosch und beim Menschen. Welche Unterschiede fallen dir auf?

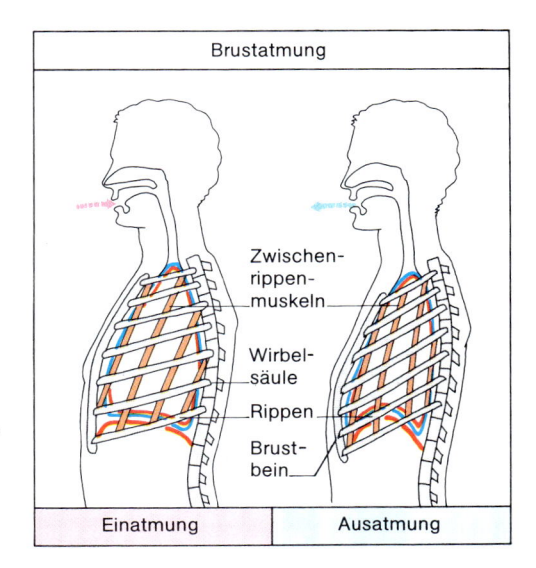

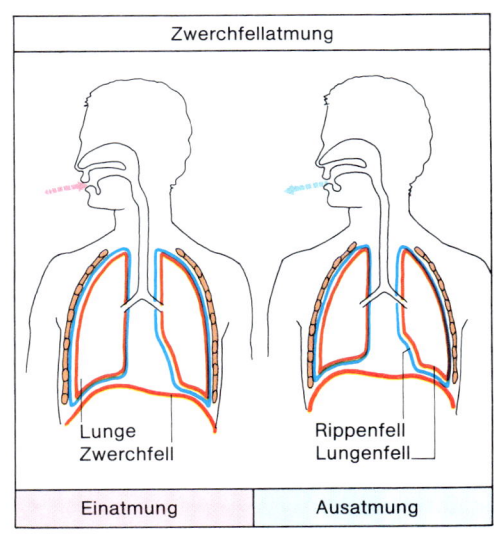

1 Atembewegungen

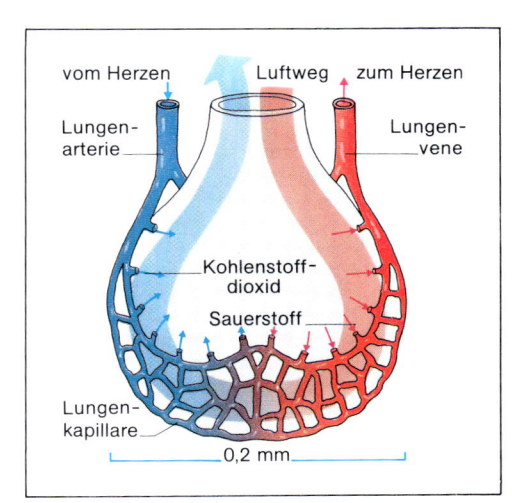

2 Gasaustausch in den Lungenbläschen

Stoffwechsel und Bewegung **65**

Arterie **Vene**

1 Schema des Blutkreislaufs

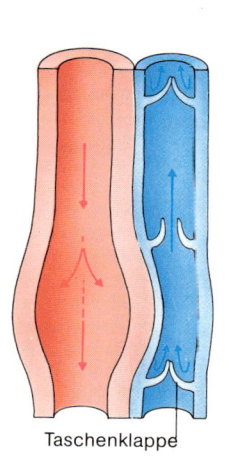

Labels: Kapillaren, Lungenvene, Lungenarterie, Lunge, Körpervene, Körperarterie, Magen, Leber, Pfortader, Niere, Blase

Taschenklappe

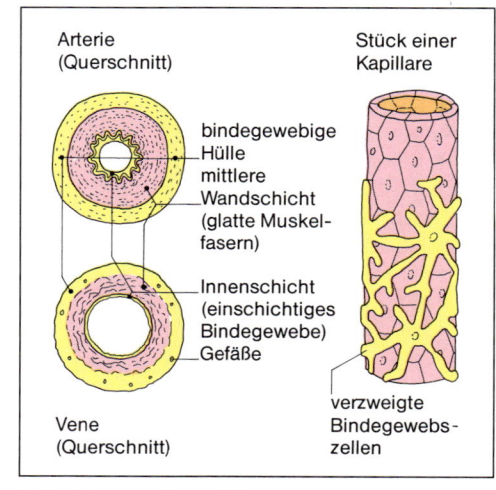

2 Aufbau von Blutgefäßen

Labels: Arterie (Querschnitt), Stück einer Kapillare, bindegewebige Hülle, mittlere Wandschicht (glatte Muskelfasern), Innenschicht (einschichtiges Bindegewebe), Gefäße, Vene (Querschnitt), verzweigte Bindegewebszellen

Das Blutgefäßsystem

Bis ins 16. Jahrhundert herrschte folgende Lehrmeinung: „Das Blut strömt vom Herzen aus in den ganzen Körper, kommt gelegentlich zum Herzen zurück, um Verunreinigungen abzuladen, wofür es manchmal die Lunge benutzt. Wir haben uns die Bewegungen des Blutes wie Ebbe und Flut vorzustellen."

Die Erkenntnis, daß das Blut in einem geschlossenen Blutkreislauf fließt, in jedem Blutgefäß nur in einer Richtung strömt und durch das Herz angetrieben wird, verdanken wir dem englischen Arzt WILLIAM HARVEY (1578–1657). Weiter stellte er fest, daß es zwei zusammenhängende Blutkreisläufe gibt: Den *Lungenkreislauf*, der von der rechten Herzhälfte angetrieben, und den *Körperkreislauf*, in dem das Blut von der linken Herzhälfte bewegt wird.

Alle Blutgefäße, die vom Herzen wegführen, heißen *Arterien*. Eine aus Bindegewebe bestehende Hülle schließt sie nach außen hin ab. In ihr verlaufen viele Adern und Nervenfasern. Ringförmige Muskelfasern bauen die Mittelschicht auf. Wegen ihrer Elastizität dehnen sich die Hauptschlagadern und großen herznahen Arterien bei jedem Herzschlag aus. Während der Herzmuskel erschlafft, ziehen sich diese Arterien wieder zusammen und befördern das Blut weiter. Auf diese Weise werden Druckschwankungen, die durch das rhythmisch schlagende Herz entstehen, gedämpft. Die innerste Schicht der Arterien bildet ein einschichtiges und glattes Epithel. Es vermindert den Reibungswiderstand des strömenden Blutes.

Mit zunehmender Entfernung vom Herzen verzweigen sich die Arterien in immer feinere Gefäße, bis sie in den Geweben zu den *Haar*- oder *Kapillargefäßen* werden. Diese sind so eng, daß die roten Blutzellen sich nur noch im „Gänsemarsch" hindurchzwängen können. Im Bereich der Kapillaren erfolgt der Stoff- und Gasaustausch. Alle zum Herzen hinführenden Blutgefäße heißen *Venen*. In ihrem Inneren befinden sich die *Taschenklappen*. Sie verhindern ein Zurückfließen des Blutes und begünstigen den Bluttransport zum Herzen hin.

Aufgaben

① Wieso sind Arterien und Venen benachbart?
② Erkläre die Ventilwirkung der Taschenklappen mit Hilfe der Randspaltenabbildung.

Stoffwechsel und Bewegung

Das Herz

Das Herz eines Erwachsenen ist ein faustgroßer *Hohlmuskel*. Die *Herzscheidewand* teilt den Hohlraum des Herzmuskels in zwei ungleiche Hälften. Jede Herzhälfte ist nochmals durch *Segelklappen* unterteilt. Dadurch entstehen linker bzw. rechter *Vorhof* und linke bzw. rechte *Kammer*. In den rechten Vorhof münden die obere und die untere *Körperhohlvene*, in den linken die von den Lungen kommenden *Lungenvenen*. Aus der rechten Herzkammer entspringt die *Lungenarterie*, aus der linken die große Körperschlagader oder *Aorta*.

Ein System von Ventilen regelt die Blutströmung im Herzen. Zwischen den Vorhöfen und Herzkammern befinden sich die Segelklappen. Am Übergang vom Herzen zur Lungen- und Körperarterie befinden sich die dreiteiligen Taschenklappen.

Das Herz schlägt rhythmisch. Vorhöfe und Herzkammern leeren und füllen sich im Wechsel. Beim Zusammenziehen der Muskulatur der Kammern *(Systole)* wird das Blut in die Lungen- und Körperarterie gedrückt. Die Taschenklappen sind geöffnet, die Segelklappen geschlossen. Sie verhindern ein Zurückfließen des Blutes in die Vorhöfe. Erschlafft der Muskel *(Diastole)*, strömt das in den Vorhöfen gesammelte Blut durch die sich öffnenden Segelklappen in die Herzkammern. Die Taschenklappen sind nun geschlossen.

Das Herz schlägt in Ruhe etwa 70mal pro Minute. Bei einem Schlagvolumen von ca. 70 ml je Herzkammer ergibt dies eine Pumpleistung von mehr als 14 000 Liter pro Tag. Die schleimig-feuchten Innenwände des *Herzbeutels* ermöglichen eine nahezu reibungslose Pumpbewegung. Ein eigenes Blutgefäßsystem, die *Herzkranzgefäße*, versorgen den Herzmuskel ständig mit Sauerstoff und Nährstoffen.

Aufgaben

① Die Herzmuskulatur der linken Seite ist viel stärker als die der rechten Seite. Begründe.
② „In den Venen fließt sauerstoffarmes Blut, in den Arterien sauerstoffreiches." Begründe, warum diese Aussage nur teilweise richtig ist.
③ Es gibt Menschen, bei denen sich bei der Geburt ein Loch in der Herzscheidewand nicht schließt. Welche Auswirkungen hat das?

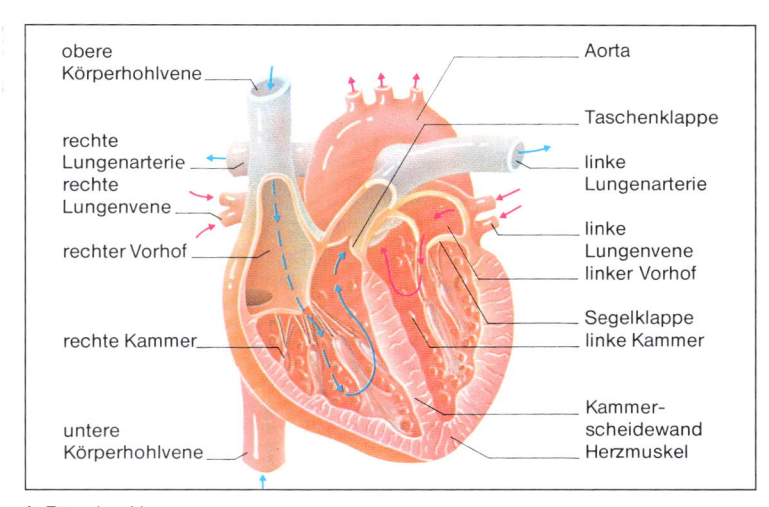

1 Bau des Herzens

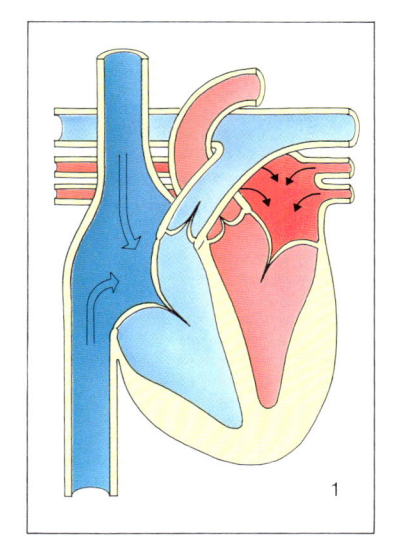

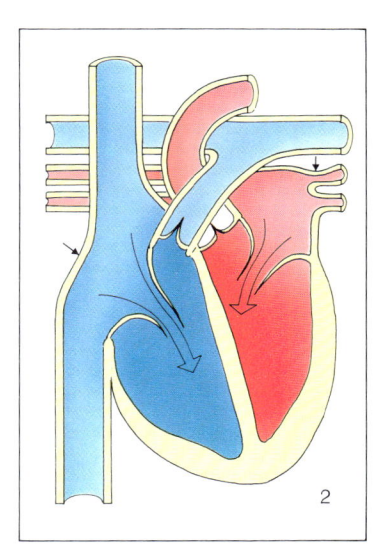

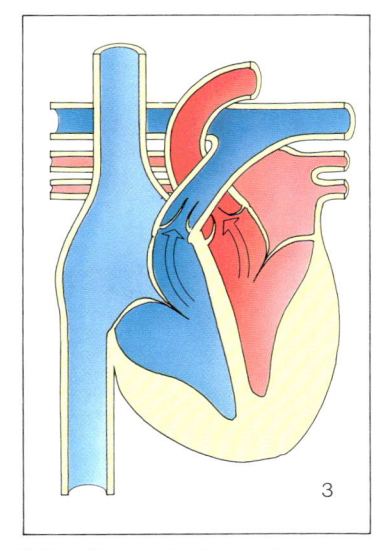

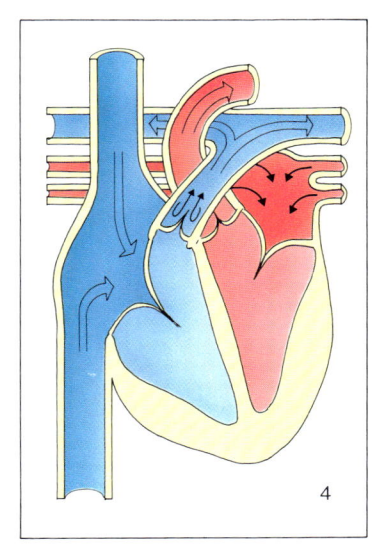

2 Vier Phasen des Herzschlags

Stoffwechsel und Bewegung

Herzinfarkt — muß nicht sein!

Der etwas dickliche Herr mittleren Alters rennt zur Haltestelle und erwischt die Straßenbahn gerade noch. „Na, sobald man sein Auto in der Werkstatt hat, geht die Hektik erst richtig los", japst er, setzt sich hin, nestelt an der Krawatte herum und faßt sich an die Brust. Er schnappt nach Luft, wird kreidebleich und sinkt langsam von der Bank.

Er hat noch Glück, denn in der Straßenbahn sind Menschen, die ihm bei seinem *Herzanfall* helfen können. Sie öffnen die Krawatte und das Hemd, um ihm etwas Erleichterung zu verschaffen. Der schnell herbeigerufene Notarztwagen bringt ihn ins Krankenhaus.

Ähnliche Szenen spielen sich tagtäglich in allen hochindustrialisierten Ländern ab. Die *Herz-Kreislauferkrankungen* sind bei uns die Todesursache Nummer 1 geworden (▷ 1). Mit zunehmender Industrialisierung eines Landes steigt dort auch die Zahl der Herz-Kreislauferkrankungen. Dies könnte Zufall sein oder aber einen ursächlichen Zusammenhang haben. Wie man herausgefunden hat, entstehen Herz-Kreislauferkrankungen durch

Arteriosklerose
(*arteria*,
gr. = Schlagader;
skleros, gr. = hart)

— zu wenig Bewegung
— Dauerbelastung
— Fehlernährung
— Rauchen
— Schadstoffbelastung
— Fettleibigkeit und
— Bluthochdruck.

Das sind sogenannte *Risikofaktoren*, die gehäuft in hochindustrialisierten Ländern auftreten. Es gibt dort viele Arbeitsplätze, die kaum noch körperliche Bewegung erfordern, jedoch täglich große psychische Belastungen bringen. Die meisten Wege werden mit dem Auto oder öffentlichen Verkehrsmitteln bewältigt. Der Zigaretten- und Alkoholkonsum steigt, die Nahrung ist im Überschuß vorhanden, sehr schmackhaft, aber in ihrer Zusammensetzung oft einseitig.

Die medizinischen und technischen Errungenschaften unserer hochzivilisierten Welt haben uns zwar eine höhere Lebenserwartung beschert, auf der anderen Seite aber trägt die Zivilisation auch einiges dazu bei, uns krank zu machen. Die Statistik über die Todesursachen in Deutschland zeigt, daß Infektionskrankheiten wie Tuberkulose, Pocken und Pest fast nicht mehr zu Buche schlagen, obwohl sie früher einmal als Geißel der Menschheit betrachtet wurden. Herz-Kreislauferkrankungen und Krebs — zwei Krankheiten also, von denen man annimmt, daß unsere Zivilisation Mitverursacher ist — sind auf die ersten Plätze gerückt.

Arteriosklerose und Infarkt

Auf welche Weise Herz und Adern funktionieren, wurde schon auf Seite 66/67 erklärt. Dieses normale Wechselspiel zwischen Herz und Arterien kann jedoch auf verschiedene Weise gestört werden, was meist zum Anstieg des Blutdrucks führt. Beispielsweise nimmt die Elastizität der Aderwände ab, wenn Fett- und Kalkablagerungen die Wände verhärten *(Arteriosklerose)*. Dabei werden die Adern auch enger. Der Blutdruck steigt, und die Beanspruchung der Aderwände nimmt zu. Kleine Risse können in der Aderinnenhaut entstehen. Sie führen zu Wucherungen des Bindegewebes und verengen die Adern noch mehr. Koffein und Nikotin bewirken das Zusammenziehen der Adern und damit Bluthochdruck, ebenso Streßfaktoren der Umwelt.

Kommen mehrere solcher Einflüsse zusammen, werden die Adern so eng und unelastisch, daß schon kleine Blutklümpchen zum *Aderverschluß* führen können. Dies wirkt sich besonders schlimm aus, wenn ein Herzkranzgefäß verstopft und so ein Teil der Herzmuskulatur nicht mehr mit Sauerstoff versorgt wird. Der Herzmuskel arbeitet nicht mehr, ein *Herzinfarkt* ist die Folge. Ein Infarkt kündigt sich an: Herzstechen und Schmerzen, die in den linken Arm ausstrahlen, deuten auf eine schlechte Durchblutung

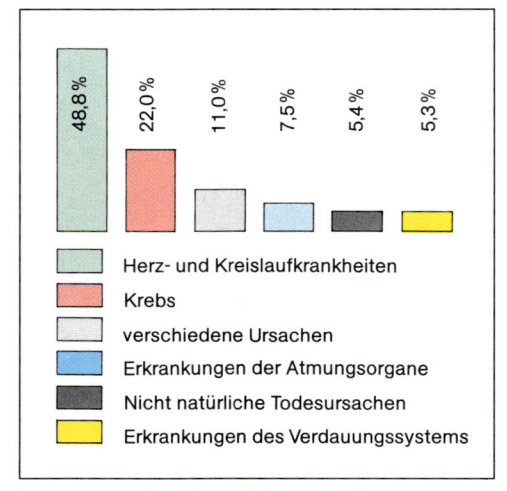

- 48,8 % Herz- und Kreislaufkrankheiten
- 22,0 % Krebs
- 11,0 % verschiedene Ursachen
- 7,5 % Erkrankungen der Atmungsorgane
- 5,4 % Nicht natürliche Todesursachen
- 5,3 % Erkrankungen des Verdauungssystems

1 Todesursachen in Mitteleuropa 1990

der Herzmuskulatur hin. Leider werden diese Vorboten oft ignoriert. Nimmt man diese Warnungen des Körpers ernst und läßt sich vom Arzt untersuchen, so kann dieser mit Hilfe eines *Elektrokardiogramms* (EKG) das Herz auf seine Funktionstüchtigkeit untersuchen. Bei drohendem Infarkt wird heute z. B. eine *Bypass-Operation* durchgeführt. Dabei umgeht man das verengte Herzkranzgefäß mit einem Stück Vene, das man aus einem Bein entnimmt.

Eine gesunde Lebensweise ist die beste *Vorsorge* und vermindert drastisch das Risiko eines Herzinfarkts: Nicht rauchen und wenig tierische Fette zu sich nehmen, um der Arteriosklerose vorzubeugen; wenig Kaffee trinken, salzarm essen, sich regelmäßig bewegen (Sport treiben) und langandauernde Streßbelastungen vermeiden; sein Gewicht kontrollieren, denn Übergewicht steigert den Blutdruck.

Das alles sind Regeln, die man leicht einhalten kann. Der *Bluthochdruck* jedoch ist nur durch Blutdruckmessungen kontrollierbar. Menschen mit zu hohem Blutdruck merken nichts davon. Sie fühlen sich wohl, sind fit und belastbar. Daher sollte man, wenn der Arzt schon einen hohen Blutdruck festgestellt hat, regelmäßig Blutdruckmessungen durchführen lassen.

Aufgabe

① Was versteht man unter einem Schlaganfall? Informiere dich über Ursache und Folgen dieser Krankheit.

Elektrokardiogramm
(*elektron*, gr. = Bernstein, dieser lädt sich beim Reiben elektrisch auf; *kardia*, gr. = Herz; *graphein*, gr. = schreiben)

Endoskopie
(*endo*, als Vorsilbe, gr. = innen, innerhalb; *skopein*, gr. = schauen)

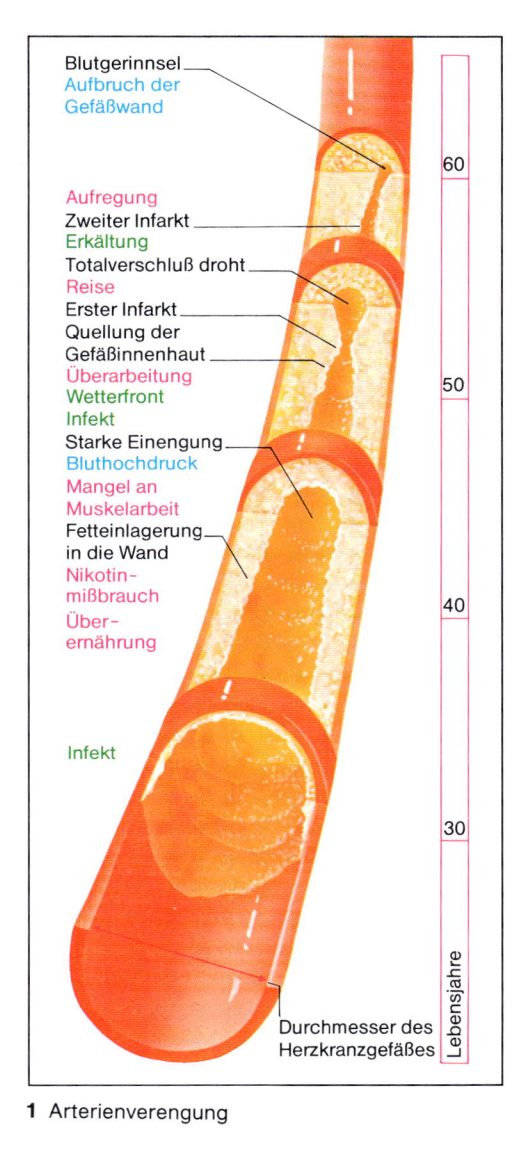

1 Arterienverengung

Fortschritte der Medizin

Es gibt heute die Möglichkeit, mit Hilfe der *Endoskopie* von einer Armarterie aus bis in die Herzkranzgefäße vorzustoßen und im Bereich der Ablagerungen einen Ballon zu füllen, der die Ader weitet. Neueste Techniken der Endoskopie erlauben sogar, die Ablagerungen mit Hilfe eines Laserstrahls zu schmelzen und abzusaugen (vgl. Abbildung).

Wie die Bypass-Operation, so wurde auch das Einsetzen eines *Herzschrittmachers* zu einer Routineoperation. Der Schrittmacher liefert bei krankhaft unregelmäßigem Herzschlag immer zum richtigen Zeitpunkt die elektrischen Reize, die den Herzmuskel veranlassen, sich zusammenzuziehen.

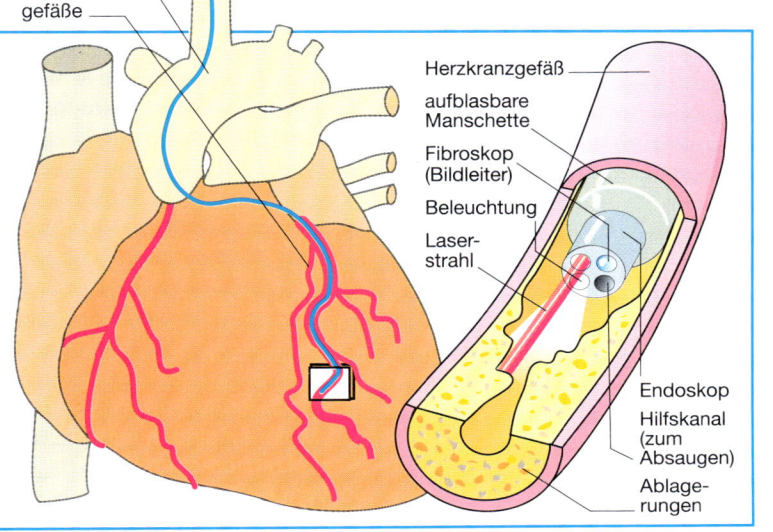

Stoffwechsel und Bewegung

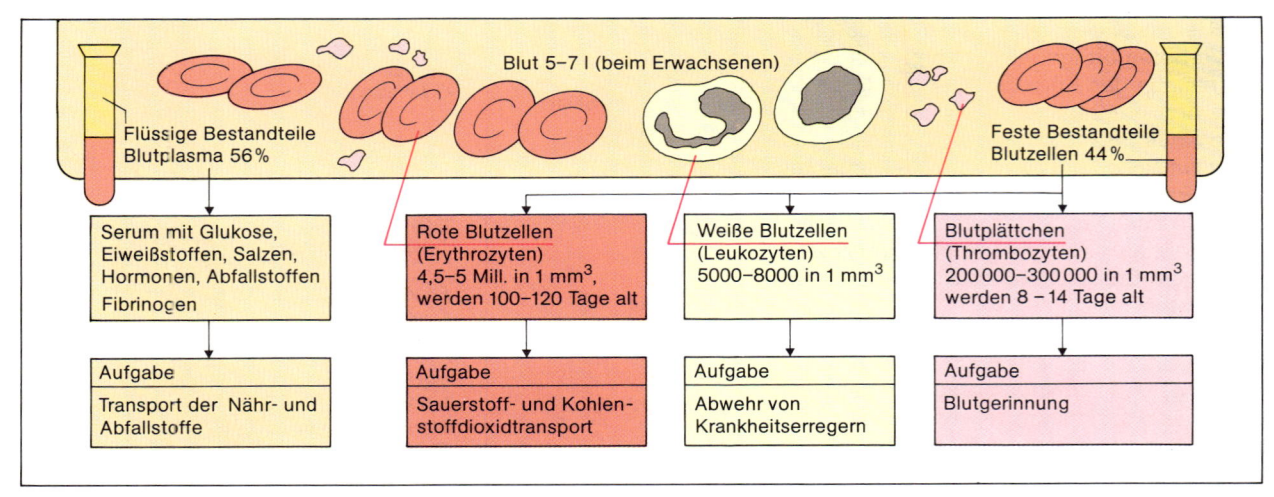

1 Zusammensetzung und Aufgaben des Blutes

Flüssige Bestandteile Blutplasma 56%		Feste Bestandteile Blutzellen 44%	
Serum mit Glukose, Eiweißstoffen, Salzen, Hormonen, Abfallstoffen Fibrinogen	Rote Blutzellen (Erythrozyten) 4,5–5 Mill. in 1 mm³, werden 100–120 Tage alt	Weiße Blutzellen (Leukozyten) 5000–8000 in 1 mm³	Blutplättchen (Thrombozyten) 200 000–300 000 in 1 mm³ werden 8–14 Tage alt
Aufgabe Transport der Nähr- und Abfallstoffe	**Aufgabe** Sauerstoff- und Kohlenstoffdioxidtransport	**Aufgabe** Abwehr von Krankheitserregern	**Aufgabe** Blutgerinnung

Zusammensetzung und Aufgaben des Blutes

Im Gefäßsystem des Körpers fließen ca. 5–7 Liter Blut. Läßt man eine geringe Menge Blut längere Zeit in einem Reagenzglas bei niedriger Temperatur und unter Luftabschluß stehen, sinken seine festen Bestandteile langsam zu Boden. Als Überstand bleibt eine leicht getrübte, gelbliche Flüssigkeit, das *Blutplasma*. Seine Hauptbestandteile sind: 90 % Wasser, 7 % Eiweiße, 0,7 % Fette, 0,1 % Traubenzucker. Die restlichen 2,2 % verteilen sich auf Vitamine, Salze (Kalzium-, Chlorid-, Kalium- und Natriumionen), Hormone, Abwehrstoffe gegen Krankheitserreger und Abfallstoffe des Stoffwechsels. Außerdem enthält das Blutplasma den Gerinnungsstoff *Fibrinogen*, ein Eiweiß. Wird es z. B. durch stetiges Umrühren mit einem Glasstab aus dem Blutplasma entfernt, bleibt das *Blutserum* übrig.

Die festen Bestandteile des Blutes sind die roten Blutzellen *(Erythrozyten)*, die weißen Blutzellen *(Leukozyten)* und die Blutplättchen *(Thrombozyten)*.

Die roten Blutzellen sind flache, von beiden Seiten eingedellte Scheibchen mit einem Durchmesser von 7 μm. Sie werden im *roten Knochenmark* aus Stammzellen durch Zellteilung gebildet und verlieren bald ihren Zellkern. Die roten Blutzellen haben nur eine begrenzte Lebensdauer von 100–120 Tagen und werden danach in Leber und Milz abgebaut. Unser Blut enthält etwa 25 Billionen rote Blutzellen, 5 Millionen sind in einem mm³. Damit ihre Gesamtzahl erhalten bleibt, müssen Millionen von Blutzellen pro Sekunde neu gebildet werden.

Eine wesentliche Aufgabe der roten Blutzellen ist der Sauerstofftransport. Sie enthalten den Blutfarbstoff *Hämoglobin*, der den Sauerstoff binden kann. Außerdem sind die roten Blutzellen am Transport des Kohlenstoffdioxids beteiligt.

Erst im angefärbten Blutausstrich sind unter dem Mikroskop die weißen Blutzellen – die Leukozyten – zu erkennen. Sie haben einen Durchmesser von 10 μm, besitzen einen Zellkern und entstehen in den Lymphknoten, in den lymphatischen Organen wie Milz, Thymusdrüse, Mandeln sowie Wurmfortsatz und im Knochenmark. Während die roten Blutzellen passiv vom Blutstrom mitgenommen werden, können sich die weißen Blutzellen aktiv wie Amöben fortbewegen. Sie wandern auch gegen den Blutstrom, zwängen sich durch Kapillarwände in die Gewebslücken der Organe und können so fast jeden Ort im Körper erreichen. Ihre Hauptaufgabe ist das „Fressen" von Fremdkörpern und Krankheitserregern. Oft bildet sich an einer Wunde *Eiter*. Dieser setzt sich überwiegend aus abgestorbenen weißen Blutzellen zusammen.

Die Blutplättchen (Thrombozyten) sind kleine Zellbruchstücke und entstehen im Knochenmark. Ihre Aufgabe ist es – zusammen mit Faktoren des Blutplasmas – die *Blutgerinnung* auszulösen und Wunden zu verschließen.

Aufgabe

① Erkläre, warum man auch beim Blut von einem Organ sprechen kann.

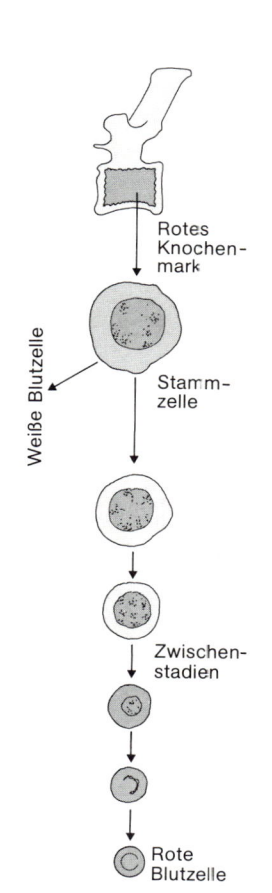

Stoffwechsel und Bewegung

Stoffaustausch im Gewebe

Eine der Hauptfunktionen des Blutes ist der *Transport* von Nähr- und Abfallstoffen. Der Stoffaustausch findet in den *Kapillaren* statt. Ihre dünnen Wände besitzen Poren. Feste Bestandteile des Blutes wie rote Blutzellen, Blutplättchen und große Eiweißmoleküle können die Kapillarwand nicht passieren und werden zurückgehalten, flüssige Bestandteile jedoch nicht.

So strömen etwa 20 Liter Blutplasma täglich durch diese Poren in den Kapillarmembranen. Die mittransportierten Nährstoffe und den Sauerstoff nimmt die Zwischenzellflüssigkeit — die *Lymphe* — auf und transportiert sie zu den Gewebszellen. Die Lymphe fließt wieder zu den Kapillaren zurück und nimmt dabei die Abfallstoffe und das Kohlenstoffdioxid, die aus dem Stoffwechsel der Gewebszellen stammen, mit. Mit dem Blutstrom werden auch Wasser, Salze, Hormone, Enzyme und Antikörper an den jeweiligen Bestimmungsort transportiert. Etwa 10 % der Lymphe werden über ein anderes Transportsystem, das *Lymphsystem*, abgeleitet.

Eine weitere Aufgabe des Blutes ist die *Wärmeregulation* im Körper, d. h. die Wärme wird im gesamten Körper verteilt und überschüssige Wärme aus dem Körperinnern an die Körperoberfläche geleitet.

Aufgabe

① Beschreibe anhand der Abbildung 1 den Stoffaustausch im Kapillarbereich.

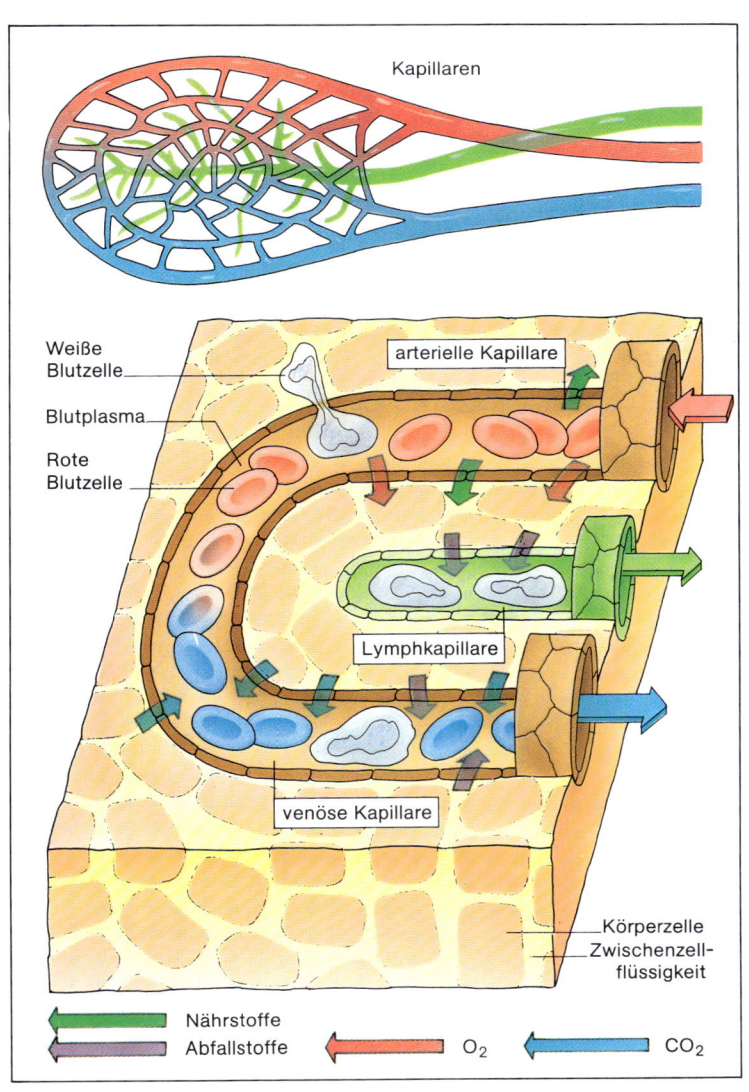

1 Stofftransport im Kapillarbereich

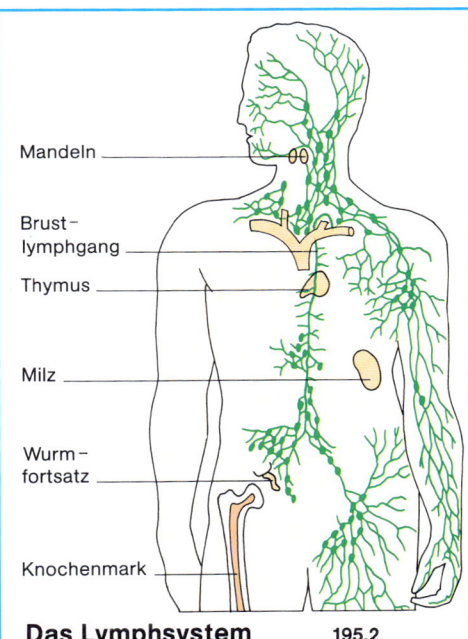

Das Lymphsystem 195.2

Das Gefäßsystem der Lymphbahnen beginnt mit feinsten Kapillaren, die sich zu größeren Lymphgefäßen vereinigen. Die großen Lymphbahnen vereinigen sich im großen *Brustlymphgang*. Dieser mündet in die linke Schlüsselbeinvene. Über alle Hauptlymphgefäße wird die Lymphflüssigkeit letztlich dem Blutkreislauf wieder zugeführt. Somit findet zwischen Blut und Lymphe ein ständiger Stoffaustausch statt. Im gesamten Lymphsystem findet man *Lymphknoten*. Sie treten im Bereich der Leiste, des Unterarms, des Halses und entlang des Rückenmarks gehäuft auf. Die Lymphknoten sind u. a. die Orte, an denen sich die weißen Blutzellen vermehren und Antikörper bilden.

Stoffwechsel und Bewegung

Der Wundverschluß

Kleine Gefäßverletzungen können die Blutplättchen noch selbst reparieren, indem sie einfach die Schadstelle mit ihren Zellkörpern verkleben. Größere Blutungen über längere Zeit aber führen dazu, daß die roten Blutzellen in den Kapillaren verklumpen. Dadurch kommt die Sauerstoffversorgung einzelner Gewebeteile zum Erliegen, und Zellen sterben ab. Deshalb muß die Wunde sehr schnell verschlossen werden.

Der Vorgang des *Wundverschlusses* ist sehr kompliziert und läuft in mehreren Phasen hintereinander ab. Ist ein kleineres Gefäß verletzt, so verengt es sich zunächst. Durch diese Reaktion wird der Blutaustritt so gering wie möglich gehalten. Dann spielen insbesondere die *Thrombozyten* eine Rolle. Diese Blutplättchen sind kleine, unregelmäßig geformte Zellgebilde, die im roten Knochenmark entstehen. Wenn bei einer Verletzung chemische Botenstoffe aus zerstörten Zellen abgegeben werden, zerfallen sie sehr leicht. Dadurch kommt es zu einer komplexen Reaktionskette. Gewebszellen und Sauerstoff bewirken, daß in den Thrombozyten enthaltene Gerinnungsstoffe freigesetzt werden. Über mehrere Zwischenstufen wird das Enzym *Thrombin* gebildet. Es bewirkt eine Umwandlung des wasserlöslichen Bluteiweißstoffes *Fibrinogen* in das wasserunlösliche *Fibrin*.

Das Fibrin bildet lange Fäden aus, die miteinander vernetzen und sich etwas zusammenziehen. Dadurch entsteht ein engmaschiges *Fibrinnetz*, das durch Erythrozyten verstopft wird und so die verletzten Gefäße verschließt. Die Gerinnungszeit beträgt bei einem gesunden Menschen 5—10 Minuten.

Mit der Zeit bildet sich ein festsitzendes und trockenes Netzwerk, der *Wundschorf*. Die darunter liegenden Schichten der Haut bilden neue Zellen, welche die Wunde endgültig verschließen. Bei tiefen Verletzungen bleibt eine Narbe zurück.

Es gibt Menschen, bei denen der Wundverschluß nicht so einwandfrei funktioniert, weil ihnen ein Gerinnungsfaktor fehlt. Solche Menschen nennt man *Bluter,* sie haben die *Bluterkrankheit.* Diese Krankheit ist angeboren.

Aufgaben

① Was weißt du über den „Bluterguß"?
② Weshalb kann ein Bluterguß einem Bluter zum Verhängnis werden?
③ Unter „Thrombose" versteht man die Verstopfung von Adern durch ein Blutgerinnsel. Erkläre, weshalb dies lebensgefährlich sein kann.
④ Weshalb ist es sinnvoll, daß der Wundverschluß in vielen einzelnen Schritten abläuft?
⑤ Nach Operationen wird dem Patienten meist ein Mittel gegen die Blutgerinnung gegeben. Warum?
⑥ Erkläre, weshalb bei manchen Wunden das Blut stoßweise austritt.
⑦ Oberflächliche Schürfungen der Haut bluten nicht. Erkläre, weshalb sich trotzdem eine Kruste bildet und die Kruste nahezu farblos ist.
⑧ Worin besteht der Unterschied zwischen Blutplasma und Blutserum?
⑨ Weshalb kann ein gesunder Mensch ohne Gefahr etwa einen halben Liter Blut verlieren oder spenden?
⑩ Welche Erste-Hilfe-Maßnahmen sind bei Arterien- und Venenverletzungen durchzuführen?

1 Vorgänge beim Wundverschluß

Stoffwechsel und Bewegung

Organtransplantation

Organverpflanzungen sind heute in den Kliniken der Welt an der Tagesordnung. Allein in der Bundesrepublik werden jährlich etwa 600 Herzen, 1500 Nieren und 100 Lebern transplantiert. Rein technisch sind derartige Operationen lösbar, doch nach wie vor besteht das Hauptproblem in der *Abstoßungsreaktion* gegen das *Transplantat*.

Zellmembranen enthalten Kombinationen von mehr als 100 verschiedenen Eiweißen, die man als *HL-Antigene (Human Leucocyte Antigens)* bezeichnet. Gegen diese Antigene des Spenderorgans bildet der Empfänger Antikörper, Killerzellen werden aktiv und vernichten das fremde Gewebe.

Eine Transplantation ist nur dann erfolgversprechend, wenn die HLA-Muster von Spender und Empfänger möglichst gut zueinander passen, doch nur ein Spender unter tausenden ist der richtige. Die Konsequenz daraus war die Einrichtung eines weltweiten Netzes von *Transplantations-Datenbanken,* deren Computer die Merkmale von Organempfängern speichern. Steht ein Spenderorgan zur Verfügung, so wird in kürzester Zeit das HLA-Muster dieses Organs mit dem des möglichen Empfängers verglichen.

Nach einer Transplantation versucht man, die Abstoßung des Fremdorgans abzuschwächen bzw. zu unterdrücken. Verwendet werden *immunrepressive* Stoffe, die die Lymphozyten hemmen, und *zellteilungshemmende* Stoffe und *Hormone* (z. B. *Cortison*). Auch die Röntgenbestrahlung des Blutes hat sich bewährt. Für die Zukunft hofft man auf technisch herstellbare, also im Labor gewonnene Antikörper. Die Leukozyten, die das Fremdgewebe angreifen, will man mit Zellgiften ausschalten.

Aus körpereigenen Zellen von Patienten wird Oberhautgewebe schon in Zellkulturen gezüchtet. Wo solche Oberhaut, z. B. nach Verbrennungen, transplantiert wurde, gab es kaum Probleme, da es sich ja um körpereigenes Material handelte.

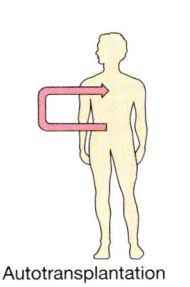

Aufgaben

① Organtransplantationen stellen uns auch vor ethische und soziale Probleme. Nimm Stellung zu diesem Satz.
② Erkläre die Begriffe aus der Randspalte.

Autotransplantation

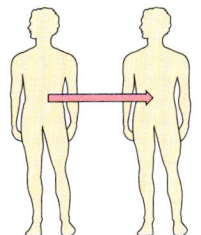

Isotransplantation

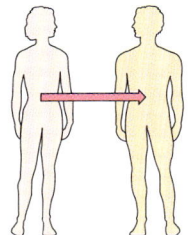

Homotransplantation

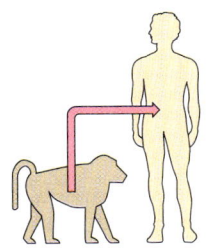

Heterotransplantation

Zeittafel	
1600	Autotransplantation von Haut
1850	Fehlgeschlagene Versuche von Übertragung tierischer Hornhaut auf den Menschen.
1905	Der deutsche Augenarzt E. ZIRM ersetzt menschliche Hornhaut durch die eines Toten.
1954	Die erste erfolgreiche Nierentransplantation gelingt dem Amerikaner J.P. MERILL an eineiigen Zwillingen. Wegen deren Erbgleichheit gibt es kein Abstoßungsproblem.
1967	Der Südafrikaner Prof. Dr. C. BARNARD führt die erste erfolgreiche Herztransplantation am Menschen durch.

1 Daten zur Organtransplantation

Augenhornhaut
Trommelfell
Gehörknöchelchen

Lunge
Herz
Herzklappen
Leber
Bauchspeicheldrüse
Niere

Blut
Adern

Knochen
Knochenmark

Haut

Sehnen
Knorpel

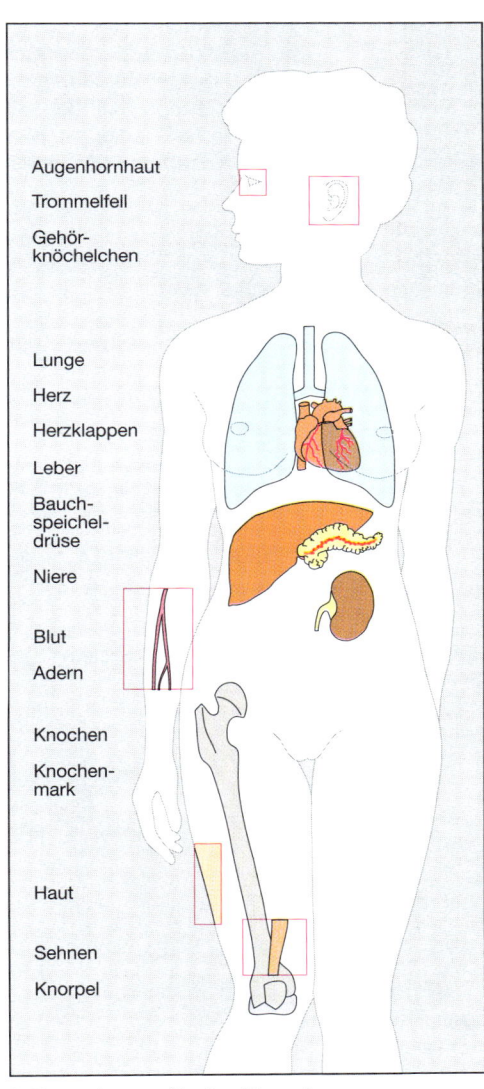

2 Transplantate für den Menschen

Stoffwechsel und Bewegung

Blutgruppen

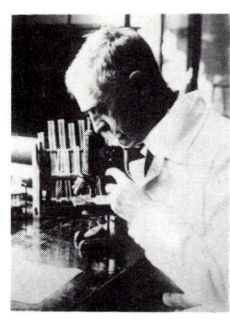

Karl Landsteiner
(1868—1943)
österreichischer Arzt, erhielt 1930 den Nobelpreis für Medizin

Im letzten Jahrhundert erkannte man, daß eine Übertragung von Blut eines Menschen in die Blutbahn eines anderen *(Transfusion)* in ca. zwei Dritteln der Fälle tödlich endete, weil sich die roten Blutzellen zusammenballten. Die Aufklärung dieses Phänomens gelang dem Wiener Arzt KARL LANDSTEINER im Jahr 1901.

LANDSTEINER trennte rote Blutzellen und Serum aus den Blutproben verschiedener Personen und vermischte sie wechselseitig. So konnte er drei verschiedene *Blutgruppen*, die untereinander unterschiedliche Verträglichkeiten aufwiesen, erkennen. Kurz darauf wurde auch die vierte Blutgruppe entdeckt. Die vier Blutgruppen bezeichnet man mit A, B, AB und 0 (Null).

Weitere Untersuchungen ergaben, daß die Blutgruppenmerkmale durch zwei Gruppen von Molekülen bestimmt sind. Die eine Gruppe befindet sich auf der Oberfläche der roten Blutzellen. Man nennt sie *Antigene* und unterscheidet dabei — vereinfacht dargestellt — *Antigen-A* und *Antigen-B*. Die andere Gruppe von Molekülen sind die zwei *Antikörper*, die im Serum vorkommen: Antikörper-A *(Anti-A)* und die Antikörper-B *(Anti-B)*.

Wie kommt es aber, daß rote Blutzellen verklumpen, wenn man Blut verschiedener Blutgruppen mischt? Die Antikörper im Blutserum können mit den Antigenen auf den roten Blutzellen reagieren. Durch diese *Antigen-Antikörper-Reaktion,* z. B. zwischen Antigen-A und Antikörper-A, vernetzen die roten Blutzellen und verklumpen.

Vererbung der Blutgruppen

Man kennt beim Menschen mehr als 20 verschiedene *Blutgruppensysteme,* basierend auf über 130 verschiedenen Proteinen der roten Blutzellen. Jeder Mensch besitzt seine charakteristische *Blutgruppe,* die er sein ganzes Leben behält. Die Ausbildung dieser Blutgruppeneigenschaften wird von Genen gesteuert.

Die Vererbung der Blutgruppen des *AB0-Systems* zeigt eine Besonderheit. Drei Allele, die man als A, B und 0 bezeichnet, bestimmen die vier Blutgruppen A, B, AB und 0. In seinen Körperzellen hat jeder Mensch natürlich nur zwei dieser Allele. Sind beide gleich, so ist man reinerbig für diese Blutgruppe. Kommen zwei verschiedene Allele zusammen, so sind A und B beide dominant über das rezessive Allel 0. Da A und B nebeneinander vorkommen können und beide zugleich dominant wirken, spricht man hier von *Kodominanz*.

Demnach lassen sich den Blutgruppen folgende Genotypen zuordnen:
Blutgruppe A   — Genotyp AA oder A0
Blutgruppe B   — Genotyp BB oder B0
Blutgruppe AB   — Genotyp AB
Blutgruppe 0   — Genotyp 00

Blutgruppe A Rh$^+$

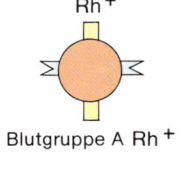

Blutgruppe	A	B	AB	0
Rote Blutzellen mit Antigenen	A-Antigene	B-Antigene	A- und B-Antigene	keine Antigene
im Serum sind	B-Antikörper	A-Antikörper	keine Antikörper	A- und B-Antikörper
Verklumpung mit	A-Antikörpern	B-Antikörpern	A- und B-Antikörpern	keine Verklumpung
Häufigkeit in Europa	43 %	14 %	6 %	37 %

1 Blutgruppenmerkmale

Aufgaben

① Blut der Blutgruppe A kann zwar Antikörper B besitzen, nicht aber Antikörper A. Begründe.
② Als Reagenzien stehen bereit: Serum der Blutgruppe A und Serum der Blutgruppe B. Wie könntest du herausfinden, welche Blutgruppe du hast.
③ Welche Blutgruppen haben die Eltern, wenn ihr Kind die Blutgruppe A bzw. B, AB oder 0 hat?

Der Rhesus-Faktor

1940 wurde an den roten Blutzellen von Rhesusaffen ein Protein entdeckt, das auch beim Menschen vorkommt. Es erhielt die Bezeichnung *Rhesusfaktor*. Etwa 85 % aller Mitteleuropäer besitzen diesen Faktor. Diese Menschen bezeichnet man als *rhesuspositiv* (Rh+). Die restlichen 15 % sind *rhesusnegativ* (rh−), ihnen fehlt dieses Protein. Der Rhesusfaktor ist unabhängig von anderen Blutgruppenmerkmalen und wird dominant vererbt. Man bezeichnet das dominante Allel mit D, das rezessive entsprechend mit d.

Bei Bluttransfusionen kann eine *Rhesusunverträglichkeit* auftreten. Menschen, die rhesusnegativ sind, bilden *Antikörper* gegen den Rhesusfaktor, wenn sie zum ersten Mal mit Rh+-Blut in Berührung kommen. Bei einer zweiten Transfusion mit Rh+-Blut bewirken diese Antikörper dann eine Verklumpung der roten Blutzellen des Spenderblutes.

Auch bei Schwangerschaften besteht die Gefahr einer Rhesusunverträglichkeit. Hat eine rhesusnegative Mutter ein rhesuspositives Kind ausgetragen, so kann während des Geburtsvorganges durch kleine Risse in den Gefäßen der Plazenta Rh+-Blut in das Blut der Mutter gelangen. Diese bildet daraufhin Antikörper gegen Rh+-Blut, die bei einer zweiten Schwangerschaft durch die Plazentaschranke in den Kreislauf des eventuell wieder rhesuspositiven Kindes gelangen und es schädigen können. Heute kann u. a. durch einen Austausch des kindlichen Blutes kurz nach der Geburt dieser Gefahr begegnet werden.

Blutübertragung

Der Bedarf an Blut steigt ständig. Blutübertragungen oder *Transfusionen* bei Operationen, Unfallopfern und beim Blutaustausch sind oft die einzige Möglichkeit, Menschenleben zu retten. Deshalb wird immer wieder zur Blutspende aufgerufen. Ärzte und geschulte Helfer überwachen diese Art der „Organspende", zu der jeder verantwortungsvolle Bürger gehen sollte. Man muß mindestens 18 Jahre alt sein und wissen, daß bestimmte Krankheiten die Blutspende verbieten (z. B. Malaria, Gelbsucht, Kreislaufschäden, Geschlechtskrankheiten und AIDS). Das Spenderblut wird auf Blutgruppe, Hämoglobin-Gehalt, Anzahl der Blutzellen, Inhaltsstoffe und Antikörper untersucht. Als *Vollblut-Konserve,* d. h. mit gerinnungshemmenden Mitteln versetzt, ist das Blut einige Wochen haltbar. Länger beständig ist eine *Plasmakonserve* nach dem Abtrennen der Blutzellen. Entzieht man nun noch das Wasser, so erhält man das fast unbegrenzt haltbare *Trockenplasma,* das, in sterilem Wasser gelöst, wieder gebrauchsfähig wird.

Aufgaben

① Früher galt Blut der Blutgruppe 0 als Universalspenderblut, d. h. man gab es im Notfall auch Empfängern mit anderen Blutgruppen. Welche Überlegung steckt dahinter?

② Informiere dich bei einem Blutspendetermin an deinem Wohnort über den Ablauf einer Blutspende.

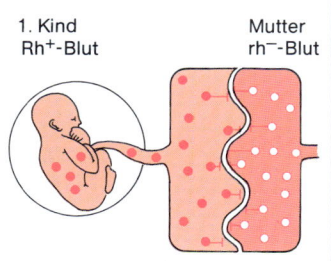

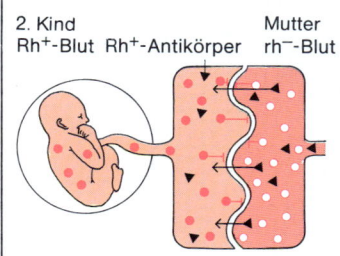

1 Rhesusunverträglichkeit

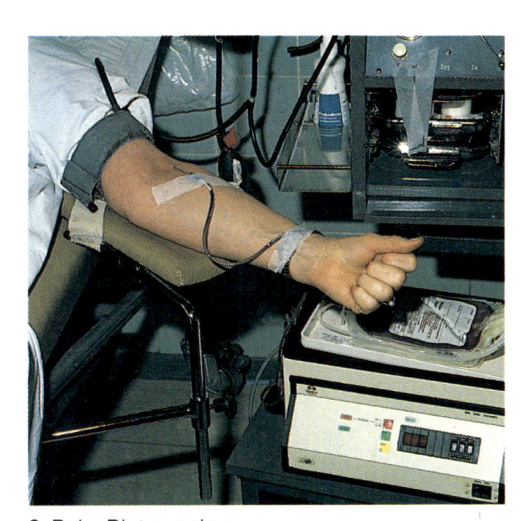

2 Beim Blutspenden

Stoffwechsel und Bewegung

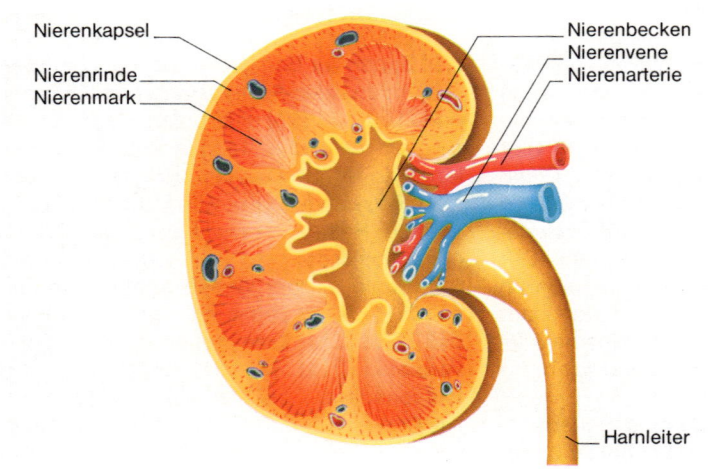

1 Bau der Niere

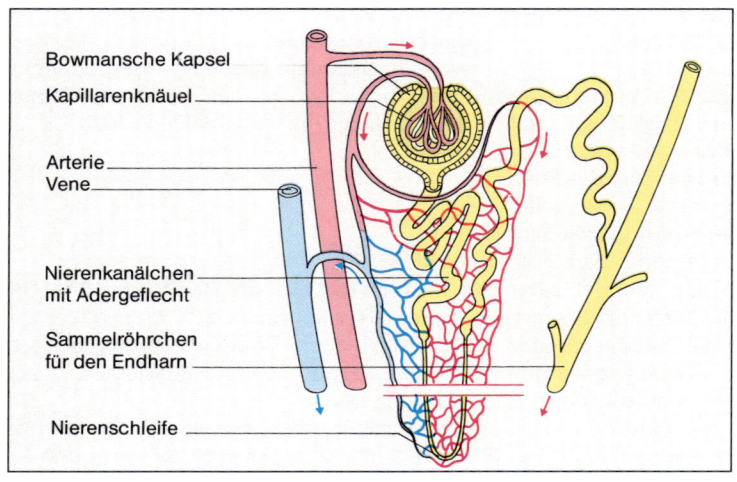

2 Feinbau der Niere (Schema)

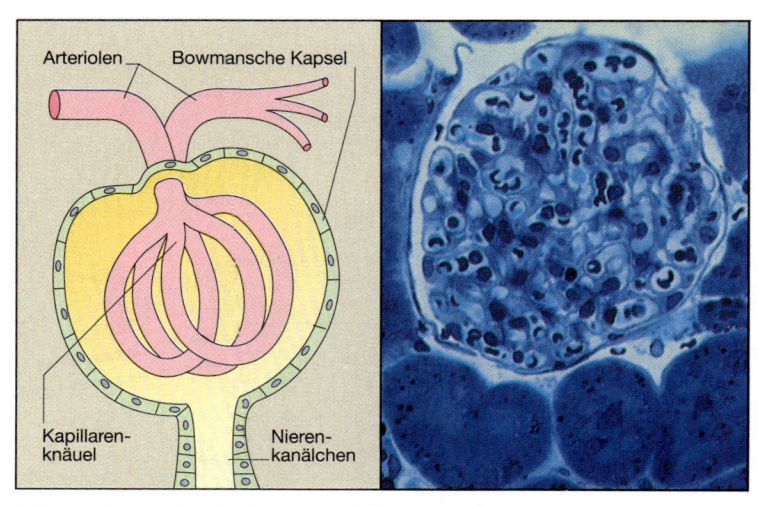

3 Nierenkörperchen (Schema und Mikroaufnahme)

Die Niere — Millionen kleinster Filter

Oft sieht man an heißen Sommertagen Motorradfahrer, den Oberkörper nur mit einem T-Shirt bekleidet. Ihnen ist anscheinend nicht bewußt, daß sie ohne Schutzkleidung die neben der Lunge wichtigsten Ausscheidungsorgane, die *Nieren*, auf Dauer und irreparabel schädigen können. Die Nieren sind temperatur- und druckempfindlich.

Die zwischen 120 und 200 g wiegenden, paarigen Organe liegen beiderseits der Wirbelsäule an der hinteren Wand der Bauchhöhle und berühren fast das Zwerchfell. Die *Nierenkapsel*, eine derbe Haut aus Bindegewebe, schützt die Nieren und grenzt sie gegen die anderen Organe in der Bauchhöhle ab.

Das Nierengewebe besteht aus zwei Schichten: Der *Mark-* und der *Rindenschicht*. Die Markschicht hat die Form eines abgerundeten Kegels, die sog. *Nierenpyramide*. Deren Spitze mündet in das *Nierenbecken,* das über den Harnleiter mit der Harnblase verbunden ist. Die Rindenschicht umgibt die Pyramidenbasis, so daß Mark und Rinde stark ineinander verzahnt erscheinen. Schon mit der Lupe sind in der Rinde winzige rote Pünktchen festzustellen. Unter dem Mikroskop erkennt man, daß es Knäuel aus Kapillaren sind, die von einer Hülle aus Bindegewebe, der *Bowmanschen Kapsel*, umgeben sind. Kapillarenknäuel — auch *Glomerulus* genannt — und Bowmansche Kapsel bilden zusammen ein 200—300 µm großes *Nierenkörperchen*.

Von jeder Bowmanschen Kapsel führt ein Nierenkanälchen ins Mark. Dort biegt es in einer haarnadelförmigen Schleife wieder in Richtung Ausgangsglomerulus um. Mehrere Nierenkanälchen münden in ein *Sammelröhrchen*. Mehrere davon vereinigen sich zu einem größeren ableitenden Kanal, der zu den Pyramidenspitzen zieht und dort in das Nierenbecken ausmündet.

Nierenkörperchen und Nierenkanälchen bilden eine funktionelle Einheit, das *Nephron*. Es gibt davon ungefähr 1 Million pro Niere; alle Nierenkanälchen zusammen sind etwa 10 km lang.

Aufgabe

① Schneide eine Schweineniere der Länge nach durch. Zeichne den Längsschnitt in dein Heft und beschrifte.

Stoffwechsel und Bewegung

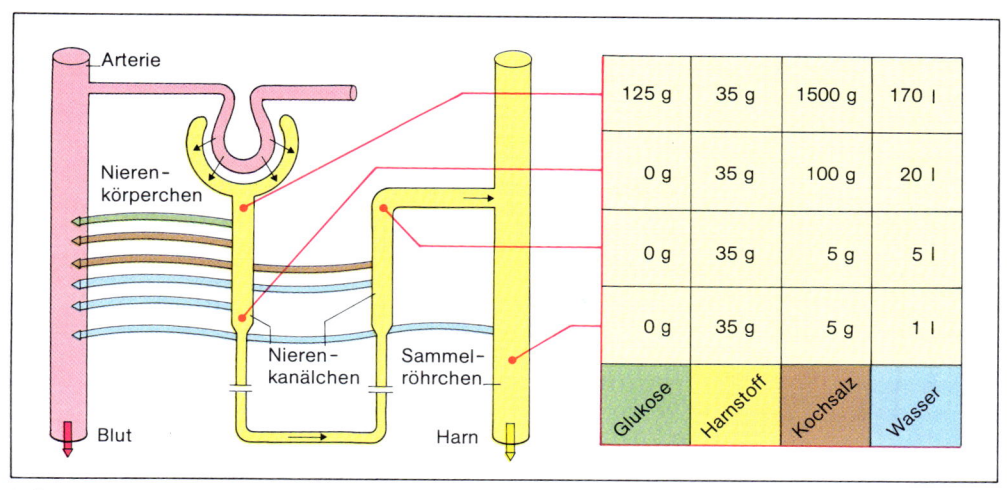

1 Schema der Harnbildung und Zusammensetzung der Harnzwischenstufen

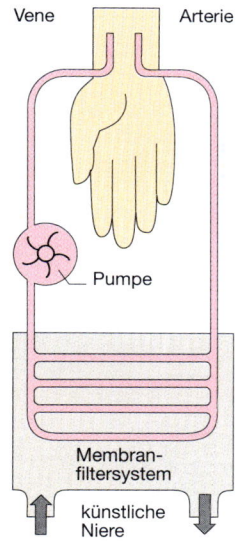

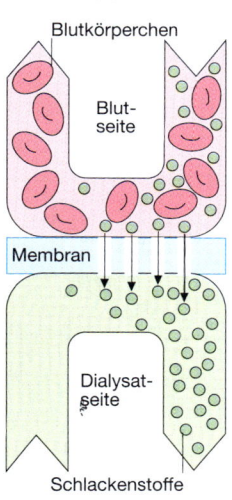

	Glukose	Harnstoff	Kochsalz	Wasser
	125 g	35 g	1500 g	170 l
	0 g	35 g	100 g	20 l
	0 g	35 g	5 g	5 l
	0 g	35 g	5 g	1 l

Prinzip der Dialyse

Die Harnbildung

Die Nieren sind Hochleistungsorgane. Etwa 300mal pro Tag durchströmt die gesamte Blutmenge die Nieren, also ca. 1500 Liter.

Das Produkt der Nierentätigkeit ist der *Harn*, dessen Bildung in den Nierenkörperchen beginnt. Da die abführenden Kapillargefäße der Kapillarenknäuel enger sind als die zuführenden, staut sich das Blut. Dadurch erhöht sich der Druck in den Kapillarenknäueln, und lösliche Blutbestandteile werden zwischen den Zellen der Kapillarwand hindurch in die Bowmansche Kapsel gepreßt. Das dabei entstehende Filtrat nennt man *Primärharn*. Blutzellen oder sehr große Moleküle wie Bluteiweiße können die Kapillarwand nicht passieren.

In den Nieren werden pro Tag ca. 170 Liter Primärharn gebildet. Er enthält viel Wasser, gelöste Salze und Traubenzucker. Auf dem Weg durch die Nierenkanälchen und Sammelröhrchen wird aus dem Primärharn ein Großteil des Wassers und der Salze sowie der gesamte Traubenzucker zurückgewonnen *(Resorption)*.

Nur noch etwa ein Liter Endharn gelangt in die Harnblase und wird als *Urin* ausgeschieden. Dieser enthält vor allem *Wasser* und *Harnstoff*, aber nur wenig *Harnsäure*.

Somit regulieren die Nieren nicht nur den Wasser- und Salzhaushalt des Körpers, sondern sind auch für die Reinigung des Blutes von giftigen Stoffwechselprodukten verantwortlich. Außerdem spielen sie eine wichtige Rolle bei der Rückgewinnung des Traubenzuckers.

Dialyse

Die Zahl der Menschen, deren Nieren nur noch eingeschränkt oder gar nicht mehr arbeiten, ist erschreckend hoch. Bereits 1945 wurde in den USA für diese chronisch Nierenkranken eine Apparatur entwickelt, die es ermöglicht, die durch die mangelnde Nierentätigkeit zurückgebliebenen Schadstoffe aus dem Blut der Patienten herauszufiltrieren. Während dieser mehrmals wöchentlich notwendigen Blutwäsche *(Dialyse)* wird innerhalb von 8–10 Stunden die gesamte Blutmenge mehrmals durch das Filtersystem der Dialyse geleitet, von Schlackenstoffen befreit und dem Organismus wieder zugeführt.

Obwohl seit 1945 das Dialyseverfahren ständig verbessert wurde, sind die Patienten großen physischen und — nicht zuletzt wegen der Abhängigkeit von einer Maschine — psychischen Belastungen ausgesetzt.

Aufgaben

① An verschiedenen Stellen des Nephrons konnte die Zusammensetzung des Harns ermittelt werden. Vergleiche die Zusammensetzung des Primärharns und des Endharns.

② Beschreibe die Vorgänge der Resorption zwischen den vier in der Abbildung 1 markierten Stellen.

③ Erkläre die Arbeitsweise der künstlichen Niere anhand der Randspaltengrafik auf dieser Seite.

Stoffwechsel und Bewegung

3 Biologische Abwehr

Der Körper wehrt sich

Infektion
(lat. *infectio* = Ansteckung)

Poliomyelitis
(griech. *polios* = grau, *myelos* = Markt)

Inkubationszeit
(lat. *incubare* = einnisten)

Resistenz
(lat. *resistere* = widerstehen)

Mikroorganismen gelangen ständig über die Atemwege, die Verdauungsorgane oder über Wunden in den Körper und können dort *Infektionskrankheiten* hervorrufen.

Die *Kinderlähmung* oder *Poliomyelitis* wird durch drei Typen von Polioviren ausgelöst, die vor allem die graue Substanz des Rückenmarks befallen. Die Krankheit tritt gehäuft im Sommer auf und befällt vor allem Kinder, verschont aber auch Erwachsene nicht. Da Kranke den Erreger beim Husten oder Niesen und durch den Stuhl ausscheiden, kann die Ansteckung durch Tröpfcheninfektion oder Beschmutzung erfolgen. Im Darm vermehren sich die Viren stark. Doch sind zunächst noch keine akuten Krankheitszeichen zu bemerken. Diese *Inkubationszeit* beträgt 5 bis 14 Tage. Die Krankheit bricht aus, wenn die Viren die Darmwand durchdrungen haben und mit dem Blut sowie über die Nervenbahnen ins Rückenmark und Gehirn gelangen. Es kommt zu Fieber, Kopfschmerzen, Erbrechen, Durchfall, Rücken- und Gliederschmerzen. Durch die Zerstörung der Nervenzellen, die für die Steuerung der Muskeltätigkeit verantwortlich sind, treten schließlich Lähmungen, meist der Arme und Beine, auf. Im Erholungsstadium können die Lähmungen teilweise, selten ganz zurückgehen. Meist bleiben Skelett- und Gelenkveränderungen zurück. Die Sterblichkeit beträgt ca. 20 %.

Die unspezifische Abwehr

Eine sehr häufig auftretende Sofortmaßnahme des Körpers ist *Fieber*. Der Körper reagiert auf Infektionen, Verletzungen, Zerstörung von Körperzellen und auf Giftstoffe mit Temperaturerhöhung. Die normale Körpertemperatur beträgt etwa 37 °C. Von erhöhter Temperatur spricht man bei 38,0 bis 38,5 °C, als hohes Fieber gelten Temperaturen von 39,0 bis 40,5 °C. Fieber beschleunigt die Stoffwechsel- und damit auch die Abwehrreaktion des Körpers.

Die Abwehr beginnt mit einer Gruppe weißer Blutzellen, die man *Riesenfreßzellen* oder *Makrophagen* nennt. Sie bewegen sich auf die Fremdkörper zu und nehmen viele von ihnen in ihr Zellplasma auf, um sie dort zu verdauen. So werden Bakterien, Viren, Staubteilchen, Arzneimittelreste, aber auch Krebszellen und gealterte rote Blutzellen vernichtet.

Diese Stufe der allgemeinen Abwehrreaktionen des Körpers, die sofort auf alle Fremdstoffe und -körper ansprechen kann, nennt man *Resistenz*. Sie ist angeboren. Die Resistenz kann jedoch geschwächt werden durch Vitaminmangel, Unter- oder Fehlernährung, durch körperliche Überanstrengung, seelische Belastung und gleichzeitiges Auftreten mehrerer Infektionen.

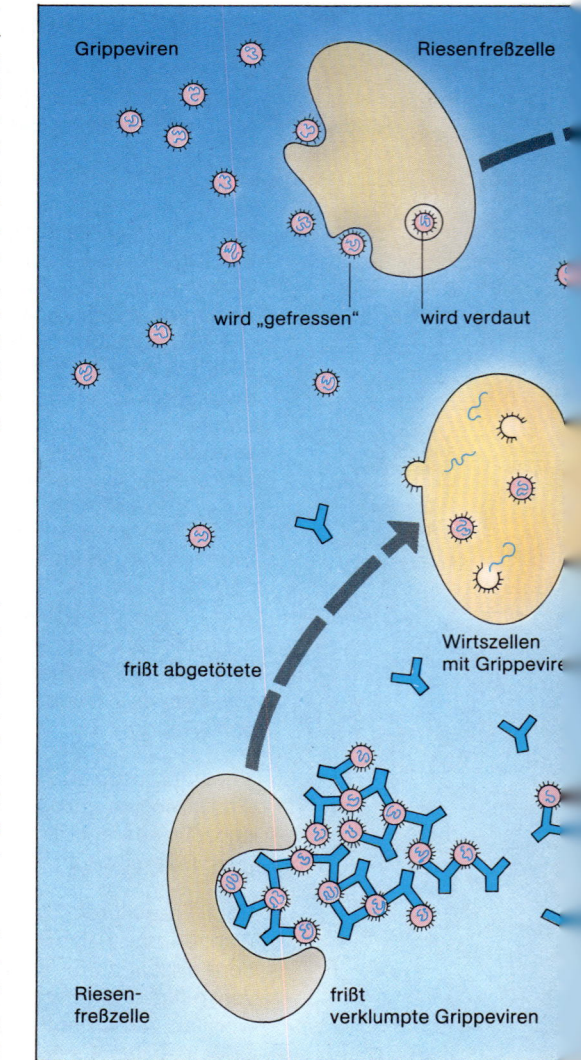

Poliovirus

1 Immunreaktionen im Körper

Stoffwechsel und Bewegung

Die Immunreaktion

Schafft es die allgemeine Abwehr nicht, den Erreger erfolgreich zu bekämpfen, kommt es zu einer weiteren Abwehrreaktion des Körpers, zur *Immunreaktion*. Wir werden diese Abwehrreaktion am Beispiel der Infektion mit Grippeviren verfolgen. Dabei spielen außer den uns schon bekannten Riesenfreßzellen drei weitere Gruppen weißer Blutzellen eine Rolle: *T-Helferzellen*, *Plasmazellen* und *Killerzellen*.

Gelangen Grippeviren in die Schleimhäute der Atemwege, beginnen die alarmierten Riesenfreßzellen sofort mit ihrer Arbeit. Sie verschlingen und verdauen die Fremdkörper, die man *Antigene* nennt. Sind es nur wenige Grippeviren, kann es sein, daß die Riesenfreßzellen allein mit ihnen fertig werden. Dann kommen die typischen Symptome der Grippe erst gar nicht zum Ausbruch, und der Mensch wird nicht krank. Wenn es die Riesenfreßzellen alleine nicht schaffen, dann „rufen sie nach Verstärkung". Sie melden den T-Helferzellen, welche Fremdkörper eingedrungen sind, indem sie Bruchstücke der Erreger auf der Membran präsentieren.

Die T-Helferzellen aktivieren daraufhin gerade solche Plasmazellen, die in der Lage sind, spezifische *Abwehrstoffe* gegen die eingedrungenen Grippeviren zu bilden. Diese Abwehrstoffe werden *Antikörper* genannt. Sie verbinden sich mit den Grippeviren und können diese miteinander verklumpen. Die verklumpten Viren werden dann von Riesenfreßzellen vernichtet. Bis diese Immunreaktionen voll wirksam sind, vergehen etwa zwei bis drei Tage.

Antikörper können nicht in Zellen eindringen. Daher gelingt es ihnen nicht, schon von Grippeviren befallenen Zellen zu helfen. In diesen Wirtszellen werden die Grippeviren also ungehindert vermehrt. Deshalb muß von den T-Helferzellen noch eine weitere Gruppe von Zellen aktiviert werden, die *Killerzellen*. Diese greifen schon vom Krankheitserreger befallene Zellen des Körpers an und lösen sie auf. So werden auch die in den Zellen vorhandenen Grippeviren zerstört.

Zusätzlich werden *Gedächtniszellen* gebildet: Befallen Grippeviren desselben Typs ein zweites Mal den Körper, können die Gedächtniszellen sofort die genau passenden Antikörper herstellen. Damit wird der Erreger unschädlich gemacht, noch bevor er sich stark vermehrt. Die Krankheit bricht nicht aus. Der Körper ist gegen diese Grippeviren *immun* geworden (lat. *immunis* = unberührt). Die Immunität ist eine spezifische Abwehrreaktion.

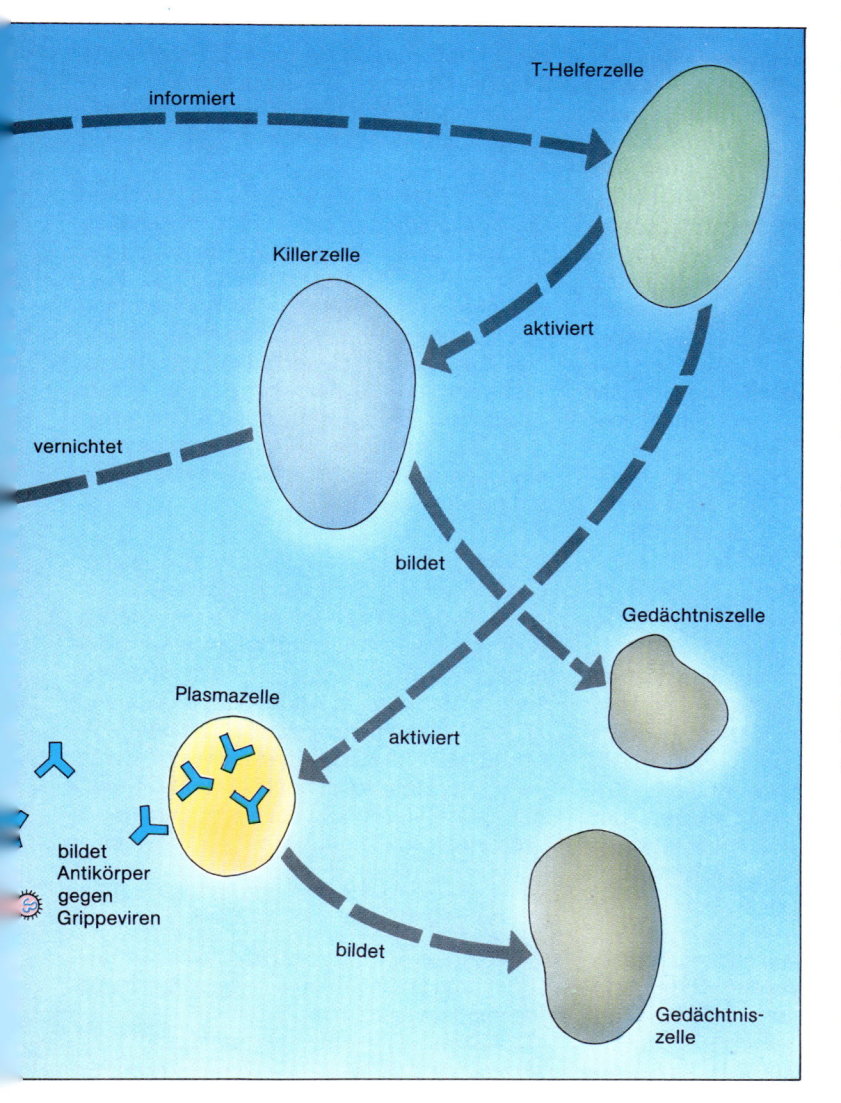

Aufgaben

① Warum ist es wichtig, daß der Körper rasch auf eingedrungene Krankheitserreger reagiert? Nenne zwei Gründe.
② Weshalb kann man mehrmals Grippe bekommen, obwohl man doch nach der ersten Grippe immun sein müßte?
③ Fieber ist oft verbunden mit Mattigkeit, Appetitlosigkeit und Kopfschmerzen. Weshalb sollte man jedoch nicht gleich ein fiebersenkendes Mittel einnehmen?

Stoffwechsel und Bewegung

Aktive und passive Immunisierung

Edward Jenner
(1749–1823)

Emil v. Behring
(1854–1917)
deutscher Bakteriologe. Er erhielt 1901 den Nobelpreis für Medizin.

Kinderlähmung

Schon 1796 schlug der englische Arzt EDWARD JENNER vor, Kinder mit den harmlosen *Kuhpocken* zu infizieren, um sie vor den gefährlichen echten *Pocken* zu schützen. Er begründete seinen Vorschlag mit der Beobachtung, daß bisher alle Menschen, die an Kuhpocken erkrankt waren, niemals echte Pocken bekamen. Seine Idee wurde damals angefeindet und er selbst mit Berufsverbot belegt. Er durfte nicht mehr als Arzt arbeiten. Seine Methode aber hatte Erfolg. Heute wird sie weltweit angewandt.

Im Prinzip verläuft die künstliche *Immunisierung* genau so wie die natürlich ablaufende Immunreaktion. Kleine Mengen von Erregern — in die Blutbahn gebracht — bewirken beim Menschen, daß Plasmazellen Antikörper herstellen. Gleichzeitig bilden sich Gedächtniszellen. Die Antikörper werden nach einiger Zeit abgebaut, die Gedächtniszellen bleiben jedoch erhalten — oft ein Leben lang. Sobald erneut Kuhpockenerreger auftreten, werden von den Gedächtniszellen in kurzer Zeit die passenden Antikörper gebildet. Da die Kuhpockenviren und die Viren, die die echten Pocken hervorrufen, ganz ähnlich gebaut sind, reagieren die Gedächtniszellen auch auf die echten Pockenviren. Die zu Beginn einer Infektion relativ geringe Zahl an Erregern kann so rasch vernichtet werden. Ein gegen Pocken geimpfter Mensch erkrankt trotz einer Pockeninfektion nicht. Da der Körper die Antikörper selbst gebildet hat, spricht man von einer *aktiven Immunisierung*. Diese Art der Impfung heißt *Schutzimpfung*. Eine einmalige Impfung hält gegen manche Krankheiten das ganze Leben, bei anderen muß der Impfschutz im Abstand von mehreren Jahren wieder aufgefrischt werden; das heißt, es muß erneut geimpft werden.

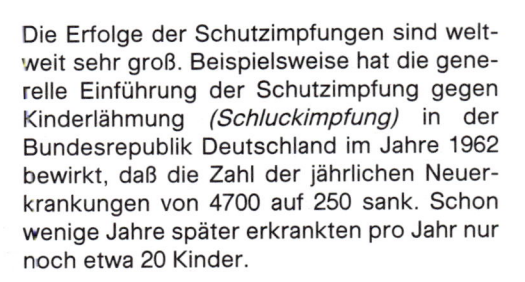

Die Erfolge der Schutzimpfungen sind weltweit sehr groß. Beispielsweise hat die generelle Einführung der Schutzimpfung gegen Kinderlähmung *(Schluckimpfung)* in der Bundesrepublik Deutschland im Jahre 1962 bewirkt, daß die Zahl der jährlichen Neuerkrankungen von 4700 auf 250 sank. Schon wenige Jahre später erkrankten pro Jahr nur noch etwa 20 Kinder.

Die von der Weltgesundheitsorganisation *(WHO)* eingeführte weltweite Schutzimpfung gegen Pocken bewirkte, daß zwischen Oktober 1977 und Dezember 1979 weltweit keine Neuerkrankungen an Pocken zu verzeichnen waren.

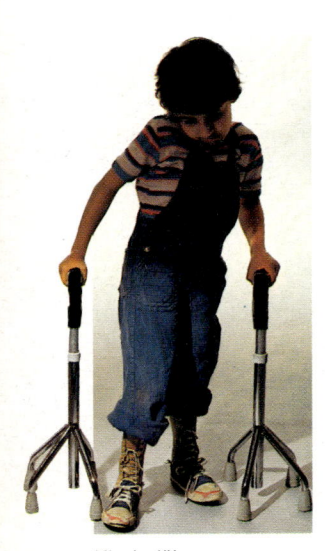

Trotzdem traten später wieder Pockenfälle auf. Auch die Anzahl der an Kinderlähmung erkrankten Kinder nimmt wieder zu. Durch die großen Erfolge der Schutzimpfungen wird die Gefahr zu erkranken zunächst geringer. Deshalb lassen immer weniger Eltern ihre Kinder impfen. Dadurch entsteht dann eine *Impflücke*. Wären wirklich alle geimpft, hätte der Erreger keine Chance.

Allerdings sind auch vereinzelt Krankheitsfälle als Folge von Schluckimpfungen bekannt geworden. So kann es vorkommen, daß durch die bei der Schluckimpfung aufgenommenen, abgeschwächten Kinderlähmungsviren ein Kind schwerwiegend erkrankt. Deshalb gibt es bei uns keinen gesetzlich vorgeschriebenen Impfzwang mehr. Da jedoch das Risiko einer Erkrankung an Kinderlähmung viel größer ist als das Risiko einer Impffolgeerkrankung, werben die Gesundheitsämter für die Schutzimpfungen mit dem Slogan „Schluckimpfung ist süß, Kinderlähmung ist grausam".

EMIL VON BEHRING entwickelte ein Verfahren, um nicht geimpften, bereits erkrankten Menschen zu helfen. Er infizierte Pferde mit den Erregern der *Diphtherie*, einer Erkrankung der oberen Atemwege. Die Tiere bildeten dann in ihrem Blut die passenden Antikörper. Aus dem Blut dieser aktiv immunisierten Tiere gewann BEHRING ein Serum. Dieses wurde mit den darin enthaltenen Antikörpern dem an Diphtherie erkrankten Menschen eingespritzt. Damit erzielte BEHRING eine sofortige Heilwirkung.

Das körpereigene Abwehrsystem ist jedoch in diesem Falle nicht aktiviert worden. Sind die Antikörper nach einiger Zeit verbraucht oder abgebaut, erlischt der vorübergehende Impfschutz, der Körper ist nicht dauerhaft immun. Man sagt, er wurde nur *passiv immunisiert*. Diese Impfung wird *Heilimpfung* genannt. Man führt sie aber nicht nur durch, wenn ein Mensch schon erkrankt ist, sondern auch als Schutz vor einer unmittelbar drohenden Infektion mit dem Erreger einer schweren Krankheit.

Aufgaben

① Weshalb soll man sich nach einer Schutzimpfung nicht übermäßig belasten, insbesondere keinen Sport treiben?
② Welchen Effekt hat eine Impflücke?
③ Warum hilft eine Schutzimpfung bei Erkrankten nicht?

Stoffwechsel und Bewegung

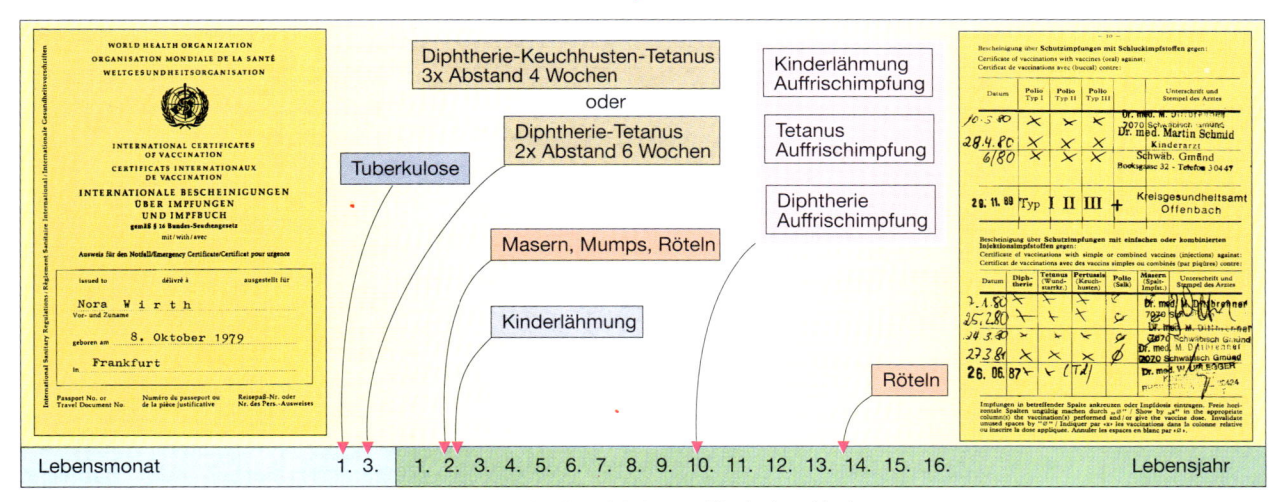

1 Impfbuch und Impfplan für die wichtigsten Kinderkrankheiten

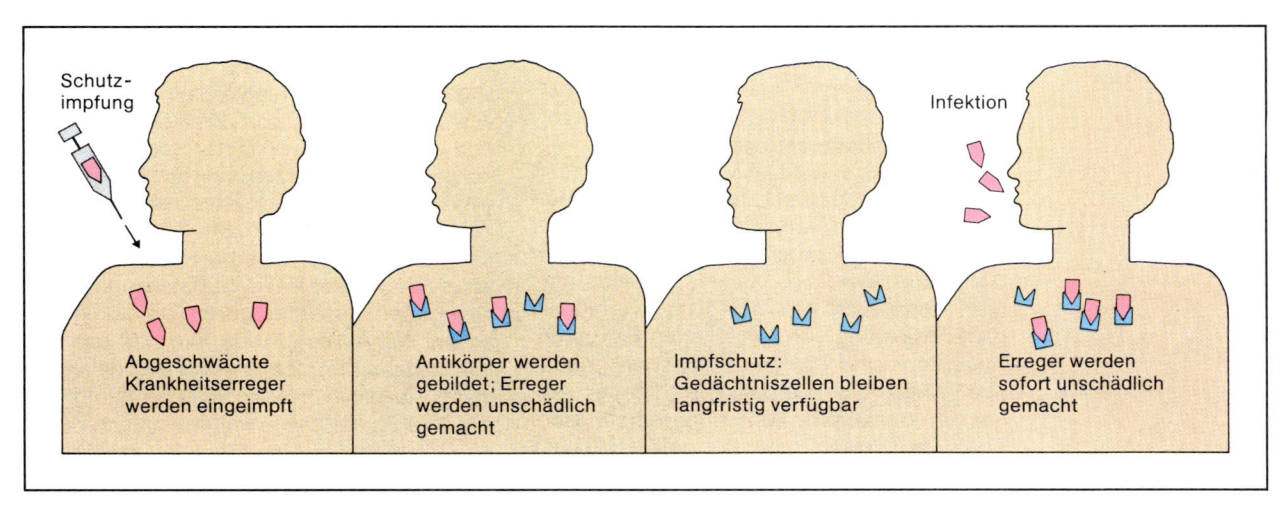

Diphtherie-Keuchhusten-Tetanus 3x Abstand 4 Wochen
oder
Diphtherie-Tetanus 2x Abstand 6 Wochen
Tuberkulose
Masern, Mumps, Röteln
Kinderlähmung
Kinderlähmung Auffrischimpfung
Tetanus Auffrischimpfung
Diphtherie Auffrischimpfung
Röteln

Lebensmonat 1. 3. | 1. 2. 3. 4. 5. 6. 7. 8. 9. 10. 11. 12. 13. 14. 15. 16. Lebensjahr

---

2 Aktive Immunisierung

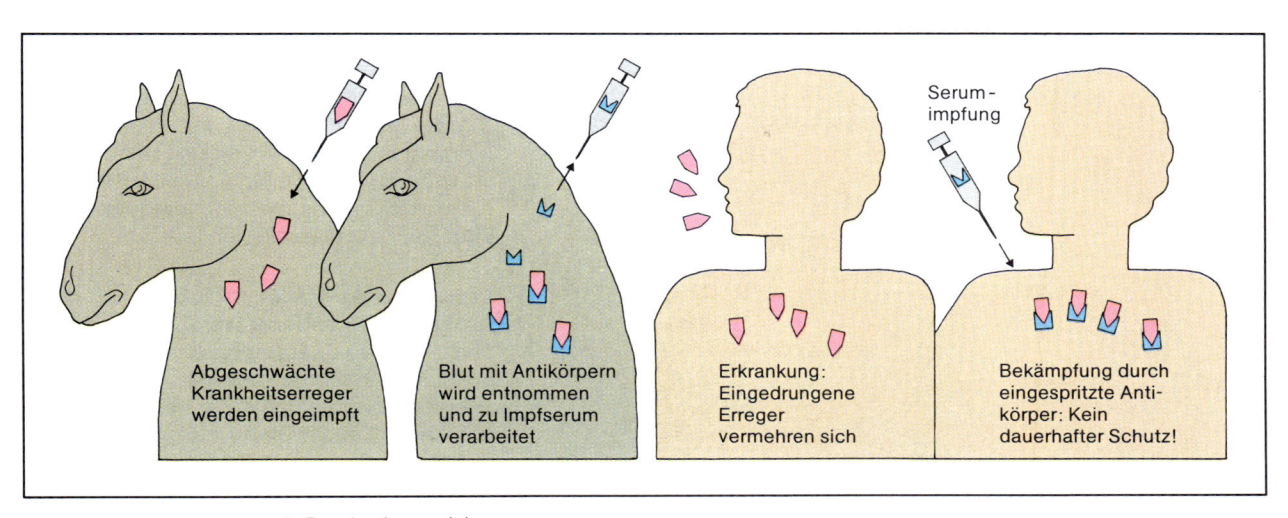

- Schutzimpfung — Abgeschwächte Krankheitserreger werden eingeimpft
- Antikörper werden gebildet; Erreger werden unschädlich gemacht
- Impfschutz: Gedächtniszellen bleiben langfristig verfügbar
- Infektion — Erreger werden sofort unschädlich gemacht

---

3 Passive Immunisierung

- Abgeschwächte Krankheitserreger werden eingeimpft
- Blut mit Antikörpern wird entnommen und zu Impfserum verarbeitet
- Erkrankung: Eingedrungene Erreger vermehren sich
- Serumimpfung — Bekämpfung durch eingespritzte Antikörper: Kein dauerhafter Schutz!

Stoffwechsel und Bewegung

Heilung von Bakterieninfektionen

1928 entdeckte der englische Bakteriologe ALEXANDER FLEMING das Penicillin. Dieser Wirkstoff wird von dem Schimmelpilz Penicillium freigesetzt und hindert Bakterien an der Zellteilung. 1935 fand der deutsche Bakteriologe GERHARD DOMAGK die synthetisch hergestellten Sulfonamide, die ebenfalls Bakterien abtöten. Man kennt heute zahlreiche bakterienhemmende Stoffe, die aus Pilzen und Pflanzen gewonnen oder in der pharmazeutischen Industrie künstlich hergestellt werden. Ein von Organismen gebildeter Stoff, der Mikroorganismen abtötet oder an der Vermehrung hindert, wird *Antibiotikum* genannt.

Es kommt vor — z. B. nach zu häufiger Anwendung von Antibiotika, daß der erwartete Heilerfolg ausbleibt, weil Bakterienstämme gegen ein bestimmtes Antibiotikum resistent geworden sind. Deshalb müssen laufend neue Varianten von Antibiotika entwickelt werden, oder es werden Gemische verschiedener Stoffe eingesetzt.

Antibiotika sind, wie alle Medikamente, auch nicht ohne Nebenwirkungen für den Menschen. Sie zerstören beispielsweise die harmlosen Bakterien im menschlichen Darm, die *Darmflora*. Diese ist für eine normale Verdauung notwendig und verhindert die Entwicklung von schädlichen Bakterien. Außerdem sind manche Menschen gegenüber Antibiotika allergisch; ihr Körper reagiert in krankhafter Weise überempfindlich. Antibiotika dürfen daher nur unter ärztlicher Kontrolle eingenommen werden.

Allergien

Bei manchen Menschen liegt eine Überempfindlichkeit *(Hypersensibilität)* des Immunsystems vor, so daß es nicht zwischen harmlosen und schädlichen Fremdstoffen, wie z. B. Krankheitserregern, unterscheidet. Die immunologischen Abwehrreaktionen gegen harmlose Substanzen können dann so stark sein, daß typische Krankheitssymptome auftreten. Solche Überreaktionen des Immunsystems nennt man *Allergien*.

Die Zahl der Menschen, die über Allergien klagen, nimmt ständig zu. Etwa jeder Fünfte reagiert allergisch auf bestimmte Stoffe wie z. B. Waschmittel, Farben oder Tierhaare. Solche allergieauslösenden Stoffe nennt man *Allergene*. Eine der häufigsten Allergien, der *Heuschnupfen*, wird durch Blütenstaub ausgelöst, der mit der Atemluft auf die Nasenschleimhäute gelangt.

Das Immunsystem reagiert auf die Allergene wie auf Antigene von Krankheitserregern und bildet eine spezifische Sorte von Antikörpern. Diese setzen sich an bestimmten weißen Blutzellen, den *Mastzellen*, fest. Bei erneutem Kontakt mit dem Allergen erkennen es die Antikörper sofort wieder und veranlassen die Mastzelle, Substanzen ins Blut abzugeben, die den Eindringling bekämpfen sollen. Wenn diese Stoffe, wie z. B. das Protein *Histamin*, im Übermaß ins Blut gelangen, lösen sie die typischen Allergie-Symptome aus. Die Blutgefäße erweitern sich, der Blutdruck fällt dadurch ab. Zugleich erhöht sich die Durchlässigkeit der Gefäßwände, und die Schleimhäute schwellen an. Auch auf der Haut bilden sich juckende und entzündliche Schwellungen. Die feinen Verästelungen der Bronchien in der Lunge verengen sich, das Atmen fällt schwer, es kommt zu einem Asthma-Anfall. Die schwerste Form einer allergischen Reaktion ist der *anaphylaktische Schock*. Blutdruckabfall und Atemlähmung führen zu Bewußtlosigkeit und ohne schnelle Hilfe zum Tod. Die häufigsten Auslöser dafür sind Insektenstiche und injizierte Arzneimittel, vor allem Penicilline.

Eine Behandlungsmöglichkeit ist die *Hyposensibilisierung*. Dabei werden dem Körper, ähnlich wie bei der Impfung, die krankheitsauslösenden Stoffe, hier die Allergene, zugeführt. Diese jedoch in so kleinen Mengen, daß keine Beschwerden ausgelöst werden, sondern sich der Körper mit der Zeit an die Allergenzufuhr gewöhnt und sein Immunsystem normal reagiert.

Antibiotikum
(griech. *anti* = gegen, *bios* = Leben)

Anaphylaktischer Schock
(griech. *Anaphylaxie* = Schutzlosigkeit)

1 Arzneimittel schädigen die Bakterienzellen an unterschiedlichen Stellen

Stoffwechsel und Bewegung

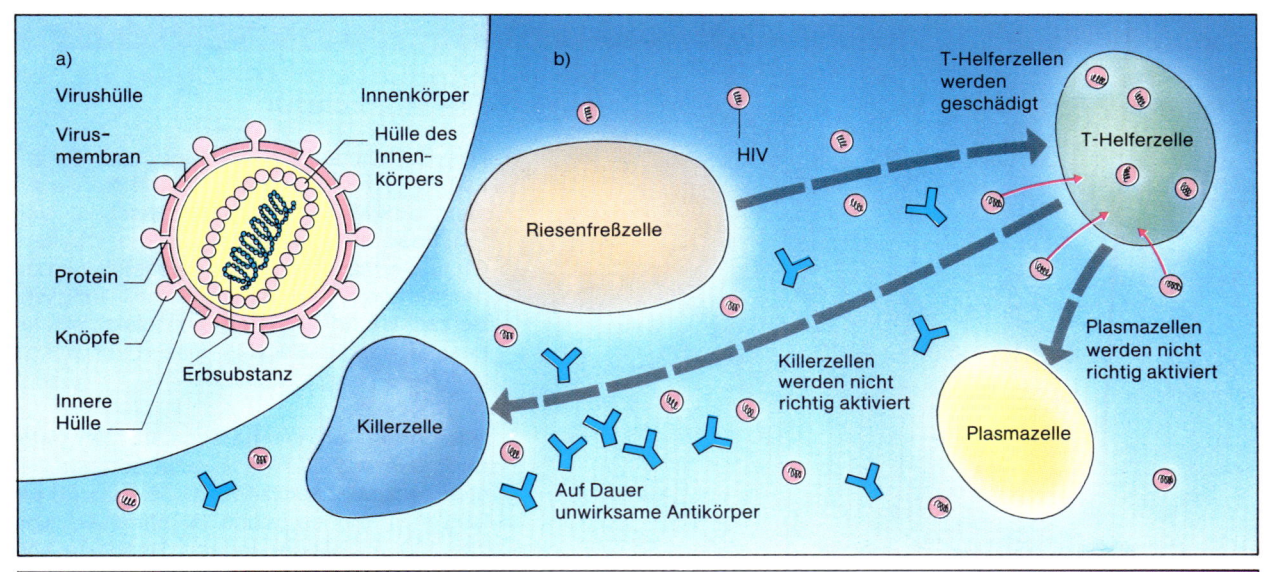

Krankheitsverlauf:	Fieber, Lymphknotenschwellung	ohne Beschwerden	Aids	Tod
Diagnose:		Antikörper gegen HIV nachweisbar		
Ansteckungsgefahr:	infektiös	Patient kann andere Menschen anstecken		
Infektion mit HIV	wenige Wochen	zwei bis zehn Jahre	ein bis zwei Jahre	

1 Vermehrungszyklus des HI-Virus und seine Wirkung auf das Immunsystem

Immunschwächeerkrankungen

AIDS =
Aquired
Immune
Deficiency
Syndrome =
erworbenes
Immun-
Schwäche-
Syndrom

HIV =
Human
Immundeficiency
Virus =
menschliches
Immunschwäche-
Virus

Opportunistisch
(lat. *opportunus*) =
der günstigen
Gelegenheit folgend

Wenn das Immunsystem unzureichend entwickelt oder stark gestört ist, bleibt die Immunreaktion mangelhaft oder fällt ganz aus. Dies kann angeboren sein oder auch als Folge einer Erkrankung auftreten. Häufigste Ursache ist heutzutage das erworbene Immunschwäche-Syndrom *AIDS*. Es wird durch ein Virus, das *HIV*, hervorgerufen.

In den ersten Monaten nach der Infektion durch das HI-Virus treten oft grippeähnliche Krankheitssymptome auf wie Erschöpfung, Fieber und geschwollene Lymphknoten. Die meisten Symptome verschwinden im Laufe weniger Wochen wieder, und der Infizierte bleibt oft jahrelang ohne Beschwerden. Die Inkubationszeit, bis die Krankheit zum Ausbruch kommt, kann 2 bis 5, teilweise auch bis 10 Jahre betragen.

Dann kann man bei AIDS-Kranken eine extrem niedrige Anzahl von weißen Blutzellen feststellen. Statt der normalerweise 800 T-Helferzellen pro Milliliter Blut sind oft weit weniger als 400 vorhanden. Die Viren befallen nämlich die T-Helferzellen und werden in ihnen vermehrt. Dadurch werden genau die Zellen geschädigt und zerstört, die normalerweise die Antikörperproduktion veranlassen. Der Ausfall der T-Helferzellen bewirkt, daß jetzt Krankheitserreger den Körper befallen können, die sich bei funktionierendem Abwehrsystem niemals im Körper ausbreiten und vermehren könnten. Es treten sog. *opportunistische Infektionen* auf wie selten vorkommende Formen von Lungenentzündung oder Krebs sowie seltene Virusinfektionen der verschiedensten Organe. Es gibt keine wirksamen Medikamente oder Impfungen, und nach bisherigem Kenntnisstand ist anzunehmen, daß alle HIV-Infizierten an AIDS erkranken und sterben werden müssen.

Aufgaben

① Informiere dich über die Ansteckungsgefahren mit dem HI-Virus. Informationen und Info-Material erhält jeder bei den örtlichen Gesundheitsämtern und AIDS-Beratungsstellen oder der Bundeszentrale für gesundheitliche Aufklärung in Köln.
② Überlege, wie eine Weiterverbreitung der HIV-Infektion eingedämmt werden könnte.

Stoffwechsel und Bewegung

4 Bewegung und Stabilität

Die Muskulatur

Das Zusammenspiel von Knochen, Gelenken, Muskeln, Stoffwechsel und Nervensystem ermöglicht es dem Menschen, sich fortzubewegen, zu essen und zu arbeiten. Ohne die Magen- und Darmperistaltik ist eine geregelte Verdauung nicht möglich; Herzschlag und Atmung sind gleichfalls lebensnotwendig. Bei allen diesen Vorgängen sind die *Muskeln* beteiligt.

Nach ihrem Aufbau unterscheidet man *glatte* und *quergestreifte Muskulatur*. Letztere besteht aus *Muskelfasern*, die bis zu 30 cm lang sein können, einen Durchmesser von 10–100 µm haben und oft Hunderte von Zellkernen besitzen. Entstanden sind diese „Riesenzellen" dadurch, daß sich die Zellkerne einer Zelle wiederholt teilten, die Durchschnürungen der Zelle jedoch unterblieben.

Viele Muskelfasern bilden ein *Muskelfaserbündel*. Jedes einzelne davon ist in eine Bindegewebshülle eingebettet, durch die feine Blutgefäße und Nervenfasern ziehen. Ein Muskel setzt sich aus Tausenden solcher Bündel zusammen, eine *Muskelhaut* umhüllt ihn nach außen. Skelettmuskeln enden auf jeder Seite in einer *Sehne*, die sie am Knochen befestigt.

Die *Herzmuskulatur* ist eine Sonderform der quergestreiften Muskulatur. Sie besteht aus einem Netzwerk verzweigter Einzelzellen mit nur einem Zellkern. Diese Vernetzung ist die Voraussetzung dafür, daß sich ein einziger elektrischer Impuls von den Vorhöfen über die Herzkammern fortpflanzt und so eine geordnete Kontraktionsabfolge auslösen kann. Während die Skelettmuskulatur willkürlich arbeitet, unterliegt die Tätigkeit der Herzmuskulatur nicht unserem Willen.

Die Zellen der *glatten Muskulatur* sind meist langgestreckt und spindelförmig. Ihre Länge liegt zwischen 50 und 220 µm bei einem Durchmesser von 4–20 µm. Im Zellplasma liegt nur ein Zellkern. Anders als die schnell aktivierbare Skelettmuskulatur, deren Kontraktion nur von kurzer Dauer ist und viel Energie verbraucht, arbeitet die glatte Muskulatur langsam, aber dafür ausdauernd und mit wesentlich geringerem Energieverbrauch. Ein Beispiel hierfür ist die *Eingeweidemuskulatur* des Menschen.

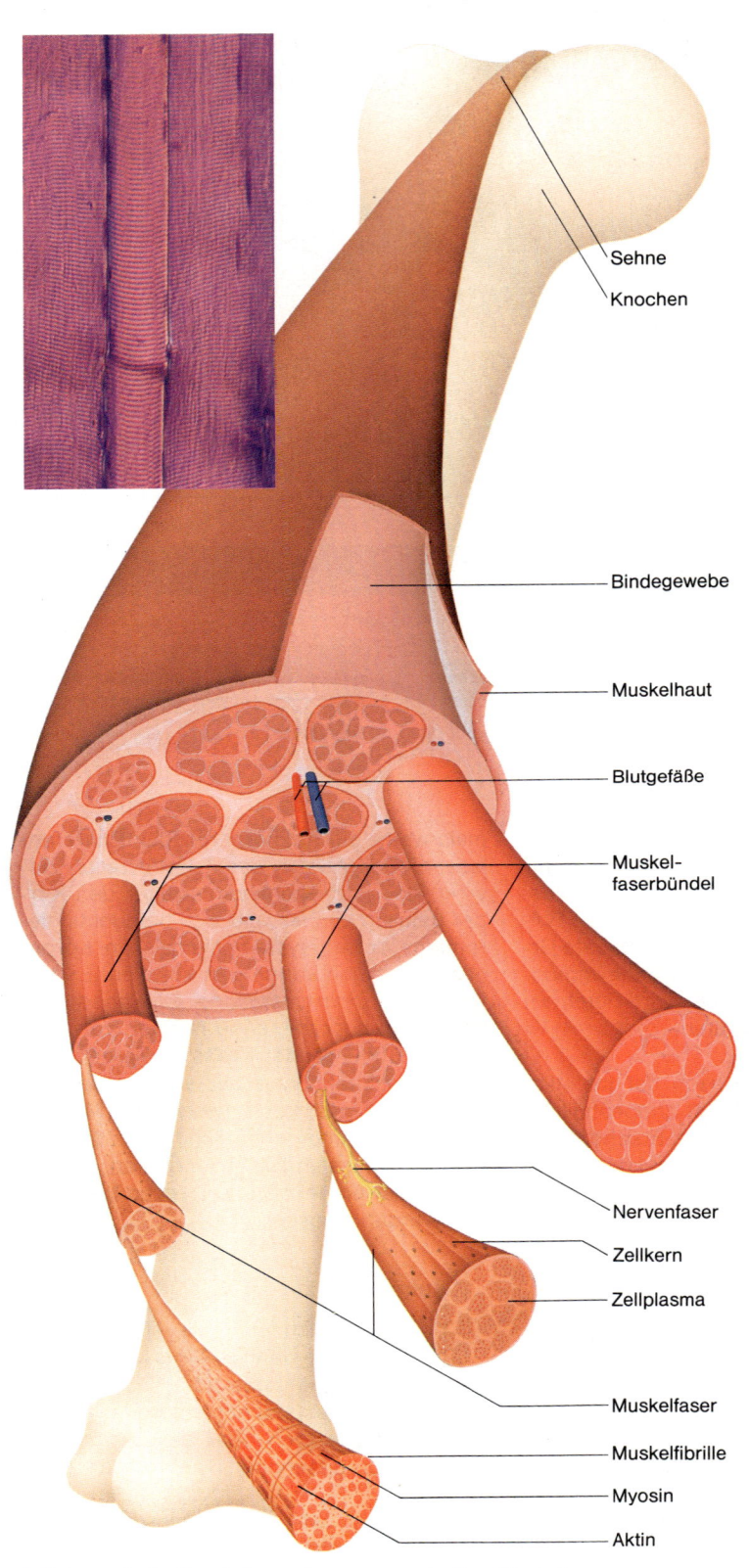

1 Schematische Darstellung eines quergestreiften Muskels

Die Arbeitsweise der Muskeln

Muskeln können sich zwar zusammenziehen, niemals aber aktiv ausdehen. Sie brauchen dazu immer jeweils einen Gegenspieler *(Antagonist)*, der sie wieder in den gedehnten Zustand zurückzieht. Dieser Gegenspieler kann ein weiterer Muskel, ein elastisches Band oder — wie im Falle der Herzmuskulatur — der Druck von Flüssigkeiten sein. Diese Arbeitsweise bezeichnet man als *Gegenspielerprinzip* oder *Antagonismus*.

Wie aber kommt diese Muskelkontraktion z. B. der Skelettmuskulatur zustande? Das Elektronenmikroskop enthüllt dazu weitere Einzelheiten des Muskelaufbaus. Jede Muskelzelle enthält in Längsrichtung wiederum feinste Fasern von nur 2–3 μm Durchmesser. Man bezeichnet diese als *Muskelfibrillen*. Sie setzen sich aus zwei Untereinheiten, den *Myosin-* und *Aktinfilamenten* zusammen.

Myosin und Aktin sind *Muskelproteine*, die bei der Muskelkontraktion eine entscheidende Rolle spielen. Die Myosinfilamente besitzen bewegliche Köpfe. Im erschlafften Muskel stehen sie senkrecht zum Myosinfilament. Bei einer Muskelkontraktion haften die Myosinköpfe zunächst am Aktinfilament an und klappen dann in die 45°-Stellung um.

Durch dieses Umschlagen wird das Aktinfilament weitergezogen, die Muskelfaser verkürzt. Die Myosinköpfchen lösen sich wieder vom Aktinfilament ab und klappen in die Ausgangsstellung zurück. Viele Kippbewegungen der Myosinköpfchen führen zu einer Muskelkontraktion. Die oben beschriebene Arbeitsweise wird als *Querbrückenmechanismus* bezeichnet. Für diese Vorgänge muß Energie zugeführt werden.

Aufgaben

① Schneide aus einem Stück Rindfleisch in Faserrichtung ein kleines Stück heraus. Lege es auf einem Objektträger in eine 1%ige Kochsalz-Lösung. Zerzupfe es mit 2 Präpariernadeln und mikroskopiere anschließend bei 400facher Vergrößerung.
   a) Zeichne die beobachtete Muskelstruktur in dein Heft.
   b) Erkläre, warum im Lichtmikroskop die Muskelfaser quergestreift ist.
② Mache vier Wochen lang jeden Morgen, Mittag und Abend 10 Liegestützen. Miß jede Woche den Umfang der Oberarmmuskulatur bei gespanntem Bizeps.

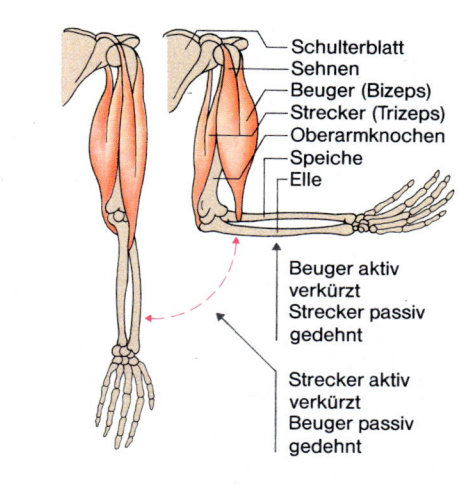

4 Glatte Muskulatur

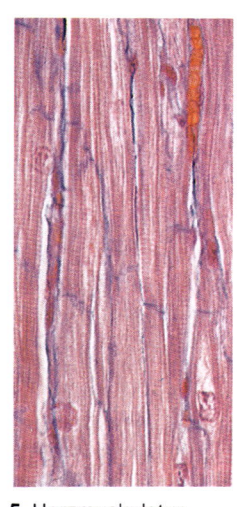

5 Herzmuskulatur

1 Gegenspielerprinzip
- Schulterblatt
- Sehnen
- Beuger (Bizeps)
- Strecker (Trizeps)
- Oberarmknochen
- Speiche
- Elle

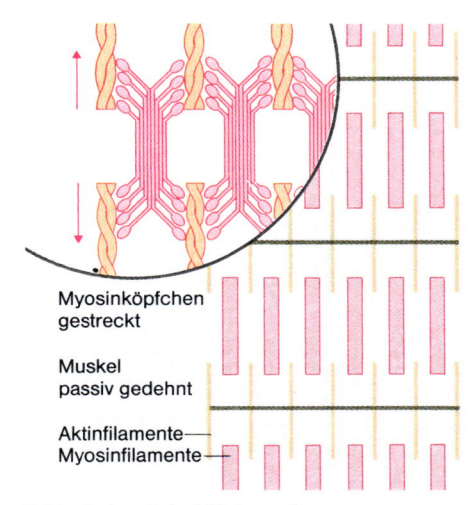

Beuger aktiv verkürzt
Strecker passiv gedehnt

Strecker aktiv verkürzt
Beuger passiv gedehnt

2 Muskel gedehnt (Schema)
- Myosinköpfchen gestreckt
- Muskel passiv gedehnt
- Aktinfilamente
- Myosinfilamente

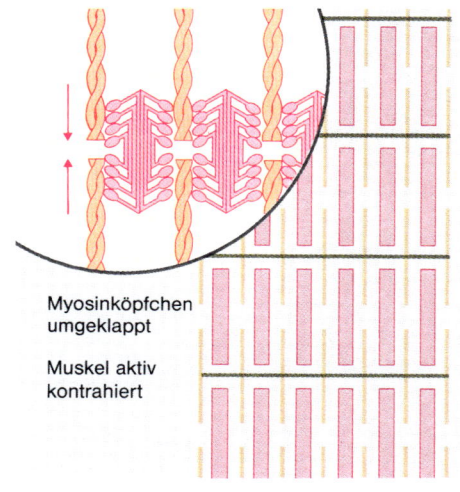

3 Muskel verkürzt (Schema)
- Myosinköpfchen umgeklappt
- Muskel aktiv kontrahiert

Stoffwechsel und Bewegung

Gelenkknorpel
Knochenbälkchen
rotes Knochenmark

Knochenhaut
gelbes Knochenmark

a
b
c
d

Knochenröhrchen
Knochenzellen

Blutgefäße
Knochenhaut

Nerven
Knochenlamellen

Der Knochenaufbau

Die Knochen lassen sich nach ihrer Form in platte, kurze und lange Knochen unterteilen. Schulterblatt und Brustbein zählen zu den platten, Hand- und Fußwurzelknochen zu den kurzen Knochen. Lange Knochen bezeichnet man als *Röhrenknochen*. Beispiele hierfür sind: Ober- und Unterarmknochen sowie Ober- und Unterschenkelknochen. Lange Knochen gliedern sich in Knochenschaft und Gelenkenden.

Knochen sind keine toten, sondern lebende Gebilde. Mit Ausnahme des Gelenkknorpels und der Ansatzstellen der Sehnen überzieht eine *Knochenhaut* den gesamten Knochen. Sie ist stark durchblutet, reich an Nervenfasern und bildet nach innen die Knochensubstanz. Wird bei einer Verletzung die Knochenhaut abgelöst, verliert der Knochen seine Blutzufuhr und stirbt an dieser Stelle ab.

Die außerordentliche Festigkeit des Knochengewebes beruht auf der besonderen chemischen Zusammensetzung der Knochensubstanz. Sie besteht etwa zu 25 % aus organischen und zu 55 % aus anorganischen Bestandteilen, der Rest ist Wasser. Die organischen Bestandteile sind: *Knochenzellen* und die von ihnen gebildete *Grundsubstanz*. In diese sind zugfeste, aber nicht elastische *Kollagenfasern* eingelagert. Die anorganische Knochensubstanz besteht aus Stoffen wie Kalziumphosphat und Kalziumkarbonat. Sie sind in die Grundsubstanz eingelassen und härten sie. Zusammen mit den organischen Bestandteilen machen sie den Knochen druckfest und elastisch.

Bei den Röhrenknochen umschließt eine kompakte Knochenschicht die *Markhöhle* des Knochenschaftes. Im Bereich der Gelenke verästelt sie sich in ein System von *Knochenbälkchen*. Die Hohlräume sind mit rotem *Knochenmark* ausgefüllt. Es bildet rote und weiße Blutzellen. Mit fortschreitendem Alter verfettet das rote Knochenmark und wird dadurch gelblich.

Aufgaben

① Wiege ein Knochenstückchen. Glühe es in einem feuerfesten Reagenzglas aus und wiege es erneut. Vergleiche und erkläre.
② Suche in der Technik und Architektur Konstruktionen, die nach dem Röhrenprinzip gebaut sind und deren Anordnung dem Aufbau der Knochenbälkchen ähnlich ist.

Stoffwechsel und Bewegung

Die Gelenke

Viele Knochen des Skelettes sind fest und doch beweglich miteinander verbunden: So bilden die beiden Hüftbeine und das Kreuzbein das Becken, die Rippen sind durch Knorpel am Brustbein befestigt. Die Schädelknochen, die bei Neugeborenen noch durch elastisches Bindegewebe beweglich miteinander verbunden sind, greifen beim Erwachsenen an den Schädelnähten ineinander und bilden so eine feste Schädelkapsel.

Die meisten Knochen werden jedoch durch *Gelenke* beweglich miteinander verbunden. Jedes Gelenk besteht aus dem *Gelenkkopf* und der *Gelenkpfanne*; sie sind von *Gelenkknorpel* überzogen. Nach außen schließt die *Gelenkkapsel* das Gelenk ab. Die von der Gelenkkapsel gebildete *Gelenkschmiere* setzt die Reibung herab und ernährt den Gelenkknorpel, der nicht durchblutet ist. An besonders beanspruchten Stellen im Gelenk bildet die Gelenkkapsel Schleimbeutel und Fettpolster.

Als besondere Bildungen kommen in dem äußerst leistungsfähigen und kompliziert gebauten Kniegelenk zwei halbmondförmige Knorpelscheiben vor, die *Menisken*. Weil sie sich jeder Gelenkstellung anpassen können, verleihen sie dem Kniegelenk eine zusätzliche Führung. Zwei *Seitenbänder* und zwei sich im Knie überkreuzende *Kreuzbänder* halten und führen das Gelenk. Die Kniegelenkbänder sind außerordentlich zugfest und könnten etwa 6 Tonnen tragen, ehe sie zerreißen. Die *Kniescheibe* ist ein sog. Sesambein, und zwar das größte in unserem Körper. *Sesambeine* sind knöcherne oder knorpelige Bildungen der Sehne, die am Knochen eine günstigere Krafteinwirkung ermöglichen.

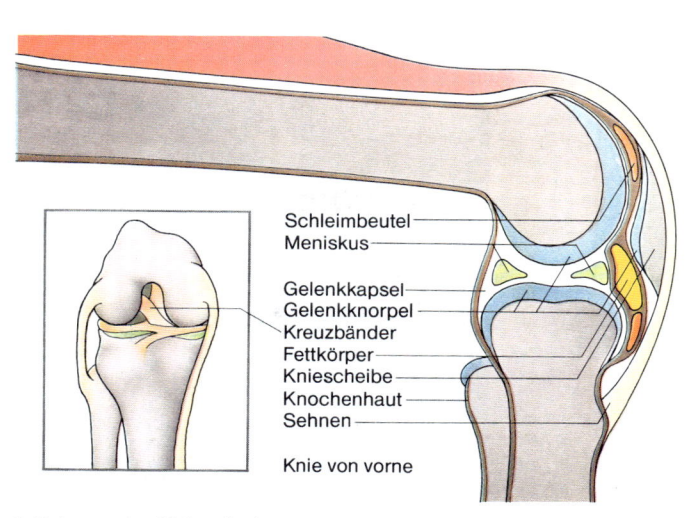

1 Schema des Kniegelenks

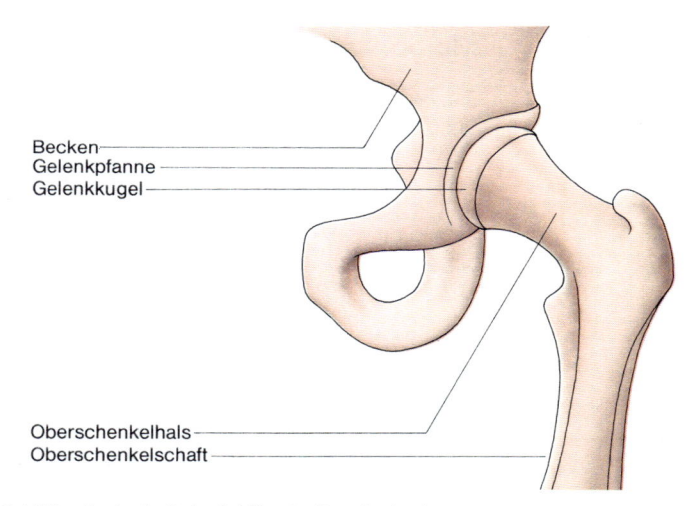

2 Hüftgelenk als Beispiel für ein Kugelgelenk

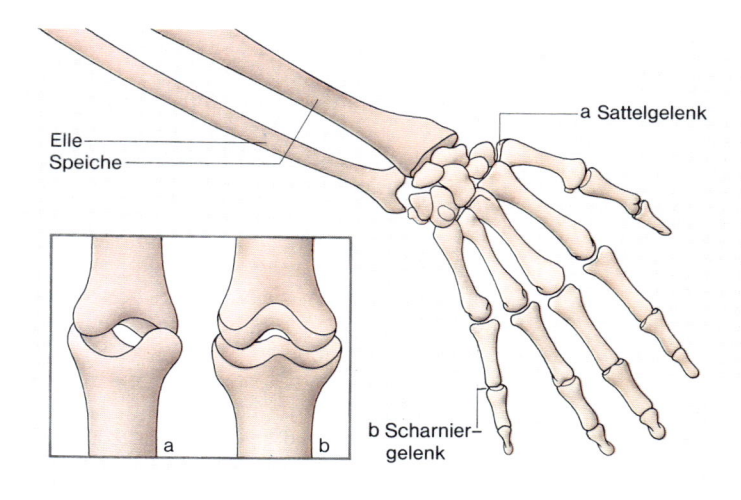

3 Sattel- und Scharniergelenk

Aufgaben

① Finde für alle Gelenke des Armes und der Hand sowie des Beinskelettes durch Probieren heraus, welchem der drei abgebildeten Gelenktypen sie zuzuordnen sind.

② Suche in der Technik nach Konstruktionen, die den drei abgebildeten Gelenktypen entsprechen.

③ Gib durch einen Pfeil die Zugrichtung der Sehne des in Abbildung 1 eingezeichneten Oberschenkelmuskels an. Welche Veränderungen ergäben sich, wenn die Sehne ohne die Kniescheibe am Schienbein ansetzen würde?

Stoffwechsel und Bewegung

1 Lockerungs- und Dehnungsübungen

Muskeltraining und Gesundheit

Bewegungsmangel ist eine typische Folge unserer allzu oft sitzenden Lebensweise. Muskeln aber, die zu wenig bewegt werden, verkümmern, sie leisten weniger und ermüden schneller. Deutlich erkennt man dies, wenn nach einem Knochenbruch der Gips wieder abgenommen wird. Die stillgelegten Muskeln sind ganz dünn geworden und müssen durch Übung erst wieder zu Kräften kommen. Wenn die Muskeln, die für die Haltung des Körpers wichtig sind, zu schwach sind, kommt es zu Haltungsschäden. Zu wenig Bewegung schwächt auch die Muskulatur von Herz, Kreislauf und Atmung; der Körper kann schon bei geringer Belastung nicht mehr genügend Sauerstoff aufnehmen. Die Folge sind Schlafstörungen, Verdauungsstörungen, frühzeitiges Ermüden und allgemeiner Leistungsabfall.

Zur Erhaltung von Gesundheit und Leistungsfähigkeit muß die Muskulatur geübt werden. Training führt zur Verdickung der Muskelfasern und damit zu einer Muskelvergrößerung, gleichzeitig nimmt auch die Zahl der Blutkapillaren zu. Durch die stärkere Durchblutung wird der Austausch von Sauerstoff und Kohlenstoffdioxid verbessert. Belastet man die Körpermuskulatur regelmäßig, so führt dies zu einer Leistungssteigerung von Muskeln, Herz, Kreislauf und Atmung. Sport ist das beste Mittel dazu. Dabei ist die ausgewogene Bewegung möglichst vieler Muskeln in frischer Luft, wie beim Laufen, Schwimmen, Radfahren oder Rudern, besser als das überbetonte Training einzelner Muskeln.

Ganz gleich aber, welche Sportart oder welches Muskeltraining man macht, in jedem Fall kommt es auf ein angemessenes Training und die richtige Vorbereitung an. Dazu gehört vor allem, daß man den gesamten Bewegungsapparat durch richtiges *Aufwärmen* auf die bevorstehende Belastung vorbereitet. Erst kräftig durchblutete und ausreichend mit Sauerstoff versorgte Muskeln können z. B. während eines Wettkampfes Höchstleistungen erbringen. Geeignete Übungen dafür sind Warmlaufen und gymnastische Lockerungen sowie Dehnung von Muskulatur und Gelenken *(Stretching)*. Unterläßt man diese Vorbereitung, so kann es bei plötzlicher Belastung leicht zur sehr schmerzhaften *Zerrung* oder gar zum Zerreißen von Muskeln oder Sehnen kommen.

Überanstrengung führt durch mangelnde Sauerstoffversorgung und Kohlenstoffdioxidüberlastung oft zum *Muskelkrampf.* Langsames, aber kräftiges Dehnen des betroffenen Muskels und anschließende leichte Massage lösen die Verkrampfung wieder. Zu häufige, einseitige Belastung einzelner Muskeln kann eine Entzündung der Sehnenscheiden zur Folge haben, die am häufigsten an Unterarmen und Händen auftritt.

Bei Ungeübten kommt es nach längerer Belastung zum *Muskelkater,* der 3 bis 5 Tage dauern kann. Die Muskeln sind leicht verhärtet und schmerzen bei Bewegung. Es hilft, wenn die Muskeln massiert und mäßig weiter bewegt werden, um so die Durchblutung und die Sauerstoffversorgung zu fördern. Ursache ist eine Anhäufung von Abbauprodukten (v. a. Milchsäure) und feine Muskelfaserrisse, die im untrainierten Muskel bei hoher Belastung auftreten können.

Nach besonderen Anstrengungen (z. B. einem Wettkampf) braucht die Muskulatur Erholung, um Abbaustoffe abzutransportieren und verbrauchte Energiereserven zu ergänzen.

Aufgaben

① Ermittle mit einem Spirometer die Lungenvolumina eines sportlich sehr aktiven und eines weniger aktiven Mitschülers. Vergleiche.
② Arbeite mit Hilfe des(r) Sportlehrers(in) ein ausgewogenes Trainingsprogramm zur täglichen Übung aus.
③ Erkundige dich nach den Angeboten zur sportlichen Betätigung in deiner Gemeinde.

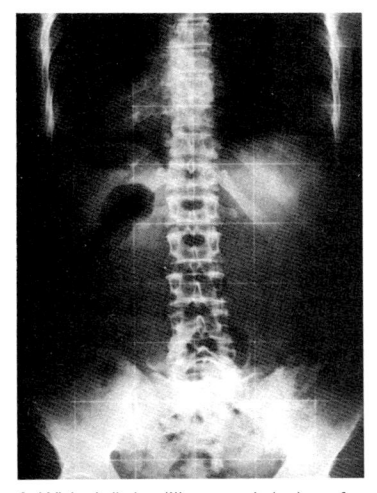

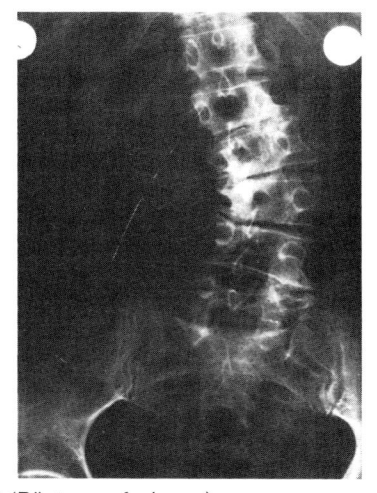

1 Wirbelsäule, (li) normal, (re) verformt (Röntgenaufnahmen)

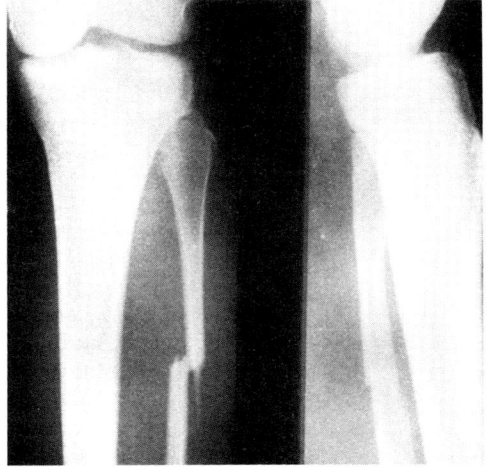

2 Wadenbeinbruch

Schäden am Bewegungssystem

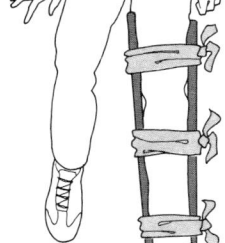

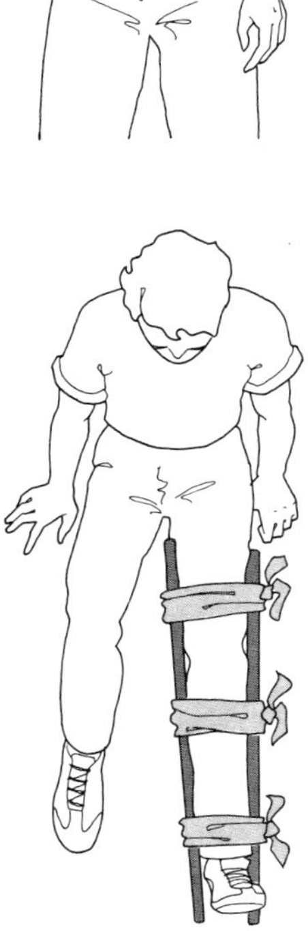

Eine normale und gesunde Körperhaltung hängt stark von der natürlichen Form unserer Wirbelsäule ab. Fehlhaltungen und Fehlbelastungen führen zur Verkrümmung der Wirbelsäule und damit zu *Haltungsschäden.* Durch dauerndes gekrümmtes Sitzen entsteht ein Rundrücken, der durch die Einengung des Brustraumes die Atmung behindert. Das Hohlkreuz kann zu starken Kreuzschmerzen führen. Durch schlechte Haltung, z. B. beim Schreiben oder durch einseitige Belastung durch die Schulmappe, entstehen seitliche Verkrümmungen. Bewegung und sportliche Betätigung stärken die Haltefunktion der Muskulatur und helfen dadurch Haltungsschäden zu vermeiden.

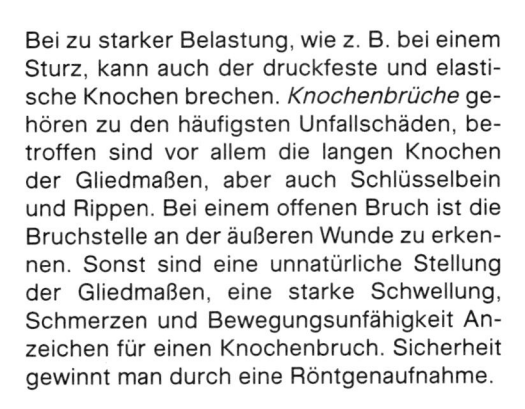

Bei zu starker Belastung, wie z. B. bei einem Sturz, kann auch der druckfeste und elastische Knochen brechen. *Knochenbrüche* gehören zu den häufigsten Unfallschäden, betroffen sind vor allem die langen Knochen der Gliedmaßen, aber auch Schlüsselbein und Rippen. Bei einem offenen Bruch ist die Bruchstelle an der äußeren Wunde zu erkennen. Sonst sind eine unnatürliche Stellung der Gliedmaßen, eine starke Schwellung, Schmerzen und Bewegungsunfähigkeit Anzeichen für einen Knochenbruch. Sicherheit gewinnt man durch eine Röntgenaufnahme.

Bis zur Ankunft des Arztes muß das verletzte Glied bequem gelagert und ruhig gestellt werden. Jede Bewegung des Bruches ist zu vermeiden, da eine Verschiebung der Bruchränder große Schmerzen bereitet oder gar zur Absplitterung kleiner Knochenteilchen führen kann. Damit der Bruch richtig verheilt, muß der Arzt den gebrochenen Knochen wieder einrichten, so daß die Bruchenden richtig zueinander liegen. Dann wird die Bruchstelle ruhig gestellt, z. B. durch einen Gips- oder Streckverband oder durch Verschrauben. Jetzt kann die Heilung einsetzen. Von der Knochenhaut und vom Markraum aus wird Knochengewebe gebildet, das den Bruchspalt von beiden Seiten her überwindet. Durch Kalkeinlagerung entsteht eine Knochennarbe, der *Kallus,* der die Bruchstelle verfestigt.

Auch Gelenkverletzungen sind häufig. Knickt man z. B. mit dem Fuß um, so wird das Gelenk überdehnt. Meist bildet sich in der Gelenkkapsel ein Bluterguß, das Gelenk schwillt an und schmerzt. Diese Verletzung nennt man *Verstauchung.* Auch die Gelenkbänder können überdehnt werden *(Zerrung)* und sogar reißen *(Bänderriß).* Springt der Gelenkkopf ganz aus der Gelenkpfanne heraus, spricht man von einer *Verrenkung.* Das Einrenken muß durch den Arzt geschehen. Bis dahin kann man das Glied ruhig lagern, oder durch einen Tragverband stützen. Kalte Umschläge mindern die Schwellung und lindern den Schmerz.

Meniskusverletzungen entstehen durch gewaltsame Drehung des Ober- und Unterschenkels bei gebeugtem Knie, wie sie beim Sport (z. B. Fußball oder Skilaufen) vorkommen. Manchmal muß der verletzte und gerissene Meniskus operativ entfernt werden, wenn sich Teile im Gelenk eingeklemmt haben.

Stoffwechsel und Bewegung

Leistungen verschiedener Organsysteme im Dienst der Bewegung

Für die Bewegungen unseres Körpers und für seine Haltung sind insgesamt 639 quergestreifte Muskeln verantwortlich, die mehr als 200 Knochen gegeneinander bewegen können.

Für einen „flüssigen" Bewegungsablauf müssen jedoch nicht nur sämtliche beteiligte Muskeln in der richtigen Reihenfolge und im richtigen Umfang zur Kontraktion veranlaßt werden, ebenso muß über den Stoffwechsel ausreichend Energie zur Verfügung gestellt werden, und Atmungs- und Kreislaufsystem müssen sich diesen Erfordernissen anpassen. Alle diese Vorgänge werden vom Nerven- und Hormonsystem gesteuert.

Bewegungssteuerung

Durch Dehnungsrezeptoren, die in den Muskeln liegen, wird ständig der jeweilige Spannungszustand der Muskulatur gemessen und an das ZNS gemeldet. Die Meßwerte werden dort verrechnet und, zum größten Teil unbewußt, beantwortet. Muskelkontraktionen, die der Aufrechterhaltung einer Körperstellung oder als Schutzreaktion dienen, laufen als *Reflexe* ab.

Die Kontraktionsbefehle für willkürliche Bewegungen werden, nach Auswertung der von den Sinnesorganen kommenden Informationen, von den motorischen Feldern der Großhirnrinde zu den Endplatten an den Muskelfasern geleitet. Gelernte und eingeübte Bewegungsabläufe werden vom Kleinhirn geregelt; sie laufen automatisch ab, ohne daß sie uns bewußt werden.

Betriebsstoff- und Energieversorgung

Bei Muskelkontraktionen wird Energie verbraucht. Diese wird in den Muskelfasern durch „Verbrennung", d. h. den Abbau von Traubenzucker erzeugt. Dabei handelt es sich um eine schrittweise Oxidation von Glukose mit Hilfe von Sauerstoff zu Kohlenstoffdioxid und Wasser (= Zellatmung).

Der Betriebsstoff Glukose gelangt aus dem Blut in die Muskelzellen. Der Blutzuckerspiegel wird durch die Hormone Glukagon und Insulin aus den Inselzellen der Bauchspeicheldrüse genau reguliert. Sinkt der Blutzuckerspiegel durch Muskeltätigkeit, so wird durch Aktivierung des Glykogenvorrates in Muskeln und Leber dem Blut wieder Glukose zugeführt. In Streßsituationen bewirkt das Nebennierenrindenhormon Adrenalin ebenfalls eine Erhöhung des Blutzuckerspiegels. Dadurch werden Reserven für die Muskeltätigkeit mobilisiert.

Die längerfristige Absenkung des Blutzuckerspiegels ist Auslöser für das Auftreten von Hungergefühl. Durch Nahrungsaufnahme und die Verdauung der in der Nahrung enthaltenen Kohlenhydrate steigt der Blutzuckerspiegel wieder an. So ist die Zuführung von leicht verdaulichen Kohlenhydraten oder Traubenzucker eine Möglichkeit, dem Körper bei Belastung, z. B. beim Sport, rasch Betriebsstoffe zur Verfügung zu stellen.

Stoffwechsel und Bewegung

Stofftransport

Der arbeitende Muskel muß mit Glukose versorgt werden und braucht bis zu 500mal mehr Sauerstoff als in Ruhe. Gleichzeitig müssen anfallende Abbauprodukte abtransportiert werden. Dies wird durch das Atmungs- und Kreislaufsystem gewährleistet.

Die Glukose gelangt nach der Kohlenhydratverdauung aus dem Dünndarm oder durch Glykogenabbau aus der Leber ins Blut. Über die Atmungsorgane gelangt der gasförmige Luftsauerstoff in die Lungenbläschen. Dort werden Sauerstoffmoleküle vom Hämoglobin der roten Blutkörperchen gebunden und über das Blutgefäßsystem an die Verbrauchsorte transportiert. Je nach körperlicher Belastung wird durch die Muskeltätigkeit mehr oder weniger Sauerstoff verbraucht. Die Bereitstellung der entsprechenden Menge erfolgt durch verstärkte bzw. verminderte Atem- und Kreislauftätigkeit.

Die bei der Energieerzeugung im Muskel anfallenden Endprodukte Kohlenstoffdioxid und Wasser müssen aus den Muskelzellen wegtransportiert und aus dem Körper ausgeschieden werden. Neben verstärkter Atemtätigkeit sorgt eine erhöhte Durchblutung für einen möglichst raschen Abtransport. Kohlenstoffdioxid und ein Teil des Wassers werden durch die Lunge ausgeatmet. Das restliche Wasser vergrößert den Wasseranteil im Blut. Dies wirkt anregend auf die Tätigkeit der Nieren, die dem Blut das überschüssige Wasser entziehen und ausscheiden.

Regelung der Körpertemperatur

Bei der Umwandlung von chemischer Energie in Muskelarbeit entsteht Wärme. Diese wird durch das Blut im Körper verteilt und an die Umgebung abgegeben, um einen Wärmestau zu vermeiden. Bei erhöhter Bluttemperatur werden die Blutgefäße der äußeren Körperbereiche erweitert. Die verstärkte Durchblutung der peripheren Gefäße bewirkt eine Wärmeabstrahlung an die Umgebung. Zusätzlich sondern Schweißdrüsen Schweiß ab, der verdunstet und die Haut kühlt. Wenn wir frieren, verengen sich die peripheren Gefäße, um die Wärmeabgabe zu vermindern. Außerdem kontrahieren sich die Muskeln, welche die Haare aufrichten (Gänsehaut) und bei stärkerer Unterkühlung wird durch Muskelzittern (Zähneklappern) verstärkt Wärme produziert.

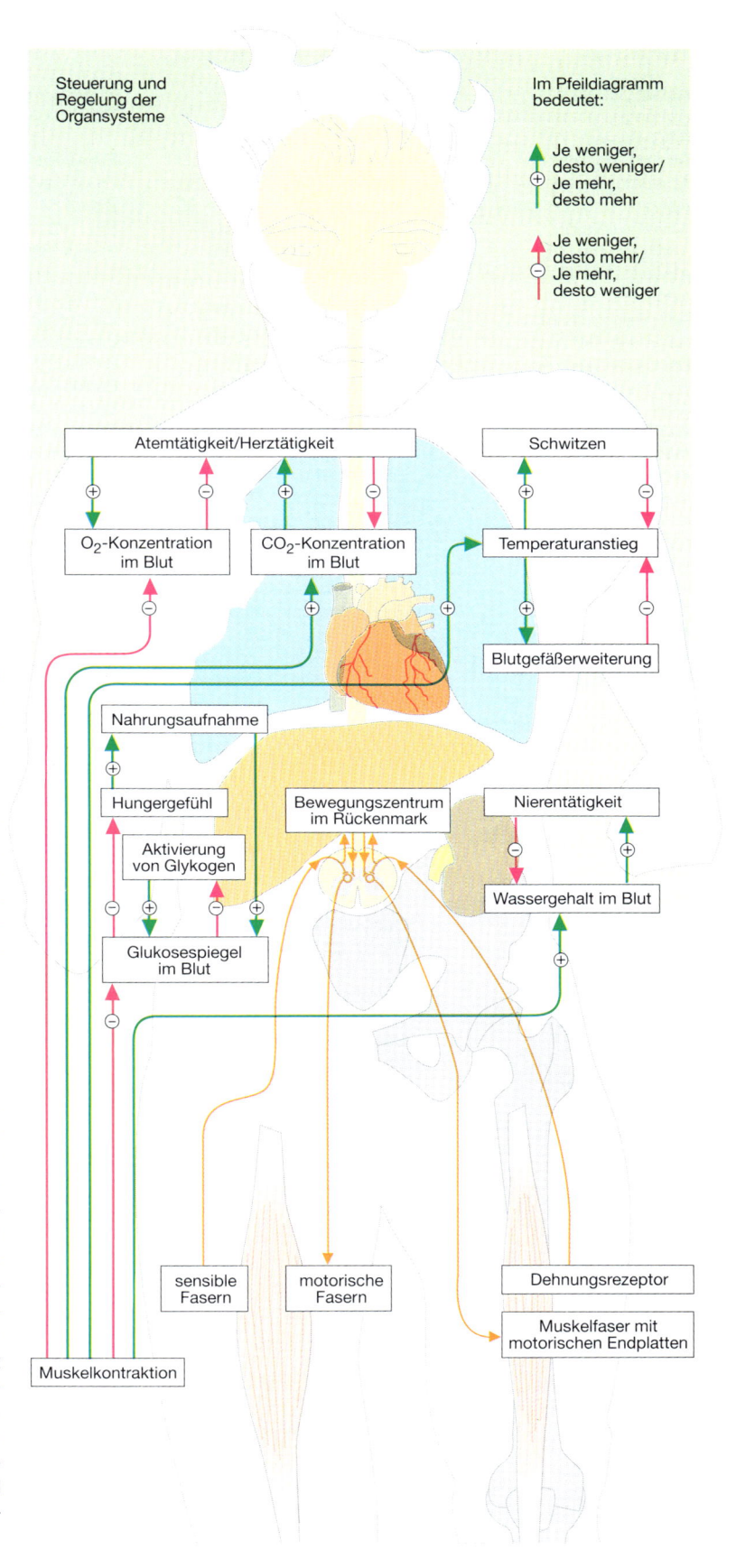

Steuerung und Regelung der Organsysteme

Im Pfeildiagramm bedeutet:

⊕ Je weniger, desto weniger / Je mehr, desto mehr

⊖ Je weniger, desto mehr / Je mehr, desto weniger

- Atemtätigkeit/Herztätigkeit
- O_2-Konzentration im Blut
- CO_2-Konzentration im Blut
- Schwitzen
- Temperaturanstieg
- Blutgefäßerweiterung
- Nahrungsaufnahme
- Hungergefühl
- Bewegungszentrum im Rückenmark
- Nierentätigkeit
- Aktivierung von Glykogen
- Wassergehalt im Blut
- Glukosespiegel im Blut
- sensible Fasern
- motorische Fasern
- Dehnungsrezeptor
- Muskelfaser mit motorischen Endplatten
- Muskelkontraktion

Stoffwechsel und Bewegung

Register

Abhängigkeit, physische 46
Abhängigkeit, psychische 46
ABO-System 74
Abstoßungsreaktion 73
Abwehr, biologische 51
Abwehr, unspezifische 78
Abwehrreaktion,
 allgemeine 78
Abwehrstoff 79
Aderhaut 16
Aderverschluß 68
Adrenalin 34, 36
Adrenocorticotropes Hormon
 (ACTH) 37
After 60, 61
AIDS 75, 83
Akkomodation 18
Aktinfilament 85
Alarmsystem 12
Alkohol 42, 43, 46, 48
Alkoholkonzentration 42
Alkoholvergiftung 42
Allel 74
Allergen 82
Allergie 82
Altersdiabetes 35
Altersweitsichtigkeit 19
Amboß 24
Amminosäure, essentielle 52
Ammoniak 60
Amphetamin 47
Ampulle 26
Amylase 56, 59
Antagonismus 12, 34, 85
Antibiotikum 82
Antigen 74, 79
Antigen-Antikörper-Reaktion
 74
Antikörper 75, 79
Antriebsfeld 15
Arterie 66
Arteriosklerose 36, 68
Aufwärmen 88
Auge 16–23
Augenhaut, Harte 16
Augenlid 16
Augenträgheit 20, 23
Avitaminose 54
Axon 11

Bakterieninfektion 82
Balken 14
Ballaststoffe 52, 60
Bänderriß 89
Barbiturat 46, 47
BARNARD, C. 73
BASEDOW, KARL VON 33
Basedowsche Krankheit 33
Bauchspeicheldrüse 34, 59,
 61
Baustoffe 50, 53
Baustoffwechsel 53
Becherzelle 58
Bedarfsminimum 63
BEHRING, EMIL VON 80

Belegzelle 57
Benzypren 40
Beriberi 54
Betäubungsmittelgesetz 47
Betriebsstoffwechsel 53
Bewegung, willkürliche 90
Bewegungssteuerung 90
Bewegungssystem 89
Bild, optisches 18
Biokatalysator 56
Blinddarm 60, 61
Blut 70–72, 74, 75
Bluterkrankheit 72
Blutgefäßsystem 66
Blutgerinnung 70
Blutgruppe 74
Blutgruppensystem 74
Bluthochdruck 69
Blutplasma 70
Blutserum 70
Blutspende 75
Blutübertragung 75
Blutzuckerregulation 34, 35
Blutzuckerspiegel 34, 90
Bogengang 26, 27
Botenstoff 30
Bowmannsche Kapsel 76
Brechkraft 18
Brennpunkt 18
Brennweite 18
BROCA, PAUL 15
Bronchiolen 64
Brustatmung 64, 65
Brustfell 65
Brustlymphgang 71
Bypass-Operation 69

Cortison 73
Crack 47

Darmflora 82
Darmzotten 58
Dealer 47
Deckmembran 24
Dendriten 11
Designer Drug 47
Dezibel 25
Diabetes mellitus 35
Diabetiker 35
Dialyse 77
Diastole 67
Dickdarm 60, 61
Dickdarmschleimhaut 60
Digoxin 44
Diphtherie 80
Disaccharide 52
Distreß 37
DOMAGK, GERHARD 82
Dosis 44
Drehschwindel 27
Drehsinnesorgan 26, 27
Droge 38–49
Drogenabhängigkeit 46
Drogenberatung 48
Duftstoffe 52

Dünndarm 58, 61
Durchblutungsstörung 40

EIJKMANN 54
Eingeweidemuskulatur 84
Eisen 55
Eiter 70
Eiweiß 52
Eiweißhormon 35
Eiweißverdauung 57
Elektrokardiogramm (EKG) 69
Emulgieren 58
Endknöpfchen 11
Endoskopie 69
Endplatte, motorische 11
Energie 50, 52, 53
Energieversorgung 90
Entziehungskur 45, 48
Enzym 56
Enzym-Substrat-Komplex 56
Erepsin 59, 61
Erfolgsorgan 30
Ernährung 63
Ernährungsgewohnheit 50
Erregung 17
Erregung, elektrische 20
Erythrozyten 70
Eustreß 37

Farbenblindheit 22
Farbensehen 22
Farbspektrum 22
Fehlingsche Probe 62
Feld, motorisches 15
Feld, sensorisches 15
Fenster, Ovales 24
Fenster, Rundes 24
Ferneinstellung 18
Fett 34, 52, 61
Fettsäure 52
Fibrin 72
Fibrinnetz 72
Fibrinogen 70, 72
Fieber 78
Fight-and-Flight-Syndrom 36
Fleck, Blinder 16, 23
Fleck, Gelber 16
FLEMING, ALEXANDER 82
Flimmerhaarzelle 40
Flimmerhärchen 64
Fluorid 55
Frequenz 25
Führungsglied 31, 32

Galago 8
Galle 58
Gallenblase 58, 61
Gallensaft 58, 61
Gallensäure 52
Gallertkappe 26
Gallertplatte 26
Ganglium 12
Gasaustausch 65
Gedächtniszelle 79
Gedankenfeld 15

Gegenspielerprinzip 85
Gehirn 7, 10, 14, 15
Gehirnflüssigkeit 14
Gehör 24, 25, 27
Gehörgang 24
Gelenk 87
Gelenkkapsel 87
Gelenkknorpel 87
Gelenkkopf 87
Gelenkpfanne 87
Gelenkschmiere 87
Geruchsstoffe 28
Geruchswahrnehmung 28
Geschlechtshormon 36
Geschmacksknospe 28
Geschmackspapille 28
Geschmacksqualität 28
Geschmacksstoffe 52
Gewichtsabnahme 63
Glaskörper 16
Glomerulus 76
Glukagon 34
Glukokortikoide 36
Glukose 34, 53, 90
Glukose-Teststäbchen 35
Glykogen 34, 53
Glyzerin 52
Grippevirus 79
Großhirn 14, 15
Grundsubstanz 86
Grundumsatz 30

Haarbalg 29
Haargefäß 66
Haarzwiebel 29
Halluzination 42
Haltungsschaden 89
Hammer 24
Hämoglobin 70
Handlung, gesteuerte 13
Harn 77
Harnbildung 77
Harnsäure 77
Harnstoff 77
HARVEY, WILLIAM 66
Haschisch 46
Hauptbronchien 64
Hauptzelle 57
Haut 29
Heilimpfung 80
HELMHOLTZ, HERMANN VON 22
Heroin 46
HERTZ, HEINRICH 25
Herz 67–69
Herz-Kreislauferkrankung 68
Herzanfall 68
Herzbeutel 67
Herzinfarkt 68, 69
Herzkranzgefäß 67
Herzmuskulatur 84, 85
Herzscheidewand 67
Herzschrittmacher 69
Heuschnupfen 82
Hirnhaut, harte 14
Hirnhaut, weiche 14

Hirnhautentzündung 14
Histamin 82
Hohlmuskel 67
Hormon 7, 30, 59, 73
Hormondrüse 30
Hörnerv 24
Hornhaut 16
Hornschicht 29
Hörschnecke 24
Human Immundeficiency
 Virus (HIV) 83
Human Leucocyte Antigens
 (HL-Antigene) 73
Husten 13
Hypersensibilität 82
Hypophyse 30
Hypophysenhormon 32
Hyposensibilisierung 82
Hypothalamus 15, 30

Immunisierung, aktive 80, 81
Immunisierung, passive 80, 81
Immunreaktion 79
Immunschwächeerkrankung 83
Immunsystem 79, 82
Impfbuch 81
Impflücke 80
Impuls, elektrischer 11
Infektion 78
Infektion, opportunistische 83
Infektionskrankheit 54, 78
Inhalieren 40
Inkubationszeit 78
Insulin 34
Iod 55
Iodgehalt 32
Iris 16
Istwert 31, 32

JENNER, EDWARD 80
Jugenddiabetes 35

Kalium 55
Kallus 89
Kältepunkt 29
Kalzium 55
Kammer 67
Kapillare 71
Kapillargefäß 66
Kapillarnetz 64
Kathepsin 57
Keimschicht 29
Killerzelle 79
Kinderlähmung 78
Kleinhirn 14, 15
Kniegelenk 87
Kniescheibe 87
Kniesehnenreflex 13
Knochenaufbau 86
Knochenbälkchen 86
Knochenbruch 89
Knochenhaut 86
Knochenmark 70, 86
Knochenzelle 86
Kodominanz 74
Koffein 68

Kohlenhydrate 52, 61
Kohlenstoffmonooxid 40
Kokain 46
Kollagenfaser 86
Konzentrationstest 27
Körperhohlvene 67
Körperkreislauf 66
Körpertemperatur 91
Kot 60
Kretinismus 33
Kreuzband 87
Kropf 33, 55
Kugelgelenk 87
Kuhpocken 80
Kurzsichtigkeit 19

Lagesinnesorgan 26, 27
Lamellenkörperchen 29
LANDSTEINER, KARL 74
LANGERHANS, PAUL 34
Langerhanssche Inseln 34, 35
Lärm 25
Leber 42, 58, 61
Lederhaut 29
Leukozyten 70
Lichtsinneszelle 17
Lidschlußreflex 13
Linse 16, 18
Linsenband 18
Lipase 59, 61
Lockerungsübung 88
Luftröhre 64
Lugolsche Lösung 62
Lunge 64, 65
Lungenarterie 67
Lungenbläschen 64, 65
Lungenfell 65
Lungenflügel 64
Lungenkreislauf 66
Lungenvene 67
Lymphe 71
Lymphflüssigkeit 26
Lymphknoten 71
Lymphsystem 71
Lysergsäurediethylamid
 (LSD) 46

Magen 56, 61
Magenschleimhaut 57
Magenstraße 57
Magersucht 63
Magnesium 55
Makrophage 78
Maltase 61
Marihuana 46
Mark 14, 76
Markhöhle 86
Mastdarm 60, 61
Mastzelle 82
Medikament 48
Medikamentenmißbrauch 44
Meniskus 87
Meniskusverletzung 89
MERILL, J. P. 73
Meßfühler 31, 32
Methan 60
Mikrovilli 58

Mineralkortikoide 36
Mineralstoffe 52, 55
Mittelhirn 14, 15
Mittelohr 24
Monosaccharide 52
Morphium 46
Mund 61
Muskel 84, 85, 88, 90
Muskelfaser 84
Muskelfaserbündel 84
Muskelfaserriß 88
Muskelfibrille 85
Muskelhaut 84
Muskelkater 88
Muskelkontraktion 90
Muskelkrampf 88
Muskelschicht 57
Muskelspindel 13
Muskeltraining 88
Muskulatur, glatte 84, 85
Muskulatur, quergestreifte 84
Mutterkornpilz 46
Myosinfilament 85

Nachhirn 14, 15
Naheinstellung 18
Nahpunkt 23
Nährstoffe 52, 53
Nahrung 52
Nahrungsverweigerung 63
Nährwert 53
Narkotin 46
Natrium 55
Nebennieren 36
Nebennierenmark 34, 36
Nebennierenrinde 36
Nebenwirkung 44
Nebenzelle 57
Nephron 76
Nerv, motorischer 10
Nerv, sensibler 10
Nervenendigung,
 freie 29
Nervenfaser 10, 11
Nervensystem 8, 10
Nervensystem,
 Vegetatives 12
Nervensystem, Zentrales
 (ZNS) 10, 13
Nervenzelle 7, 11
Netzhaut 16, 17
Niere 76
Nierenbecken 76
Nierenkapsel 76
Nierenkörperchen 76
Nikotin 40, 68
Noradrenalin 36

Oberhaut 29
Ohr 24, 25
Ohrlymphe 24
Ohrmuschel 24
Ohrtrompete 24
Opiat 46
Opium 46
Organtransplantation 73

Pankreas 59
Papaverin 46
PARACELSUS 44
Parasympathicus 12
Paukengang 24
Penicillin 82
Pepsin 57, 61
Pepsinogen 57
Peristaltik 57
Persönlichkeitszerfall 47
Pervitin 47
Pfortader 58
Pförtner 57
Phosphat 55
Pigmentschicht 16, 29
Pigmentzelle 17
Plasmakonserve 75
Plasmazelle 79
Pocken 80
Poliomyelitis 78
Polysaccharide 52
Primärharn 77
Prisma 22
Promille 42
Protein 52, 61
Proteinmangel 55
Proteinnachweis 62
Prozent 42
Pupille 16
Pupillenreaktion 23

Querbrückenmechanismus 85
Querschnittslähmung 13

Radioaktivität 33
Rauchen 40
Raucherbein 40
Rauschgift 48
Reflex 13, 90
Reflexbogen 13
Regelgröße 31
Regelkreis 10, 31
Regelung 10, 31
Regler 31, 32
Reiz 6
Reiz, adäquater 9
Reservestoffe 53
Resistenz 78
Resorption 59, 77
Resozialisierung 45
Rezeptor 9, 30
Rhesus-Faktor 75
rhesusnegativ 75
rhesuspositiv 75
Rhesusunverträglichkeit 75
Richtungshören 27
Riechen 28
Riechfeld 28
Riechnerv 28
Riechzelle 28
Riesenfreßzelle 78, 79
Rinde 76
Rindenfeld 15
Rindenschicht 14
Ringmuskel 16

Rippenfell 65
Risikofaktor 68
Röhrenknochen 86
Rot-Grün-Blindheit 22
Rückenmark 10, 12
Rückenmarksnerv 13
Rückkopplung, negative 31
Rückmeldung 10

Salzsäure 57, 61
Sammellinse 18
Sammelröhrchen 76
Sattelgelenk 87
Saumzelle 58
Schallwelle 24
Schaltzelle 17
Scharniergelenk 87
Schilddrüse 32, 33
Schilddrüsenüberfunktion 33
Schilddrüsenunterfunktion 33
Schlafmohn 46
Schleimhautzelle 28
Schluckimpfung 80
Schluckreflex 56
Schmecken 28
Schmerzrezeptor 29
Schneckengang 24
Schneckentor 24
Schnüffelstoff 47
Schnürring 11
Schock, anaphylaktischer 82
Schutzimpfung 80
Schwannsche Scheide 11
Schwefelwasserstoff 60
Schweißdrüse 29, 91
Segelklappe 67
Sehen, räumliches 20, 23
Sehfehler 84
Sehne 84
Sehnenscheidenentzündung 88
Sehnerv 17

Sehpurpur 17
Seitenband 87
Sesambein 87
Signal 17
Sinneshärchen 26
Sinnesorgan 6, 8, 9, 29
Sinneswelten 8
Sinneszelle 26
Skorbut 54
Sollwert 31
Spalt, synaptischer 11
Speed 47
Speicheldrüse 61
Speiseröhre 56, 61
Signalganglium 13
Spinnwebshaut 14
Sprachzentrum 15
Spurenelemente 55
Stäbchen 16
Star, Grauer 19
Star, Grüner 19
Stärkenachweis 62
Stärkeverdauung 57
Steigbügel 24
Stellglied 31, 32
Stellgröße 31
Stellwert 31
Steuerung 10
Stoff, immunrepressiver 73
Stoff, zellteilungshemmender 73
Stoffaustausch 71
Stofftransport 91
Stoffwechsel 53
Stoffwechselorgan, zentrales 58
Stolperrelfex 13, 90
Störgröße 31
Streß 37, 69
Stressor 37
Stützzelle 28
Substanz, graue 13

Substanz, weiße 13
Substrat 56
Substratspezifität 56
Sucht 38—49
Suchtgefahr 44
Sympathicus 12
Synapse 11
Systole 67
Szintigramm 33

T-Helferzelle 79
Tabak 48
Taschenklappe 66
Täuschung, optische 21
Therapie 48
Thermostat 31
Thrombin 72
Thrombozyten 70, 72
Thyreoidea-stimulierendes Hormon (TSH) 30, 32
Thyroxin 30, 32
Tranquillizer 46, 47
Transfusion 74, 75
Transmitter 11
Transplantat 73
Transplantations-Datenbank 73
Transport 71
Trockenplasma 75
Trommelfell 24
Trypsin 59, 61

Übergewicht 63, 69
Umwelt 9
Unterernährung 55
Unterhaut 29
Unterzucker 35
Urin 77

Vene 66
Verdauung 56—62
Verrenkung 89

Verstauchung 89
Verstopfung 60
Vitamine 52, 54
Vollblut-Konserve 75
Vorhof 67
Vorhofgang 24
Vorhofsäckchen 26
Vorsorge 69

Wärmepunkt 29
Wärmeregulation 71
Wasser 52, 77
Weckamine 47
Weitsichtigkeit 19
Weltgesundheitsorganisation (WHO) 80
Wertigkeit, biologische 53
Wirbelkanal 13
Wirbelsäule 89
Wundschorf 72
Wundverschluß 72
Wurmfortsatz 60, 61
Wurzel, hintere 13
Wurzel, vordere 13

Zahnausfall 54
Zahnfleischbluten 54
Zapfen 16
Zapfensorte 22
Zellatmung 90
Zellkörper 11
Zentrum, aktives 56
Zerrung 88, 89
Zerstreuungslinse 18
Ziliarmuskel 16, 18
ZIRM, E. 73
Zonularfaser 16
Zuckerkrankheit 35
Zuckertest 35
Zwerchfellatmung 64, 65
Zwischenhirn 14, 15
Zwölffingerdarm 57, 58

Bildnachweis

Fotos: 3.1 L. Nilsson (Bonnien Fahta) — 3.2 R. Meyer — 6.1 JVB-Report, Heiligenhaus — 6.2 Focus (Science Photo Library) — 6.3 Okapia (D. Brass, Science Source) — 8.1 H. J. Dobler — 14.1 ORIA/SERMAP, Paris — 16.1 L. Nilsson in „Unser Körper - neu gesehen", Herder Verlag — 17.1 J. Lieder — 18.1 K. Grindler — 20.1 M. Montkowski — 25.1, 30.2, 32.2 J. Lieder — 33.1 H. Deming, Lehrbuch der Inneren Medizin Bd. 1, Thieme Verlag, Stuttgart — 33.2 E. Klemme — 35.1 J. Zbären — 36.2 J. Lieder — 38.1 roebild (Röhrig) — 38.2 Mauritius (Hubatka) — 38.3 Bildarchiv preuß. Kulturbesitz (J. Liepe) — 38.4, 5 Landeskriminalamt Stuttgart — 41.1 B. Brill — 41.4 L. Einsele — 43.3 Mauritius (Manus) — 43.5 L. Einsele — 45.1 Landeskriminalamt, Stuttgart — 45.3 L. Einsele — 46.1 Focus (J. Knowles, Pictures Group) — 46.2 Focus (Vera Lentz Visions) — 46.3, 4 E. Pott — 47.1 Ullstein Bilderdienst (Keystone Pressedienst) — 47.2 Ullstein Bilderdienst (L. Winkler) — 47.3 dpa (Jan P.) — 50.1 Silvestris (A. N. T) — 50.2 Silvestris (J. Lehr) — 50.3 R. Meyer — 55.1 dpa — 56.2 E. Pott — 58.1 Fraunhofer-Institut, Karlsruhe — 60.1 L. Nilsson — 63.1 Bavaria (Photomedia) — 63.2 Mauritius (Mittenwald) — 64.2 Centre National des Recherches Iconographique, Paris — 74. Rd. Ullstein Bilderdienst — 75.2 E. Thylmann — 76.3 Okapia (Lond. Sc. Films/OSF) — 78. Rd. H. Frank — 80. Rd. 1 dpa — 80. Rd. 2 Ullstein Bilderdienst — 80. Rd. 3 Medina, Hamburg — 84.1 a Bildarchiv f. Medizin, München — 85.4 V-Dia, Heidelberg — 85.5 J. Lieder — 86.1 c V-Dia, Heidelberg — 86.1 d M. Cibis — 88.1 Mauritius (Bach) — 89.1 a H. Lies — 89.1 b Bildarchiv f. Medizin, München — 89.2 Dr. Pfister

Grafiken: Prof. Jürgen Wirth, Fachhochschule Darmstadt (Fachbereich Gestaltung), außer 21.2 C. Winkler und 42. Rd. J. Schreiber

Hinweis zu Abbildung 20.1: Das Stereobildpaar einer Blüte kann man unter bestimmten Voraussetzungen räumlich sehen. Die einfachste Möglichkeit ist die „Schielmethode", die allerdings nicht jedem gelingt. Dabei schielt man bei gerader Kopfhaltung so lange, bis man das Bild dreimal vor sich sieht. Das mittlere Bild erscheint dann als Fusionsprodukt aus den beiden Halbbildern räumlich. Einfacher fällt es den meisten Betrachtern bereits mit einer speziellen Prismenbrille. Die besten Ergebnisse erzielt man aber bei der Benutzung von käuflichen Lupen- oder Spiegelstereoskopen, bei denen durch optische Effekte die zwei zunächst getrennt wahrgenommenen Einzelbilder zur Deckung gebracht werden und dadurch ein räumlicher Eindruck des abgebildeten Gegenstandes vermittelt wird.